公民读本 家庭编

家，甜蜜的家

主编／李庆明
编选／李 冰

二十一世纪出版社
21st Century Publishing House
全国百佳出版社

图书在版编目（CIP）数据

公民读本．家庭编：家，甜蜜的家 / 李庆明，李冰主编．
-- 南昌：二十一世纪出版社，2011.11(2022.4重印)
ISBN 978-7-5391-6969-9
Ⅰ．①中… Ⅱ．①李… ②李… Ⅲ．①公民教育 - 基本知识 - 中国 Ⅳ．① D648.3
中国版本图书馆 CIP 数据核字 (2011) 第 208305 号

公民读本：家，甜蜜的家 李庆明 / 主编 李冰 / 编选

责任编辑 文 欢
出版发行 二十一世纪出版社（江西省南昌市子安路 75 号 330009）
www.21cccc.com cc21@163.net
出 版 人 张秋林
经 销 新华书店
印 刷 北京金康利印刷有限公司
版 次 2011 年 11 月第 1 版 2022 年 4 月第 3 次印刷
开 本 700 × 1000 mm 1/16
印 张 17
字 数 250 千
书 号 ISBN 978-7-5391-6969-9
定 价 25.00 元

赣版权登字—04—2011—567

序

高雅阅读铸就高贵灵魂

李庆明

奉献在读者面前的《公民读本》丛书，是一套公民修养的启蒙读本。

“蒙以养正，圣功也。”[①]儿童的德性成长不仅关乎儿童自身的福祉，也关乎家庭、社会、民族、国家和人类未来的福祉。“太上有立德，其次有立功”，我深信，与才智、事功相比较，德性对于人格成长和社会发展的影响更基本，更重要，更核心，也更久远。而且，因为儿童是纯洁、脆弱、需要依靠的，当下的生长环境对儿童的健康发展又充满前所未有而且难以预料的挑战甚至威胁，我们就更有义务和责任牵起孩子们的手，向他们展示曾经有过的、还在绵延的并且一定会变得更加美好的世界！柏拉图早就说过：“你知道，开一个好头，对于做任何事情都是重要的，尤其是那些尚处于年青和稚嫩阶段的事物；因为正是个性形成的时候，此时留下的印象也最深刻……”“年青时形成的观念是很难消除和改变的，因此，年轻人成长时首次听到的故事应该是美德的典范……”柏拉图认为，“没有哪种训练能比这更高贵的了。”[②]

柏拉图的这番话无疑道出了道德启蒙对于个人一生发展的奠基意义。我想，其中还有两点提示特别值得我们深入思考：一是阅读与德性成长的关系；二是如何在当下的语境中理解“美德典范”。

我们这里所说的“阅读”，不是一般的知识性阅读，而主要是指具有文化意蕴、文学意味的阅读。德性知识的阅读如果不是附着在、蕴涵在诗意弥漫、情理交融的文学语言之中，那么往往会大打折扣，甚至无效。梁启超曾经详细的描述过文学作品的这种“浸润于国民脑质”的功能：“文学的功效不可思议。动人心速，入人心深，住人心久，一经被他感化了，登时现于行事。”当然，不一定只是文学阅读，凡

---

① 《易·蒙》。

② 《理想国》。

是具有“诗”（诗意）、“史”（史韵）、“思”（理趣）的“文化阅读”（the reading with cultural roots），包括文学、历史、政治（乃至时政）、哲学、科学、数学等方面的文化阅读，都能深刻持久地影响儿童思想道德的成长。我相信，童年需要并且适合这种斯文的、高贵的阅读。这样的阅读会使儿童气质斯文，灵魂纯朴，童心不灭。而由它发出的道德指引，给人的现实生活带来光亮、梦想和希望，而且激发他的道德反省和自觉，从而由感性而理性，加深了道德的积淀。

有人希望通过阅读“四书”“五经”，阅读《孝经》《弟子规》等所谓儒家经典来拯救时代的思想道德危机。对此，我是很怀疑的。事实上，一百年间的尊孔读经运动都是以偃旗息鼓而告终的。这并不令人惋惜。道理很简单，传统礼教与道德文化毕竟从根本上宣扬的是一套与现代文明格格不入的主张，它的一套核心价值观念——所谓“修齐治平”（即修身、齐家、治国、平天下）说，其实不过是一套以血缘关系为纽带和以宗法等级为基础建立起来的专制主义、禁欲主义、人伦（而非人文）主义的道德化政治和政治化道德系统，它所造就的封闭、僵化、愚昧、依附、奴性、亲缘等级性，以及虚文、虚荣、虚伪等国民劣根性对于现代文明进程的巨大妨碍，显而易见。当然，传统思想道德文化并非没有可取之处，但需要我们细细扒梳整理，以适应、充实、完善现代文明的变革与发展。

相形之下，有一种美德主义的伦理学和德育主张看上去更为人所称道和接纳。美国前教育部长威廉·贝内特可以被看做这方面的一个代表。他曾编著过一本盛极一时、甚至被誉为美国儿童“圣经”的《美德书》，他希望把人类那些具有卓越高尚价值如同情、自律、责任、友谊、工作、勇气、毅力、诚实、忠诚和信念的美德故事呈现在儿童面前。美德伦理(the ethic of virtue) 作为个人所表现的卓越道德品质与成就，注重的是人格理想完善基础上道德的圆满实现，它常常要求个人在遭遇并意识到权利与义务、功利与责任、欲望与理性、世俗与神圣等矛盾冲突的时候，根据道德良知做出超越狭隘功利的自主抉择，通过意志的痛苦努力，放弃或牺牲个人的利益、幸福甚至生命，以服从社群（团体、民族、国家等）的义务、指令或利益，充分彰显了人性的尊严和高尚。美德伦理对成长中的儿童和走向未来的社会拥有积淀厚重和高蹈卓越的道德文化，具有十分重要的作用。

我们把这种伦理称之为“公民伦理”或“公民德性”。我们认为，现代文明社会倡导的德育应当是公民德性或公民伦理教育。而儿童阅读的所谓“美德的典范”，则应当是启迪、濡染和造就公民伦理或公民德性的经典。

倡导公民伦理和公民阅读，具有十分迫切的意义。热捧传统文化的人可能忽视了一个简单的事实，中国传统道德文化始终存在公民文化的缺位，以至梁启超发出了这样的喟叹："我国民所最缺者，公德其一端也。"[1]。古代中国从来不存在"公民社会"，也无所谓"公民"，而只有依附于国家的臣民、顺民，抑或与之敌对的刁民、暴民。因此，直至今天，仍有不少中国人认为公共事务就是政府的责任，而与公民无关。也因此，我们就不难理解，为什么上个世纪初，在经历了洋务运动、戊戌变法失败，经济、政治强国迷梦破碎之后，许多仁人志士试图通过国民性启蒙与改造探索中国的出路。从龚自珍、魏源的"人心风俗"改造主张，到康有为、梁启超、严复、谭嗣同的"新民"说，再到陈独秀、李大钊、鲁迅等人的个性主义的"立人"说，莫不彰显对于公民人格的召唤和执著。目睹中国公民素质缺失的现状，重温国民性改造时代那些依旧振聋发聩的言说，我们会有芒刺在背的愧疚、忧患，和自我救赎、奋起直追的强烈冲动。胡锦涛总书记在中共十七大报告中指出："加强公民意识教育，树立社会主义民主法治、自由平等、公平正义理念。"就是向我们发出的最强烈的时代召唤！

当然，对于公民德性或公民伦理的理解，一直是众说纷纭的。公民和公民教育的思想发轫于古希腊，例如，在古希腊，公民在亚里士多德"人天生是一个政治动物"的语境里，扮演的是能说会道、参与公共事务的"政治人"角色；而在罗马帝国，公民则是"法律人"（legalis homo），或自然的权利承担者；到了近现代，公民除了政治、法律身份外，还因为社会与国家的分离而具有了"社会的个人"的性质，他和国家的关系不再是传统社会那种家国一体的关系。国家对于社会和个人的控制越来越小，而个人所拥有的社会空间、公共空间越来越大，他必须遵循公共空间的游戏规则。此外，对于公民素质的理解，还一直存在共和主义、自由主义、社群主义以及国别取向和世界取向的视角。

梳理了这些公民观念与主张，我一直在思考一个问题，能不能构建一种社会主义公民观念的假说呢？社会主义公民观念与学说不可能从天而降，凭空产生，它会自觉积极地吸取人类优秀的思想财富。2007年3月16日，温家宝总理在十届全国人大五次会议记者招待会上答中外记者问时说过这样一段话："民主、法制、自由、人权、平等、博爱，这不是资本主义所特有的，这是整个世界在漫长的历史过程中共同形成的文明成果，也是人类共同追求的价值观。"[2]基于此，我借用中国本土道德文化中的"修齐治平"提出一个重建国民精神的新"五爱"说或新"修齐治平"说，也

① 《新民说》。

② www.xinhuanet.com(新华网)：《在十届全国人大五次会议记者招待会上温家宝总理答中外记者问》。

即：爱自己（“修身”），爱亲人（“齐家”），爱大家（“为公”），爱祖国（“治国”），爱人类（“平天下”）。

“在爱里一切都得到丰足。”（纪伯伦：《爱》）“新五爱”由个体为基础，向家庭、社会、国家（包括祖国）、世界次第扩展，构成一个相互独立又相互依存的有机整体，从不同侧面陶冶、锤炼、丰富人的公民素养。我认为，每个人心中只有同时拥有了这五种爱，他的公民素养才是完整丰足、和谐圆融的。

李冰老师的这套《公民读本》就是根据上述文化阅读和公民伦理教育（包括与公民伦理互补的美德伦理乃至圣德伦理教育）的主张，精心编写出来的。它一共分为五编：第一编为个人编：《为我唱首歌吧》；第二编为家庭编：《家，甜蜜的家》；第三编为社会编：《全世界都在对我微微笑》；第四编为国家编：《我有一个梦想》；第五编为世界编：《万国之上还有人类在》。分别涉及公民伦理教育的五个领域。

虽然我是这套读本的主编，负责确定了读本的主旨与立意，勾画了读本的基本框架和选编原则，但绝大部分的选材、编辑、加工都是由李冰老师独立完成的，周其星、李燕妮、郭晓云、林静子、唐维芳、高夏华、梁素芬、张晓琴等老师也在编写过程中为读本素材的初步搜集与整理付出了辛勤劳动。由于李冰老师的出色工作，我提出的修改意见是微乎其微的。李冰老师是一位优秀的中学历史老师，不仅勤于读书，还一直大胆尝试通过历史教学开展公民启蒙教育，做过《恶魔的背影——聚焦希特勒》、《天堂此时——解读恐怖主义》、《希特勒的孩子们》、《圆明园的前世今生》等发人深省、令人惊叹的公民阅读个案研究。一套洋洋百余万字的《公民读本》更是凝聚了她几年的心血与智慧。在一个浮华而喧嚣的都市，能抵拒诱惑，甘于寂寞，沉埋书斋，熟读精思，真是难能可贵。这套《公民读本》即使存有诸多不足与缺憾，但可以想见，它的面世，对于我国青少年儿童的精神成长，必是一个福音！

我坚信：高雅阅读必能铸就高贵灵魂！

2011年9月30日完稿于“拼音识字斋”

目录

莲的心事

猜猜我有多爱你

欢愁岁月

执子之手，与子偕老

给我的孩子们

《光明的追求》　　　　麦绥莱勒（1919）

前言

我一直在思考这样的问题：在孩子纯洁透明的生命之初，在他蹒跚学步的童蒙时代，风华正茂的少年岁月，该拿什么来滋养他，建造他生生不息的精神家园？

有人认为，给童年和少年知识和相应的才能最重要。我不认同这种见解。难道还有什么比人活着更重要吗？活着可是生命成长与发展的根基啊！紧接的问题是：怎样活着才是有意义和价值的？美国大哲学家威廉·詹姆斯曾意味深长地问道："人生值得过吗？"在对哈佛大学生的演讲中，他回答了这个问题：值得过的人生一定是有意义的人生，而人生意义的由来正在于人类有其道德理想和价值信仰。

詹姆斯是对的。法国有句谚语："人而无德，生而何益。"把道德提到了生死存亡的高度，是不是有点儿危言耸听？我觉得不是。几乎每个人儿时都听过《狼来了》的故事，结局是撒谎的孩子被狼吃掉了（一说他放牧的羊统统被吃掉了，或他和羊都被吃掉了）。总之，这是一个关于道德与生命的故事。有道德的生活才使我们的生命变得安稳无虞，变得有意义，有尊严，有光彩；才使知识、才能、成就、财富、幸福等成为可能和现实。

英国著名诗人雪莱说过："道德中最大的秘密就是爱。"我非常赞同本书主编李庆明先生提出的"新五爱"主张，即爱自己、爱亲人、爱大家、爱祖国、爱人类。我想，这些爱一定存在着水乳交融的关联，因而缺一不可。记得前苏联的伟大教育家苏霍姆林斯基说过："如果一个孩子连他的妈妈也不爱，他还会爱别人、爱家乡、爱祖国吗？"揭示的不就是这种关联吗？正是这些互相补充、滋养和丰富的爱，构成文明社会"好公民"的精神世界。编写这样一套读本，就是想在孩子们空灵的生命之杯，斟上爱的琼浆，轻酌慢饮，让爱的涌流在孩子的生命世界里欢歌劲舞，奔腾不息。在持续地阅读、吟诵与沉思冥想中，一扇通往未来的门打开了。

有人说：生命的早晨就像一天的黎明，充满纯真、美景和融洽。孩子对爱有着天然的渴求。但孩子会像容器一样接受现成的道德说教吗？不会。道德只能陶冶和熏陶，孩子只会在美仑美奂的文字宫殿里优游流连，乐而忘返，这也是他们的天性。所以，我努力提供给孩子的，只能是道德文字的经典和范例。孩子们可以不拘顺序，跨越年龄界限随意阅览，反复品读，让道德文字的芬芳弥漫在校园、家庭、社区的每一个角落……从这里，孩子们将开始健全的公民生活。因为选编的是经典，我期待这套读本会令阅读者爱不释手，常读常新。

特别感谢朱小蔓、朱永新两位大家，主编告诉我，他的公民教育探索深受朱永新教授新教育思想的影响与启迪，而朱小蔓教授对我跟随她访学期间研究公民阅读提出的许多切中肯綮的批评指导至今令人难忘！

衷心感谢梅子涵教授，是他向21世纪出版社热情推荐了这套读本，感谢袁伟时教授、陈家琪教授、傅杰教授、王彬彬教授和他的弟子周红博士；此外，还要深切缅怀已经故去的文史专家商友敬先生，他生前一直关心读本的编写，多次亲临指导，令人铭记终身！

真诚感谢广东省教育厅、深圳市委宣传部、深圳团市委、深圳市教育局、深圳南山区委宣传部、南山区教育局诸位具有远见卓识的领导对探索社会主义公民教育的理解、支持和指导，否则，包括这套公民读本编写在内的所有探索与研究都很难想象会进展顺利，并取得一个又一个成果。

21世纪出版社张秋林社长自始至终关心读本的出版，充分表现出一位出版家对于青少年儿童思想道德成长的极大热忱与殷殷期望，出版社北京人文中心张明主任、读本的责任编辑文欢女士高度负责，一丝不苟，其精湛的专业水准和高尚的职场伦理给我们留下深刻的印象，也在此一并致以谢忱！深表感谢！

李 冰
2011年10月

卢梭说："有一个词可以让我们摆脱生活中所有的负担和痛苦，那就是爱。"什么是爱的真谛？有人说，爱是忠诚、是执着、是奉献；是历劫不悔、相厮相守、永不离弃；有人说爱是一种最大的安全感，也有人说爱是一种能力，一门艺术，需要不断学习和修炼。

问世间情为何物，直叫人生死相许。"对于世界，你可能只是一个人；但对于某个人，你却是整个世界。"

第一章

莲的心事

上邪[①]

◇ 汉乐府

我欲与君相知，
长命无绝衰，
山无棱，
江水为竭，
冬雷震震，
夏雨雪，
天地合，
乃敢与君绝。

① 选自《乐府诗集》，（北宋）郭茂倩编，万卷出版公司2009年版。

莲的心事①

◇ 席慕容

席慕容（1943—），著名诗人、散文家、画家。著有诗集《七里香》、《无怨的青春》、《时光九篇》等。

我
是一朵盛开的夏莲
多希望
你能看见现在的我

风霜还不曾来侵蚀
秋雨还未滴落
青涩的季节又已离我远去
我已亭亭
不忧
亦不惧

现在正是
最美丽的时刻
重门却已深锁
在芬芳的笑靥之后
谁人知我莲的心事

无缘的你啊
不是来得太早就是
太迟

谁人知我莲的心事？那细腻温婉的感觉犹如江南淅淅沥沥的雨……

① 选自《席慕容诗集》，席慕容著，作家出版社2010年版。

我在水中等你[①]

◇ 洛夫

洛夫（1928—），台湾著名现代诗人。

尾生与女子期于梁下，女子不来，水至不去，抱梁柱而死。

——庄子《盗跖篇》

水深入膝
淹腹
一寸寸漫至喉咙
浮在河面上的两只眼睛
仍炯炯然
望向一条青石小径
两耳倾听裙带抚过蓟草的窸窣

日日
月月
千百次升降地我胀大的体内
石柱上苍苔历历
臂上长满了牡蛎
发，在激流中盘缠如一窝水蛇
紧抱桥墩
我在千寻之下等你

① 选自《葬我于雪》，洛夫著，中国友谊出版公司1992年出版。

水来我在水中等你
火来
我在灰烬中等你

洛夫作为世界华语诗坛泰斗，国际著名诗人，诺贝尔文学奖提名者，被诗歌界誉为“诗魔”。

当你老了[①]

◇ 威廉·巴特勒·叶芝

威廉·巴特勒·叶芝（1865—1939），爱尔兰诗人、剧作家。

当你老了，头白了，睡意昏沉，
炉火旁打盹，请取下这部诗歌，
慢慢读，回想你过去眼神的柔和，
回想它们昔日浓重的阴影；
多少人爱你青春欢畅的时辰，
爱慕你的美丽，假意或真心，
只有一个人爱你那朝圣者的灵魂，
爱你衰老了的脸上痛苦的皱纹；
垂下头来，在红光闪耀的炉子旁，
凄然地轻轻诉说那爱情的消逝，
在头顶的山上它缓缓踱着步子，
在一群星星中间隐藏着脸庞。

① 选自《叶芝抒情诗精选》，袁可嘉译，太白文艺出版社1997年版。

我愿意是急流……[1]

◇ 裴多菲·山陀尔

我愿意是急流，山里的小河；
在崎岖的山路上、岩石上经过……
只要我的爱人是一条小鱼，
在我的浪花中快乐地游来游去。

我愿意是荒林，在河流的两岸；
对一阵阵的狂风勇敢地作战……
只要我的爱人是一只小鸟，
在我稠密的树枝间做窠、鸣叫。

我愿意是废墟，在峻峭的山岩上；
这静默的毁灭并不使我恼丧……
只要我的爱人是青青的常春藤，
沿着我荒凉的额亲密地攀援上升。

我愿意是草屋，在深深的山谷底；
草屋的顶上饱受风雨的打击……
只要我的爱人是可爱的火焰，
在我的炉子里愉快地缓缓闪现。

裴多菲·山陀尔（1823—1849），匈牙利伟大的革命诗人，也是匈牙利民族文学的奠基人。他的代表作有《亚诺什勇士》、《民族之歌》等。

① 选自《裴多菲抒情诗选》，（匈牙利）裴多菲著，译林出版社1991年版。

我愿意是云朵，是灰色的破旗；
在广漠的空中懒懒地飘来荡去。
只要我的爱人，是珊瑚的夕阳，
傍着我苍白的脸，显出鲜艳的辉煌。

《我愿意是急流》是裴多菲在热恋时的作品，是一首向爱人表白情感的诗。全诗清新、自然、毫无造作之感。

有赠[①]

◇ 曾卓

这首诗写于60年代，那个时代人们不仅被剥夺了歌唱爱情的权利，连自身爱的权利也受到威胁。写这首诗时，诗人与相爱的人已经分别六年，虽然同在一座城市，却彼此失去音讯。这是充满风暴、泥泞、孤独、辛酸和悲痛的分离。他不仅带着心理的压力，而且承受着政治压力的重荷。

曾卓（1922—2002），著名作家、诗人。出版的诗集有《门》、《悬崖边的树》、《白色花》（合集）、《老水手的歌》等。

我是从感情的沙漠上来的旅客，
我饥渴，劳累，困顿。
我远远地就看到你窗前的光亮，
它在招引我——我的生命的灯。

我轻轻地叩门，如同心跳。
你为我开门。
你默默地凝望着我，
（那闪耀着的是泪光么？）

你为我引路，掌着灯。
我怀着不安的心情走进你洁静的小屋，
我赤着脚，走得很慢，很轻，

① 选自《曾卓抒情诗选》，曾卓著，中国文联出版公司1983年版。

但每一步还是留下了灰土和血印。
你让我在舒适的靠椅上坐下，
你微现慌张地为我倒茶、送水。
我眯着眼——因为不能习惯光亮，
也不能习惯你母亲般温存的眼睛。
我的行囊很小，
但我背负着的东西却很重，很重，
你看我的头发斑白了，我的背脊伛偻了，
虽然我还年轻。
一捧水就可以解救我的口渴，
一口酒就使我醉了，
一点温暖就使我全身灼热，
那么，我能有力量承担你如此的好意和温情么？
我全身颤栗，当你的手轻轻地握着我的，
我忍不住啜泣，当你的眼泪滴在我的手背。
你愿这样握着我的手走向人生的长途么？
你敢这样握着我的手穿过蔑视的人群么？
在一瞬间闪过了我的一生，
这神圣的时刻是结束也是开始，
一切过去的已经过去，终于过去了，
你给了我力量、勇气和信心。
你的含泪微笑着的眼睛是一座炼狱，
你的晶莹的泪光焚冶着我的灵魂，
我将在彩云般的烈焰中飞腾，
口中喷出痛苦而又欢乐的歌声……

童年旧事[①]

◇ 梅洁

梅洁（1945—），中国当代著名女作家，代表作品有《爱的履历》、《大江北去》等。

在人生的路上，不知要遇到多少人，然而，最终能留下记忆的并不太多，能够常常眷念的就更少了。

这次回鄂西老家，总想着找一找阿三。阿三是我小学高年级的同学。记得有一个学期，班主任分配阿三和我坐一位，老师说让我帮助阿三学习。阿三很用功，但学习一般。他很守纪律，上课总是把胳膊背在身后，胸脯挺得高高的，坐得十分的端正，一节课也不动一动。

阿三有个坏毛病，年年冬天冻手。每当看到他肿得像馒头一样厚的手背、紫红的皮肤里不断流着黄色的冻疮水时，我就难过得很。有时不敢看，一看，心里就酸酸地疼，好像冻疮长在我的手背上似的。

"你怎么不戴手套？"上早读时，我问阿三。

"我妈没有空给我做，我们铺子里的生意很忙……"阿三用很低的声音回答。阿三说话的声音很好听，带着女孩子的腼腆和温存。

知道这个情况后，我曾几次萌动着一个想法："我给阿三织一双手套。"

我们那时的十三四岁的女孩子，都会搞点很简陋粗糙的针织。找几根细一些的铁丝，在砖头上磨一磨针尖，或者捡一块随手可拾的竹片，做四根竹签，用碎碗

① 选自《三十年散文观止》，李晓红、温文认选编，花城出版社2009年版。

碴把竹签刮得光光的，这便是毛衣针了。然后，从家里找一些穿破了后跟的长筒线袜套（我们那时，还不知道世界上有尼龙袜子！），把线袜套拆成线团，就可以织笔套、手套什么的。为了不妨碍写字，我们常常织那种没有手指、只有手掌的半截手套。那实在是一种很简陋很不好看的手套。但大家都戴这种手套，谁也不嫌难看了。

我想给阿三织一双这样的手套，有时想得很强烈。但却始终未敢。鬼晓得，我们那时都很小，十三四岁的孩子，却都有了“男女有别”的强烈的心理。这种心理使男女同学之间界线划得很清，彼此不敢大大方方地往来。

记得班里有个男生，威望很高，俨然是班里男同学中的“王”。“王”很有势力，大凡男生都听“王”的指挥。一下课，只要“王”号召一声干什么，便会有许多人前呼后拥地跟着去干；只要“王”说一声不跟谁玩了，就会“哗啦”一大片人不跟这个同学说话了。“王”和他的将领们常常给不服从他们意志的男生和女生起外号，很难听、很伤人心的外号。下课或放学后，他们要么拉着“一、二”的拍子，合起伙来齐声喊某一个同学家长的名字（当然，这个家长总是在政治上出了什么“问题”，名声已很不好）；要么就冲着一个男生喊某一个女生的名字，或冲着一个女生喊某一个男生的名字。这是最糟糕最伤心的事情，因为让他们这么一喊，大家就都知道某男生和某女生好了。让人家知道“好了”，是很见不得人的事情。

这样的恶作剧常常使我很害怕，害怕“王”和他的“将领”们。有时怕到了极点，以至恐惧到夜里常常做噩梦。好像从那时起，我就变成了一个谨小慎微的可怜虫。因此，我也暗暗仇恨“王”们一伙，下决心将来长大后，走得远远的，一辈子不再见他们！

阿三常和“王”们在一起玩，但却从来没见他伤害过什么人。“王”们有时对阿三好，有时好像也很长时间不跟他说话，那一定是“王”们的世界发生了什么矛盾，我想。我总也没搞清阿三到底是不是“王”领导下的公民，可我真希望阿三不属于“王”们的世界。

在上小学五年级的时候，爸爸突然在一个早晨，被划成了“右派”。大字报、漫画、还有划“×”的爸爸的名字在学院内外，满世界地贴着。爸爸的样子让人画得很丑，四肢很发达，头很小，有的，还长着一条很长很粗的毛茸茸的尾巴……乍一看到这些，我差点晕了过去。学院离我家很近，“王”们常来看大字报、漫画。看完，走去我家门口时，总要合起伙来，扯起喉咙喊我父亲的名字。他们是喊给我听，喊完就跑。大概他们以为这是最痛快的事情，可我却难过死了。一听见“王”们的喊声，我就吓得发晕，本来是要开门出来的，一下子就吓得藏在门后，半天不敢动弹，生怕“王”们看见我。等他们扬长而去之后，我就每每哭着不敢上学，母亲劝我哄我，但到了学校门口，我还是不敢进去，总要躲在校门外什么犄角旮旯或树荫下，直到听见上课的预备铃声，才赶快跑进教室。一上课，有老师在，“王”们就不敢喊我爸爸的名字了，我总是这样想。

那时，怕“王”们就像耗子怕猫！现在想起来，还心有余悸，也很伤心。

“我没喊过你爸爸的名字……”有一次，阿三轻轻地对我说。也不知是他见我受了侮辱常常一个人偷着哭，还是他感到这样欺负人不好，反正他向我这样表白了。记得听见阿三这句话后，我哭得很厉害，嗓子里像堵着一大团棉花，一个早自习都没上成。阿三那个早读也没有大声地背书，只是把书本来回地翻转着，样子也怪可怜。

其实，我心里也很清楚，阿三虽然和“王”们要好，但他的心眼善良，不愿欺负人。这是他那双明亮的、大大的单眼皮眼睛告诉我的，那双眼睛，望着你时，很纯真，很友好，很平和，使你根本不用害怕他。记得那时，我只好望阿三的这双眼睛，而对其他男生，特别是“王”们，我根本不敢正视一次。

很长很长的岁月，阿三的这双眼睛始终留在我的心底，我甚至觉着，这双给过我同情的挺好看的眼睛一生也不会在我的心底熄灭……

阿三很会打球，是布球。就是用线绳把旧棉花套子紧紧缠成一个圆团，缠成西瓜大、碗大、皮球大，随自己的意。缠好后再在外面套一截旧线袜套，把破口处缝好，就是球了。那个年代的鄂西城小学校里，学生们都是玩这种球，缠布球也几乎成风，阿三的布球缠得很圆，也很瓷实。阿三投球的命中率也相当高，几乎是百发百中。阿三在球队里是五号，五号意味着球打得最好，五号一般都是球队长。女生们爱玩球的极少，我们班只有两个，我是其中之一。

记得阿三在每每随便分班打布球时，总是要上我，算他一边的。那时，男女混合打球玩，是常有的事。即便是下课后随便在场上投篮，阿三也时而把抢着的球扔给站在操场边的可怜巴巴的我。后来，我的篮球打得很不错，以至到了初中、高中、大学竟历任了校队队长。那时就常常想，会打篮球得多谢阿三。

然而，阿三这种善良、友好的举动在当时是需要勇气的，也是要冒风险的。

因为这样做，注定要遭到“王”们的嘲笑和讽刺的。

这样的不幸终于发生了。不知在哪一天，也不知是为了什么，“王”们突然冲着我喊起阿三的名字了，喊得很凶。他们使劲冲我喊，我就觉得天一下子塌了，心一下子碎了，眼一下子黑了，头一下子炸了……

有几次，我也看见他们冲着阿三喊我的名字。阿三一声不吭，紧紧地闭着双唇，脸涨得通红。看见阿三难堪的样子，我心里就很难过，觉得对不起他。

从那以后，我就再也不想给阿三织手套的事了；阿三打布球，我再也不敢去了；上早读，我们谁也不再悄悄说话了；我们谁也不再理谁了，好像恼了！但到了冬天，再看见阿三肿得黑紫黑紫的像馒头一样厚的手背时，我就觉得我欠了阿三许多许多，永远都不会再给他了……

阿三的家在“王一茂酱菜铺”的对面。我不知他家开什么铺子，只记得每次到“王一茂酱菜铺”买辣酱时，我总要往阿三的铺子里看。只见门口的台阶上下，摆着许多的竹筐、竹篓、竹篮子，还有女人们用的黄草纸，漆着黑漆的粗糙的柜台上，圆口玻璃瓶里装着滚白砂糖的橘子瓣糖，也有包着玻璃纸、安着竹棍像拨浪鼓似的棒棒糖……其实，在别的铺子也能买辣酱的，但我总愿意跑得老远，去“王一茂酱菜铺”买。也说不清为什么，只是想，阿三从铺子里走出来就好了。其实，即使阿三真的从铺子里走出来，我也不会去和他说话的，但我希望他走出来……

有一次，我又去买辣酱，阿三真的从铺子里走出来了，而且看见了我。知道阿三看见我后，我突然又感到害怕起来。这时，只见阿三沿着青石板铺就的小街，向我走来。

“他们也在这条街上住，不要让他们看见你，要不，又要喊你爸爸的名字了……”说完，他“咚咚”地跑了回去。我知道，他说的“他们”，是指“王”们。

望着阿三跑进了铺子，我又想哭。我突然觉着，我再也不会忘记阿三了，阿三将来长大了，一定是世界上最好的男人！

后来，考上中学后，我就不知阿三在哪里了。是考上了，还是没考上？考上了在哪个班？我都不懂得去打听。成年后，常常为这件事后悔，做孩子的时候，怎么就不懂得珍惜友情？

中学念了半年以后，我就走得很远很远，到汉江的下游去找我哥哥了，为求学，也为求生，因为父亲和母亲已被赶到很深很深的大山里去了。从此，我就再没有看见阿三，但阿三那双明亮的、充满善意的眼睛却常常出现在我的眼前和梦中。

人生不知怎么就过得这样匆匆忙忙，这样不知不觉，似乎还没弄清是怎么回事就走过了许许多多的年月。二十多年后的一天，我回故乡探望母亲，第一个想找的就是阿三。

出乎意料之外，我竟然很顺利地找到了那时的“王”。“王”很热情地接待了我，“王”有一个很漂亮年轻的妻子。这个年龄、这个时代见到“王”，我好一番“百感交集”。说起儿时的旧事，我不禁潸然泪下，“王”也黯然神伤。”

“不提过去了，我们那时都小，不懂事……你父亲死得很苦。”“王”说得很真诚，很凄楚。是呀，几十年的风风雨雨，我们都长大了。儿时的恩也好，怨也好，现在想起来，都是可爱的事情，都让人留恋，让人怀念……

“王”很快地帮我找到了阿三以及儿时的两个同学。当“王”领着阿三来见我的时候，我竟十分地慌乱起来，大脑的荧光屏上不时地闪现着阿三那双明亮的单眼皮眼睛。当听到他们说笑着走进家门时，我企图努力辨认出阿三的声音，然而却办不到……

阿三最后一个走进家门，当我努力认出那就是阿三时，我的心突然一阵悲哀和失望——那不是我记忆中的阿三！那双明亮的眼睛在哪儿？站在我面前的阿三，显得平静而淡漠，对于我的归来似乎是早已意料到的事情，并未显出多少惊喜和亲切。已经稍稍发胖的身躯和已经开始脱落的头发，使我的心痉挛般地抽动起来：岁月夺走了我儿时的阿三……我突然感到很伤心，我们失去的太多了！人的一生有许多值得珍惜的东西，可当我们还没来得及去珍惜它时，一切都已成为过去，一切都不存在了……

阿三邀我去他家吃饭，“王”和儿时两位同学同去；我感到很高兴。我知道，这是阿三和“王”的心愿。很感谢我童年的朋友们为我安排这样美好的程式。我们这些人，一生中相见的机会太少了，这样的聚会将成为最美好的忆念。

阿三的妻子比阿三大，也不漂亮。妻子是县里的“三八红旗手”，劳动模范。望着蹲在地上默默地刮着鱼鳞的阿三和跑里跑外为我们张罗佳肴的阿三的贤慧的妻子，我感到很安慰，但却又一阵凄恻：儿时的阿三再也不会归来了，这就是人生……”

“……1969年我在北京当兵，听说你在那里念大学，我去找过你，但没找着。”吃饭的时候，阿三对我说。这是我意想不到的事情，望着阿三，我便有万千的感激，阿三终没有忘记我！”

“我提议，为我们的童年干杯！”我站了起来。

阿三和“王”，还有童年的好友都高高举起了酒杯。

这一瞬，大家似乎都有许多话要说，但却谁也没说什么，我不知这一颗颗沉默的心里是否和我一样在想：人生最美好的莫过于友谊，友谊最深厚的眷恋莫过于童年的相知……我突觉鼻尖发酸，真想哭。

临走，阿三开着小车送我上车站（阿三在县政府为首长们开车）。

“很难过，我们都长大了……”真真没想到，临别时，阿三能讲出这样动情的话。然而，他的样子却很淡漠，很详静，甚至可以说毫无表情，只是眼望前方，静稳地打着方向盘。这种不动声色的样子使我很压抑，自找到阿三，我就总想和他说说小时候的事情，比如关于手套、布球或者“喊名字”的风波……然而，岁月里的阿三已长成一个沉静而冷凝的男子汉，成年的阿三不属于我的感情，我想。实在是没想到，临别，阿三却说了这句令我一生再不会忘记他的话。

感谢我圆如明月清如水的乡梦，梦中，童年的阿三向我走来……

麦琪的礼物[①]

◇ 欧·亨利

欧·亨利（1862—1910），美国著名短篇小说家。他的作品构思新颖，语言诙谐，结局往往出人意料。代表作有《爱的牺牲》、《警察与赞美诗》、《贤人的礼物》等。

一元八角七分钱。全都在这儿了，其中六角是一分一分的铜板。这些分分钱是杂货店老板、菜贩子和肉店老板那儿软硬兼施地一分两分地抠下来，直弄得自己羞愧难当，深感这种掂斤播两的交易实在丢人现眼。德拉反复数了三次，还是一元八角七，而第二天就是圣诞节了。

除了扑倒在那破旧的小睡椅上哭嚎之外，显然别无他途。

德拉这样做了，可精神上的感慨油然而生，生活就是哭泣、抽噎和微笑，尤以抽噎占统治地位。

当这位家庭主妇逐渐平静下来之际，让我们看看这个家吧。一套带家具的公寓房子，每周房租八美元。尽管难以用笔墨形容，可它真真够得上乞丐帮这个词儿。

楼下的门道里有个信箱，可从来没有装过信，还有一个电钮，也从没有人的手指按响过电铃。而且，那儿还有一张名片，上写着“詹姆斯·迪林厄姆·杨先生”。

“迪林厄姆”这个名号是主人先前春风得意之际，一时兴起加上去的，那时候他每星期挣三十美元。现在，他的收入缩减到二十美元，“迪林厄姆”的字母也

---

① 选自《麦琪的礼物》，（美）欧·亨利著，钱满素编，北京燕山出版社2000年版。

显得模糊不清，似乎它们正严肃地思忖着是否缩写成谦逊而又讲求实际的字母D。不过，每当詹姆斯·迪林厄姆·杨回家，走进楼上的房间时，詹姆斯·迪林厄姆·杨太太，就是刚介绍给诸位的德拉，总是把他称作“吉姆”，而且热烈地拥抱他。那当然是再好不过的了。

德拉哭完之后，往面颊上抹了抹粉，她站在窗前，痴痴地瞅着灰濛濛的后院里——一只灰白色的猫正行走在灰白色的篱笆上。明天就是圣诞节，她只有一元八角七给吉姆买一份礼物。她花去好几个月的时间，用了最大的努力一分一分地攒积下来，才得了这样一个结果。一周二十美元实在经不起花，支出大于预算，总是如此。只有一元八角七给吉姆买礼物，她的吉姆啊。她花费了多少幸福的时日筹划着要送他一件可心的礼物，一件精致、珍奇、贵重的礼物——至少应有点儿配得上吉姆所有的东西才成啊。

房间的两扇窗子之间有一面壁镜。也许你见过每周房租八美元的公寓壁镜吧。一个非常瘦小而灵巧的人，从观察自己在一连串的纵条影像中，可能会对自己的容貌得到一个大致精确的概念。德拉身材苗条，已精通了这门子艺术。

突然，她从窗口旋风般地转过身来，站在壁镜前面。她两眼晶莹透亮，但二十秒钟之内她的面色失去了光彩。她急速地折散头发，使之完全披散开来。

现在，詹姆斯·迪林厄姆·杨夫妇俩各有一件特别引以自豪的东西。一件是吉姆的金表，是他祖父传给父亲，父亲又传给他的传家宝；另一件则是德拉的秀发。如果示巴女王①也住在天井对面的公寓里，总有一天德拉会把头发披散下来，露出窗外晾干，使那女王的珍珠宝贝黯然失色；如果地下室堆满金银财宝、所罗门王又是守门人的话，每当吉姆路过那儿，准会摸出金表，好让那所罗门王忌妒得吹胡子瞪眼睛。

此时此刻，德拉的秀发披散在她的周围，微波起伏，闪耀光芒，有如那褐色的瀑布。她的美发长及膝下，仿佛是她的一件长袍。接着，她又神经质地赶紧把头发梳好。踌躇了一分钟，一动不动地立在

①示巴女王（Queen of sheba）：基督教《圣经》中朝觐所罗门王，以测其智慧的示巴女王，她以美貌著称。

那儿，破旧的红地毯上溅落了一两滴眼泪。

她穿上那件褐色的旧外衣，戴上褐色的旧帽子，眼睛里残留着晶莹的泪花，裙子一摆，便飘出房门，下楼来到街上。

她走到一块招牌前停下来，上写着："索弗罗妮夫人——专营各式头发"。德拉奔上楼梯，气喘吁吁地定了定神。那位夫人身躯肥大，过于苍白，冷若冰霜，同"索弗罗妮"的雅号简直牛头不对马嘴。

"你要买我的头发吗？"德拉问。

"我买头发，"夫人说，"揭掉帽子，让我看看发样。"

那褐色的瀑布泼撒了下来。

"二十美元。"夫人一边说，一边内行似的抓起头发。

"快给我钱。"德拉说。

呵，接着而至的两个小时犹如长了翅膀，愉快地飞掠而过。请不用理会这胡诌的比喻。她正在彻底搜寻各家店铺，为吉姆买礼物。

她终于找到了，那准是专为吉姆特制的，决非为别人。她找遍了各家商店，哪儿也没有这样的东西，一条朴素的白金表链，镂刻着花纹。正如一切优质东西那样，它只以货色论长短，不以装璜来炫耀。而且它正配得上那只金表。她一见这条表链，就知道一定属于吉姆所有。它就像吉姆本人，文静而有价值——这一形容对两者都恰如其分。她花去二十一美元买下了，匆匆赶回家，只剩下八角七分钱。金表匹配这条链子，无论在任何场合，吉姆都可以毫无愧色地看时间了。

尽管这只表华丽珍贵，因为用的是旧皮带取代表链，他有时只偷偷地瞥上一眼。

德拉回家之后，她的狂喜有点儿变得审慎和理智了。她找出烫发铁钳，点燃煤气，着手修补因爱情加慷慨所造成的破坏，这永远是件极其艰巨的任务，亲爱的朋友们——简直是件了不起的任务呵。

不出四十分钟，她的头上布满了紧贴头皮的一绺绺小卷发，使她活像个逃学的小男孩。她在镜子里老盯着自己瞧，小心地、苛刻地照来照去。

"假如吉姆看我一眼不把我宰掉的话，"她自言自语，"他定会说我像个科尼岛上合唱队的卖唱姑娘。但是我能怎么办呢——唉，只有一元八角七，我能干什么呢？"

七点钟，她煮好了咖啡，把煎锅置于热炉上，随时都可做肉排。

吉姆一贯准时回家。德拉将表链对叠握在手心，坐在离他一贯进门最近的桌子角上。接着，她听见下面楼梯上响起了他的脚步声，她紧张得脸色失去了一会儿血色。她习惯于为了最简单的日常事物而默默祈祷，此刻，她悄声道："求求上帝，让他觉得我还是漂亮的吧。"

门开了，吉姆步入，随手关上了门。他显得瘦削而又非常严肃。可怜的人儿，他才二十二岁，就挑起了家庭重担！他需要买件新大衣，连手套也没有呀。

吉姆站在屋里的门口边，纹丝不动地好像猎犬嗅到了鹌鹑的气味似的。他的两眼固定在德拉身上，其神情使她无法理解，令她毛骨悚然。既不是愤怒，也不是惊讶，又不是不满，更不是嫌恶，根本不是她所预料的任何一种神情。他仅仅是面带这种神情死死地盯着德拉。

德拉一扭腰，从桌上跳了下来，向他走过去。

"吉姆，亲爱的，"她喊道，"别那样盯着我。我把头发剪掉卖了，因为不送你一件礼物，我无法过圣诞节。头发会再长起来——你不会介意，是吗？我非这么做不可。我的头发长得快极了。说'恭贺圣诞'吧！吉姆，让我们快快乐乐的。你肯定猜不着我给你买了一件多么好的——多么美丽精致的礼物啊！"

"你已经把头发剪掉了？"吉姆吃力地问道，似乎他绞尽脑汁也没弄明白这明摆着的事实。

"剪掉卖了，"德拉说。"不管怎么说，你不也同样喜欢我吗？没了长发，我还是我嘛，对吗？"

吉姆古怪地四下望望这房间。

"你说你的头发没有了吗？"他差不多是白痴似的问道。

"别找啦，"德拉说。"告诉你，我已经卖了——卖掉了，没有啦。这是圣诞前夜，好人儿。好好待我，这是为了你呀。也许我的头发数得清，"突然她特别温柔地接下去，"可谁也数不清我对你的恩爱啊。我可以做肉排了吗，吉姆？"

吉姆好像从恍惚之中醒来，把德拉紧紧地搂在怀里。现在，别着急，先让我们花个十秒钟从另一角度审慎地思索一下某些无关紧要的事。房租每周八美元，或者一百万美元——那有什么差别呢？数学家或才子会给你错误的答案。麦琪[①]带来了宝贵的礼物，但就是缺少了那件东西。这句晦涩的话，下文将有所

---

① 麦琪（Magi，单数为Magus）：指圣婴基督出生时来自东方送礼的三贤人，载于圣经马太福音第二章第一节和第七至第十三节。

交待。

从表面上看，吉姆和德拉极不明智地为了对方而牺牲他们各自最为宝贵的东西。但是我们可以从中感到他们之间深深的爱意。爱，可以战胜一切。

吉姆从大衣口袋里掏出一个小包，扔在桌上。

“别对我产生误会，德尔，”他说道，“无论剪发、修面，还是洗头，我以为世上没有什么东西能减低一点点对我妻子的爱情。不过，你只消打开那包东西，就会明白刚才为什么使我楞头楞脑了。”

白皙的手指灵巧地解开绳子，打开纸包。紧接着是欣喜若狂的尖叫，哎呀！突然变成了女性神经质的泪水和哭泣，急需男主人千方百计的慰藉。

还是因为摆在桌上的梳子——全套梳子，包括两鬓用的，后面的，样样俱全。那是很久以前德拉在百老汇的一个橱窗里见过并羡慕得要死的东西。这些美妙的发梳，纯玳瑁做的，边上镶着珠宝——其色彩正好同她失去的美发相匹配。她明白，这套梳子实在太昂贵，对此，她仅仅是羡慕渴望，但从未想到过据为己有。现在，这一切居然属于她了，可惜那有资格佩戴这垂涎已久的装饰品的美丽长发已无影无踪了。

不过，她依然把发梳搂在胸前，过了好一阵子才抬起泪水迷濛的双眼，微笑着说：“我的头发长得飞快，吉姆！”

随后，德拉活像一只被烫伤的小猫跳了起来，叫道，“喔！喔！”

吉姆还没有瞧见他的美丽的礼物哩。她急不可耐地把手掌摊开，伸到他面前，那没有知觉的贵重金属似乎闪现着她的欢快和热忱。

“漂亮吗，吉姆？我搜遍了全城才找到了它。现在，你每天可以看一百次时间了。把表给我，我要看看它配在表上的样子。”

吉姆非旦不按她的吩咐行事，反而倒在睡椅上，两手枕在头下，微微发笑。

“德尔，”他说，“让我们把圣诞礼物放在一边，保存一会儿吧。它们实在太好了，目前尚不宜用。我卖掉金表，换钱为你买了发梳。现在，你做肉排吧。”

正如诸位所知，麦琪是聪明人，聪明绝顶的人，他们把礼物带来送给出生在马槽里的耶稣。他们发明送圣诞礼物这玩艺儿。由于他们是聪明人，毫无疑问，他们的礼物也是聪明的礼物，如果碰上两样东西完全一样，可能还具有交换的权利。在这儿，我已经笨拙地给你们介绍了住公寓套间的两个傻孩子不足为奇的平淡故事，他们极不明智地为了对方而牺牲了他们家最最宝贵的东西。不过，让我们对现今的聪明人说最后一句话，在一切馈赠礼品的人当中，那两个人是最聪明的。在一切馈赠又接收礼品的人当中，像他们两个这样的人也是最聪明的。无论在任何地方，他们都是最聪明的人。他们就是麦琪。

给女儿的信①

◇ 瓦·阿·苏霍姆林斯基

瓦·阿·苏霍姆林斯基（1918—1970），前苏联伟大的教育理论家和教育实践家。在他长达三十多年的教育活动中，写下四十多本教育专著。较著名的有《把整个心灵献给孩子》、《教育的艺术》等。

亲爱的女儿：

你提出的问题使我忐忑不安。

今天你已经十四岁了，已经迈进开始成为一个女人的年龄时期。你问我说："父亲，什么叫爱情？"

我的心经常为这种思想而跳动，就是今天我不再是和一个小孩子交谈了。进入这样一个年龄时期，你将是幸福的。然而只有你是一个明智的人，你才是幸福的。

是的，几百万年轻的十四岁的少女怀着一颗跳动的心，思考着这样的一个问题：什么叫爱情？每个人对它的理解都各不相同。希望成长为男子汉的年轻小伙子也在思考这一问题。

亲爱的小女儿，现在我给你写的信不再是过去那样的信了。我内心的愿望是：告诉你要学会明智地生活，也就是要善于生活。我希望作父亲的每一句话都能像一颗小小的种子，促使自己的观点和信念的幼芽萌发出来。

爱情这个问题也同样使我不平静。在童年和少年时代我最亲近的人是玛丽娅，她是一个了不起的人，渗透到我内心的一切美好、明智和真诚的品质都是受恩于她。

---

① 选自《爱情的教育》，（苏）苏霍姆林斯基著，世敏，寒薇译，教育科学出版社2001年版。

她死于战争前夕。她在我面前打开了童话、本族语言和人性美的世界。有一天，在一个早秋的寂静夜晚，我和她坐在一棵枝叶茂密的苹果树下，望着空中正飞往温暖的边远地区的仙鹤，我问祖母："奶奶，什么叫爱情呀？"

她能用童话讲解最复杂的事情。此刻她的一双眼睛呈现出沉思而惊异的神情。她以一种特别的、与往日不同的目光看了我一眼，说："什么叫爱情？……当上帝创造人类时，他在地球上播下了一切有生命的种子，并教会我们延续自己的后代，生出和自己同样的人。他把土地分给一个男人和女人，告诉他们怎样搭窝棚。'和男人一起过日子吧！延续后代，'上帝说：'我要办事了去了，一年之后，我再来，看看你们的情况怎么样。'

"整整一年之后，有一天一大早，他和大天使加弗利尔来了，他看见这一对男女坐在小棚子旁边，地里的庄稼已经熟了，他们身旁放着一个摇篮，摇篮里睡着一个婴儿，这一对男女时而望望天空，时而又彼此看看，就在这一瞬间，他俩的眼神相碰在一起，上帝在他们身上看见了一种不可思议的美和一种从未见过的力量。这种美远远超过蓝天和太阳、土地和长满小麦的田野。总之，比上帝所制作和创造的一切都美，这种美使上帝颤抖、惊异，以致于他惊呆了。

"他向大天使加弗利尔问道：'这是什么？'

"'这是爱情。'

"'什么是爱情？'

"大天使耸耸双肩，上帝走向这对男女，问他们什么是爱情，但是，他们无法向他解释，于是，上帝恼火了，他说：'那么，好吧！我要处罚你们，从即刻开始，你们要变老，你们生命的每一小时，都要消耗一点你们的青春和精力！五十年后我再来，看看你们的眼神里表现出什么，人……'"

"上帝为什么还能生气呢？"我问奶奶。

"是的，要知道，一个人不能擅自创造连他自己本人也没有见过的东西。但是，你往下听啊！

"五十年后上帝和大天使加弗利尔又来了。他看见了一座非常好的小木层代替了原来的小棚子，草原上修起了花园，地里的庄稼已经熟了，儿子们正在耕种，女儿们正在收麦，孙子们正在绿草地上玩耍。在小木屋门前坐着一个老头和老太婆，他们时而看看红色的朝霞，时而又彼此望望。上帝从他俩的眼神里看见了更加美丽和更加强大的力量，而且好像又增加了新的东西。

“‘这是什么?’上帝问大天使。

“‘忠诚!’大天使回答说,但是,他还是不能解释。

“这次上帝更加恼火了。他说:‘人!你们为什么没有老多少?那好吧,你们的日子不长了,以后我再来,看看你们的爱情将变成什么。’

“三年后他与大天使又来了。他看见男人坐在小山坡上,一双眼睛呈现出非常忧虑的神色,但是,却仍然表现出那种不可思议的美和力量,已经不仅仅是爱情和忠诚,而且蕴藏着一种新的东西。

“‘这又是什么?’他问大天使。

“‘心灵的追念。’

“上帝手握着自己的胡须,离开了坐在小山坡上的老头,面向着麦田和红色的朝霞,他看见,在金色麦穗旁边站着一些青年男女,他们时而看看布满红色的朝霞的天空,时而又彼此看看……上帝站了很久,看着他们,然后深深地沉思着走了,从此以后,人就成了地球上的上帝了。

“这就是爱情,我的小孙子!爱情比上帝权威大,这是人类永恒的美与力量,一代一代地相传。我们每一个人最终都要变成一把骨灰,但是,爱情将成为赋予生命的、永不衰退的、使人类世代相传的纽带。”

我的小女儿,这就是爱情!世上各种有生命的东西生活、繁殖,成千上万地延续自己的有生命的后代。但是,只有人懂得爱。而且说实在的,只有在他善于像人那样去爱的时候,他才是一个真正的人。如果他不懂得爱,不能提到人性美的高度,那就是说他只有一个能够成为人的人,但是还没有成为真正的人。

木石姻缘[①]

——《红楼梦》节选

◇ 曹雪芹

曹雪芹（1715—1763），清代小说家，出身于名门望族，后因家庭衰败饱尝了人生的辛酸。在人生的最后阶段，他以坚韧不拔的毅力，历经十年创作了《红楼梦》的前八十回。

《红楼梦》又名《石头记》，长篇小说，共一百二十回。前八十回为清代小说家曹雪芹作，后四十回多认为由高鹗续成。小说中以贾、史、王、薛四大家族为背景，以贾宝玉、林黛玉爱情悲剧为主要线索，着重描写贾家荣、宁二府由盛到衰的过程。全面地描写封建社会末世的人性世态，种种不可调和的矛盾……

且说宝玉因见黛玉病了，心里放不下，饭也懒怠吃，不时来问，只怕他有个好歹。黛玉因说道：“你只管听你的戏去罢，在家里做什么？”宝玉因昨日张道士提亲之事，心中大不受用，今听见黛玉如此说，心里因想道：“别人不知道我的心还可恕。连他也奚落起我来。”因此心中更比往日的烦恼加了百倍。要是别人跟前，断不能动这肝火，只是黛玉说了这话，倒又比往日说这活不同，由不得立刻沉下脸来，说道：“我白认得你了！罢了，罢了！”黛玉听说，冷笑了两声道：“你白认得了我吗？我那里能够像人家有什么配得上你的呢！”宝玉听了，便走来，直问到脸上道：“你这么说，是安心咒我天

---

① 选自《红楼梦》，曹雪芹著，人民出版社2008年版。题目为编者所加。

诛地灭？”黛玉一时解不过这话来。宝玉又道：“昨儿还为这个起了誓呢，今儿你到底儿又重我一句！我就天诛地灭，你又有什么益处呢？”黛玉一闻此言，方想起昨日的话来。今日原自己说错了，又是急，又是愧，便抽抽搭搭地哭起来，说道：“我要安心咒你，我也天诛地灭！何苦来呢！我知道昨日张道士说亲，你怕拦了你的好姻缘，你心里生气，来拿我煞性子！”

原来宝玉自幼生成来的有一种下流痴病，况从幼时和黛玉耳鬓厮磨，心情相对，如今稍明时事，又看那些邪书僻传。凡远亲近友之家所见的那些闺英闱秀，皆未有稍及黛玉者，所以早存一段心事，只不好说出来。故每每或喜或怒，变尽法子暗中试探。那黛玉偏生也是个有些痴病的，也每用假意试探，你也将真心真意瞒起来，我也将真心真意瞒起来，都只用假意试探，如此“两假相逢，终有一真”，其间琐琐碎碎，难保不有口角之事。即如此刻，宝玉的心内想的是：“别人不知我的心还可恕，难道你就不想我的心里眼里只有你？你不能为我解烦恼，反来拿这个话堵噎我，可见我心里时时刻刻白有你，你心里竟没我了。”宝玉是这个意思，只口里说不出来。那黛玉心里想着：“你心里自然有我，虽有‘金玉相对’之说，你岂是重这邪说不重人的呢？我就时常提起这‘金玉’，你只管了然无闻的，方见的是待我重，无毫发私心了。怎么我只一提‘金玉’的事，你就着急呢？可知你心里时时有这个‘金玉’的念头。我一提，你怕我多心，故意着急，安心哄我。”那宝玉心中又想着：“我不管怎么样都好，只要你随意，我就立刻因你死了，也是情愿的。你知也罢，不欠也罢，只由我的心，那才是你和我近，不和我远。”黛玉心里又想着：“你只管你就是了。你好，我自然好。你要把自己丢开，只管周旋我，是你不叫我近你，竟叫我远了。”

看官，你道两个人原是一个心，如此看来，却都是多生了枝叶，将那求近之心反弄成疏远之意了。此皆他二人素昔所存私心，难以备述。如今只说他们外面的形容。

那宝玉又听见他说“好姻缘”三个字，越发逆了己意。心里干噎，口里说不出来，便赌气向颈上摘下通灵玉来，咬咬牙，狠命往地下一摔，道：“什么劳什子！我砸了你，就完了事了！”偏生那玉坚硬非常，摔了一下，竟纹风不动。宝玉见不破，便回身找东西来砸。黛玉见他如此，早已哭起来，说道：“何苦来你砸那哑巴东西？有砸他的，不如来砸我！”

二人闹着，紫鹃雪雁等忙来解劝。后来见宝玉下死劲地砸那玉，忙上来夺，又夺不下来。见比往日闹的大了，少不得去叫袭人。袭人忙赶了来，才夺下来。宝玉冷笑道：“我是砸我的东西，与你们什么相干！”袭人见他脸都气黄了，眉眼都变了，从来没气的这么样，便拉着他的手，笑道：“你和妹妹拌嘴，不犯着砸他；倘或砸坏了，叫他心里脸上怎么过的去呢？”黛玉一行哭着，一行听了这话，说到自己心坎儿上来，可见宝玉连袭人不如，越发伤心大哭起来。心里一急，方才吃的香薷饮、解暑汤，便承受不住，“哇”的一声，都吐出来了。紫鹃忙上来用绢子接住，登时一口一口的，把块绢子吐湿。雪雁忙上来捶揉。紫鹃道：“虽然生气，姑娘到底也该保重些。才吃了药，好些儿，这会子因和宝二爷拌嘴，又吐出来了；倘若犯了病，宝二爷怎么心里过的去呢？”宝玉听了这活，说到自己心坎儿上来，可见黛玉竟还不如紫鹃呢。又见黛玉脸红头胀，一行啼哭，一行气凑，一行是泪，一行是汗，不胜怯弱。宝玉见了这般，又自己后悔：“方才不该和他较证，这会子他这样光景，我又替不了他。”心里想着，也由不得滴下泪来了。

袭人守着宝玉，见他两个哭的悲痛，也心酸起来。又摸着宝玉的手冰凉，要劝宝玉不哭罢，一则恐宝玉有什么委屈闷在心里，二则又恐薄了黛玉：两头儿为难。正是女儿家的心性，不觉也流下泪来。紫鹃一面收拾了吐的药，一面拿扇子替黛玉轻轻地扇着，见三个人都鸦雀无声，各自哭各自的，索性也伤起心来，也拿着绢子拭泪。四个人都无言对泣。还是袭人勉强笑向宝玉道：“你不看别的，你看看这玉上穿的穗子，也不该和林姑娘拌嘴呀。”黛玉听了，也不顾病，赶来夺过去，顺手抓起一把剪子就来铰。袭人紫鹃刚要夺，已经剪了几段。黛玉哭道：“我也是白效力，他也不稀罕，自有别人替他再穿好的去呢！”袭人忙接了玉道：“何苦来何苦来！这是我才多嘴的不是了。”宝玉向黛玉道：“你只管铰！我横竖不戴他，也没什么。”

宝黛之间的爱情似乎诞生于一个神话——西方灵河岸边的三生石和绛珠草的缘起与缘灭，给了世间凡俗一个为爱惊喜的理由。

只顾里头闹，谁知那些老婆子们见黛玉大哭大吐，宝玉又砸玉，不知道要闹到

什么田地儿，便连忙地一齐往前头去回了贾母王夫人知道，好不至于连累了他们。那贾母王夫人见他们忙忙的做一件正经事来告诉，也都不知有了什么缘故，便一齐进园来瞧。急的袭人抱怨紫鹃：“为什么惊动了老太太、太太？”紫鹃又只当是袭人着人去告诉的，也抱怨袭人。那贾母王夫人进来，见宝玉无言，黛玉也无话，问起来，又没为什么事，便将这祸移到袭人紫鹃两个人身上，说：“为什么你们不小心服侍，这会子闹起来都不管呢？”因此将二人连骂带说教训了一顿。二人都没的说，只得听着。还是贾母带宝玉去了，方才平伏。

过了一日，至初三日，乃是薛蟠生日，家里摆酒唱戏，贾府诸人都去了。宝玉因得罪了黛玉，二人总未见面，心中正自后悔，无精打采，哪里还有心肠去看戏，因而推病不去。黛玉不过前日中了些暑溽之气，本无甚大病，听见他不去，心里想：“他是好吃酒听戏的，今日反不去，自然是因为昨儿气着了；再不然他见我不去，他也没心肠去。只是昨儿千不该万不该铰了那玉上的穗子。管定他再不戴了，还得我穿了他才戴。因而心中十分后悔。那贾母见他两个都生气，只说趁今儿那边去看戏，他两个见了，也就完了，不想又都不上。老人家急的抱怨说：“我这老冤家，是哪一世里造下的孽障？偏偏儿的遇见了这么两个不懂事的小冤家儿，没有一天不叫我操心！真真的是俗语儿说的，‘不是冤家不聚头’了。几时我闭了眼，断了这口气，任凭你们两个冤家闹上天去，我‘眼不见，心不烦’，也就罢了。偏他娘的又不咽这口气！”自己抱怨着，也哭起来了。谁知这个话传到宝玉黛玉二人耳内，他二人竟从来没有听见过“不是冤家不聚头”的这句俗活儿，如今忽然得了这句活，好似参禅的一般，都低着头细嚼这句活的滋味儿，不觉地潸然泪下。虽然不曾会面，却一个在潇湘馆临风洒泪，一个在怡红院对月长吁，正是“人居两地，情发一心”了。袭人因劝宝玉道：“千万不是，都是你的不是。往日家里的小厮们和他的姐姐妹妹拌嘴，或是两口子分争，你要是听见了，还骂那些小厮们蠢，不能体贴女孩儿们的心肠；今儿怎么你也这么着起来了？明儿初五，大节下的，你们两个再这么仇人似的，老太太越发要生气了，一定弄的大家不安生。依我劝你，正经下个气儿，赔个不是，大家还是照常一样儿的，这么着不好吗？”宝玉听了，不知依与不依。

（第29回节选）

墓畔哀歌[①]

◇ 石评梅

石评梅（1902—1926），20世纪20年代著名女作家。其作品由友人编成《涛语》、《偶然草》两集。

石评梅在20年代与中国共产党早期著名活动家高君宇结识并产生了深沉的爱情。1925年3月，高君宇不幸病逝，由于长期悲伤，三年后，石评梅也泪尽而亡。“生前未能相依共处，愿死后得并葬荒丘”，遵照她的遗愿，她的生前好友把她安葬在北京陶然亭内的高君宇墓旁。在高君宇的墓碑侧面，镌刻着高君宇自题照片上的一首小诗：“我是宝剑，我是火花。我愿生如闪电之耀亮，我愿死如慧星之迅忽。”下面是石评梅手书碑文：“这是君宇生前自题像片的几句话，死后我替他刊在碑上。君宇！我无力挽住你迅忽如慧星之生命，我只有把剩下的泪流到你坟头，直到我不能来看你的时候。评梅”。这碑文，蕴含着至死不变的爱恋，和铭心刻骨的哀痛！

一

我由冬的残梦里惊醒，春正吻着我的睡靥低吟！晨曦照上了窗纱，望见往日令我醺醉的朝霞，我想让丹彩的云流，再认认我当年的颜色。

① 选自《墓畔哀歌》，石评梅著，江苏文艺出版社2009年版。

披上那件绣着蛱蝶的衣裳，姗姗地走到尘网封锁的妆台旁。呵！明镜里照见我憔悴的枯颜，像一朵颤动在风雨中苍白凋零的梨花。

我爱，我原想追回那美丽的皎容，祭献在你碧草如茵的墓旁，谁知道青春的残蕾已和你一同殉葬。

二

假如我的眼泪真凝成一粒一粒珍珠，到如今我已替你缀织成绕你玉颈的围巾。

假如我的相思真化作一颗一颗的红豆，到如今我已替你堆集永久勿忘的爱心。

哀愁深埋在我心头。

我愿燃烧我的肉身化成灰烬，我愿放浪我的热情怒涛汹涌，天呵！这蛇似的蜿蜒，蚕似的缠绵，就这样悄悄地偷去了我生命的青焰。

我爱，我吻遍了你墓头青草在日落黄昏；我祷告，就是空幻的梦吧，也让我再见见你的英魂。

三

明知道人生的尽头便是死的故乡，我将来也是一座孤冢，衰草斜阳。有一天呵！我离开繁华的人寰，悄悄入葬，这悲艳的爱情一样是烟消云散，昙花一现，梦醒后飞落在心头的都是些残泪点点。

然而我不能把记忆毁灭，把埋我心墟上的残骸抛却，只求我能永久徘徊在这垒垒荒冢之间，为了看守你的墓茔，祭献那茉莉花环。

我爱，你知否我无言的忧衷，怀想着往

这句句含血，字字滴泪的小诗，镌刻在高君宇的墓碑侧面。

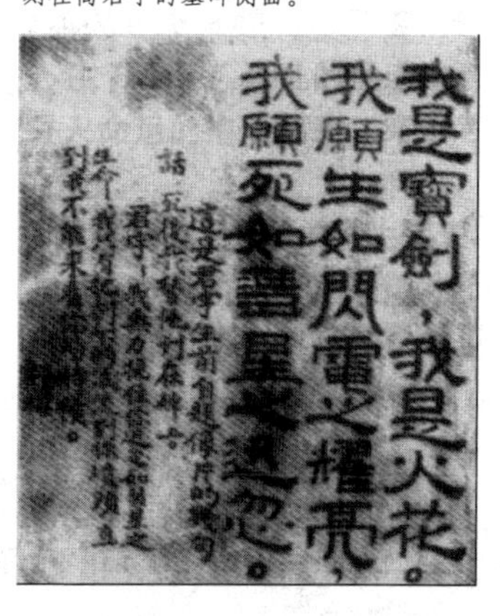

日轻盈之梦。梦中我低低唤着你小名，醒来只是深夜长空有孤雁哀鸣！

四

黯淡的天幕下，没有明月也无星光，这宇宙像数千年的古墓；皑皑白骨上，飞动闪映着惨绿的磷花。我匍匐哀泣于此残锈的铁栏之旁，愿烘我愤怒的心火，烧毁这黑暗丑恶的地狱之网。

命运的魔鬼有意捉弄我弱小的灵魂，罚我在冰雪寒天中，寻觅那雕零了的碎梦。求上帝饶恕我，不要再残害我这仅有的生命，剩得此残躯在，容我杀死那狞恶的敌人！

我爱，纵然宇宙变成烬余的战场，野烟都腥：在你给我的甜梦里，我心长系驻于虹桥之中，赞美永生！

五

我镇天踟蹰于垒垒荒冢，看遍了春花秋月不同的风景，抛弃了一切名利虚荣，来到此无人烟的旷野，哀吟缓行。我登了高岭，向云天苍茫的西方招魂，在绚烂的彩霞里，望见了我沉落的希望之陨星。

远处是烟雾冲天的古城，火星似金箭向四方飞游！隐约的听见刀枪搏击之声，那狂热的欢呼令人震惊！在碧草萋萋的墓头，我举起了胜利的金觥，饮吧我爱，我奠祭你静寂无言的孤冢！

星月满天时，我把你遗我的宝剑纤手轻擎，宣誓向长空：

愿此生永埋了英雄儿女的热情。

六

假如人生只是虚幻的梦影，那我这些可爱的映影，便是你赠与我的全生命。我常觉你在我身后的树林里，骑着马轻轻地走过去。常觉你停息在我的窗前，徘徊着等我的影消灯熄。常觉你随着我唤你的声音悄悄走近了我，又含泪退到了墙角。常觉你站在我低垂的雪帐外，哀哀地对月光而叹息！

在人海尘途中，偶然逢见个像你的人，我停步凝视后，这颗心呵！便如秋风横扫落叶般冷森凄零！我默思我已经得到爱的之心，如今只是荒草夕阳下，一座静寂无语的孤冢。

我的心是深夜梦里，寒光闪灼的残月，我的情是青碧冷静，永不再流的湖水。残月照着你的墓碑，湖水环绕着你的坟，我爱，这是我的梦，也是你的梦，安息吧，敬爱的灵魂！

七

我自从混迹到尘世间，便忘却了我自己；在你的灵魂我才知是谁？

记得也是这样夜里。我们在河堤的柳丝中走过来，走过去。我们无语，心海的波浪也只有月儿能领会。你倚在树上望明月沉思，我枕在你胸前听你的呼吸。抬头看见黑翼飞来掩遮住月儿的清光，你抖颤着问我：假如这苍黑的翼是我们的命运时，应该怎样？

我认识了欢乐，也随来了悲哀，接受了你的热情，同时也随来了冷酷的秋风。往日，我怕恶魔的眼睛凶，白牙如利刃；我总是藏伏在你的腋下趑趄不敢进，你一手执宝剑，一手扶着我践踏着荆棘的途径，投奔那如花的前程！

如今，这道上还留着你斑斑血痕，恶魔的眼睛和牙齿再是那样凶狠。但是我爱，你不要怕我孤零，我愿用这一纤细的弱玉腕，建设那如意的梦境。

八

春来了，催开桃蕾又飘到柳梢，这般温柔慵懒的天气真使人恼！她似乎躲在我眼底有意缭绕，一阵阵风翼，吹起了我灵海深处的波涛。

这世界已换上了装束，如少女般那样娇娆，她披拖着浅绿的轻纱，蹁跹在她那姹紫嫣红中舞蹈。伫立于白杨下，我心如捣，强睁开模糊的泪眼，细认你墓头，萋萋芳草。

满腔辛酸与谁道？愿此恨吐向青空将天地包。它纠结围绕着我的心，像一堆枯黄的蔓草，我爱，我待你用宝剑来挥扫，我待你用火花来焚烧。

在石评梅短暂的生命中，留下了大量优秀的作品。她的作品充满了对光明的渴望和不断追求真理的执着精神。

九

垒垒荒冢上，火光熊熊，纸灰缭绕，清明到了。这是碧草绿水的春郊。墓畔有白发老翁，有红颜年少，向这一杯黄土致不尽的怀忆和哀悼，云天苍茫处我将魂招；白杨萧条，暮鸦声声，怕孤魂归路迢迢。

逝去了，欢乐的好梦，不能随墓草而复生，明朝此日，谁知天涯何处寄此身？叹漂泊我已如落花浮萍，且高歌，且痛饮，拼一醉烧熄此心头余情。

我爱，这一杯苦酒细细斟，邀残月与孤星和泪共饮，不管黄昏，不论夜深，醉卧在你墓碑傍，任霜露侵凌吧！我再不醒。

十六年清明陶然亭畔

系于一发[①]

◇ 卡尔·施普林根施密

卡尔·施普林根施密，美国作家。

我们想：让姑妈把秘密公开吧！我们虽年幼，但毕竟长大了，好歹快成年了。有什么事不能对我们说呢。埃弗里纳姑妈真不用对我们保什么密了。就说那个圆的金首饰吧，她用一根细细的链，总是把它系在脖子上。我们猜想，这里准有什么异乎寻常的缘由，里面肯定嵌着那个她曾爱过的年轻人的小相片。也许她是白白地爱过他一阵哩。这个年轻人是谁呢？他们当时究竟怎样相爱的呢？那时情况又是如何呢？

这没完没了的疑问使我们纳闷。

我们终于使埃弗里纳姑妈同意给我们看看那个金首饰。我们急切地望着她。她把首饰放在平展开的手上，用指甲小心翼翼地塞进缝隙，盖子猛地弹开了。

令人失望的是，里面没有什么照片，连一张变黄的小相片也没有，只有一根极为寻常的、结成蝴蝶结状的女人头发。难道全在这儿了吗？"是的，全在这儿，"姑妈微微地笑着，"就这么一根头发，我发结上的一根普普通通的头发，可它却维系着我的命运。更确切地说，这纤细的一根头发决定了我的爱情。你们现在这些年轻人也许不理解这点，你们把自爱不当回事，不，更糟糕的是，你们压根儿没想过这么做。对你们说来，一切

---

① 选自《读者文摘（精粹版Ⅲ）：天使走过人间》，东方笑主编，陕西师范大学出版社2006年版。

都是那样直截了当，来者不拒，受之坦然，草草了事。我那时十九岁，他——事情关系到他——不满二十岁。他确是尽善尽美，当然最重要的是，他爱我。他经常对我这样说：我该相信这一点。至于我呢，虽然我俩间有许多话难以启口，但我是乐意相信他的。

“一天，他邀我上山旅行。我们要在他父亲狩猎用的僻静的小茅舍里过夜。我踌躇了好一阵。因为我还得编造些谎话让父母放心，不然他们说啥也不会同意我干这种事的。当时，我可是给他们好好地演了出戏，骗了他们。

“小茅舍坐落在山林中间，那儿万籁俱寂，孤零零地只有我们俩。他生了火，在灶旁忙个不歇，我帮他煮汤。饭后，我们外出，在暮色中漫步。两人慢慢地走着，无声胜有声，强烈的心声替代了言语，此时还有什么可说的呢？

“我们回到茅舍。他在小屋里给我置了张床。瞧他干起事来有多细心周到！他在厨房里给自己腾了个空位。我觉得那铺位实在不太舒服。

“我走进房里，脱衣睡下。门没上栓，钥匙就插在锁里。要不要把门栓上？这样，他就会听见栓门声，他肯定知道，我这样做是什么意思。我觉得这太幼稚可笑了。难道当真需要暗示他，我是怎么理解我们的欢聚的吗？话说到底，如果夜里他真想干些风流韵事的话，那么锁、钥匙都无济于事，无论什么都对他无奈。对他来说，此事尤为重要，因为它涉及到我俩的一辈子——命运如何全取决于他。不用我为他操心。

“在这关键时刻，我蓦地产生了一个奇妙的念头。是的，我该把自己‘锁’在房里，可是，在某种程度上说，只不过是采用一种象征性的方法。我踮着脚悄悄地走到门边，从发结上扯下一根长发，把它缠在门手把和锁上，绕了好几道。只要他一触动手把，头发就会扯断。

“嗨，你们今天的年轻人呀！你们自以为聪明，聪明绝顶。但你们真的知道人生的秘密吗？这根普普通通的头发——翌日清晨，我完整无损地把它取了下来！——它把我们俩强有力地连在一起了，它胜过生命中其他任何东西。一俟时机成熟，我们就结为良缘。他就是我的丈夫，多乌格拉斯。你们是认识他的，而且你们知道，他是我一生的幸福所在。这就是说，一根头发虽纤细，但它却维系着我的整个命运。”

爱情的艺术[1]

◇ 安德烈·莫洛亚

安德烈·莫洛亚（1885—1967），法国作家，著有长篇小说《非神非兽》、《幸福的本能》等；另在传记文学方面成就非凡，代表作有《雪莱传》、《拜伦传》等。

培根说："艺术，就是人类融入大自然……"大自然为绘画、雕塑、诗歌、戏剧等众多艺术提供了原始的素材，人类将这些素材进行加工整理，以满足精神上的需要。这个定义很精辟。人类接受它，显然证明有一门爱的艺术存在。大自然在爱情方面，与其他任何事物一样，也只是给我们注入了原始的基因。诸如两性的差异，人类传宗接代的需要，以及满足这一需要的强烈本能。在漫长的岁月中，人类如果没有去主动地改善和协调这些基因的话，那么我们的情爱也只有形同猪狗一般。

人类爱情的奇迹，就在于人能在单纯的本能和欲念的基础上，修筑起细微复杂的感情大厦。它的魔力足以使两个像我们一样脆弱，像所有生灵一样自私，一样怯懦，一样喜新厌旧，一样野蛮的不幸的人共处于一个最亲密、最美妙的境地。万物间的冷漠或敌对，前程的叵测，阶级或民族间的仇视，所有这些，在一对情人眼中，倏忽像梦幻一样烟消云散。强烈的欲念使他们排除了私心杂念，他们相互忍让，互为依存。然而欲念是短暂的，而人是怎样从反复无常的本性中，升华出稳定纯真的情感呢？要想弄懂什么是爱的艺术，我们必须解决

---

① 选自《生活的艺术》，（法）安德烈·莫洛亚著，王辉、郭金凤、刘京译，生活·读书·新知三联书店1998年版。

这个“欲念的神圣化”的问题。

真正的圣洁并不是出神入化，也不是禁欲修行，而是具有谦卑、温和和慈善的美德。同样，伟大的爱情并非表现在对情欲的狂热追求上，而是体现在日常生活完美而持久的和谐之中。于弗兰神甫曾讲述过这样一件事：一天，一位年轻的修女向圣女泰雷兹[①]请教什么是圣洁。修女暗想对方可能会给她讲一些梦幻般的故事。然而，泰雷兹只是让她跟随自己来到一所新建的房子里。在那里度过的几个月，生活就是贫困、艰难、失败，是意外的事故、痛苦的呻吟和艰辛的劳作。最后，修女忍不住了，就去问泰雷兹什么时候才能告诉她什么是圣洁。泰雷兹·阿维拉答道：“圣洁不是别的，就是要满怀着爱情来忍受每天每日与这所房子里一样的生活。”

性爱带给幸福夫妻的愉快，如同美丽的夏日一般，灼热的阳光照得人懒洋洋的，内心充满了恬静的幸福。天空洁净无比，似乎什么也污染不了它。在广阔的平原上，一座简陋的村庄沐浴在阳光之下，宛如仙境中的海市蜃楼。美好的日子留给我们许多美好的回忆，我们希望美景重现。回忆也激励着我们笑迎生活中的狂风暴雨。然而，不管夏日还是性爱，都不能超越自然限度而长久持续。我们必须学会同样热爱那些阴暗的日子；爱秋日的薄雾，冬天的长夜。作家阿贝尔·博纳尔[②]曾经说过：“最美丽的爱情，应当像节日的盛装。图案艳丽的绸面衬着色调柔和、淡雅的单色衬里。这素雅别致的衬里比斑斓的绸面更惹人喜爱。”

这种庄严而温柔的幸福从何而来？爱情伊始，它羞怯地跟随在欲望左右，然而很快就主宰了爱情。这种以情欲开始，但却持续下来的爱情从何而来？它来自信任、习惯和彼此的倾慕。几乎所有的人都会令人失望。然而，有些幸运的人能碰到一位其性格永远不会让他失望的男人或女人。几乎在任何情况下，这个人都能够按照我们的意愿行事，而且即使在最困难的情况下，也不会抛弃我们。我们得到了一种美好的感情：信任。至少在这个人面前，我们可以每天有几分钟的时间，掀去脸上沉重的面具，自由自在地呼吸，无所畏惧、开诚布公地做人。

如同性欲一样，信任是美好爱情的可靠保证。有了信任，最微不足道的事

---

① 泰雷兹·阿维拉（1515—1582），生于西班牙，天主教加尔默罗修会的改革家。

② 阿贝尔·博纳尔：法国诗人，小说家。

情亦会充满了魅力。年轻的时候，男女双方愿意单独呆在一起热烈地拥抱，而现在他们则喜欢倾诉衷肠。散步的时光变得与从前约会一样宝贵。他们相互理解，并能彼此猜出对方的心思。他们有着共同的思想。只要其中一方身体、精神上有了不适，另一方也为之担忧。双方都准备随时为对方献出生命，这一点，两个人都很明白。当然，最完美的友谊也可以产生这样的感情。然而，毫无保留的友谊实在太难得了，伟大的爱情则能使最平庸的人变得敏锐，勇于献身、充满信心。

如何描写一对幸福夫妻晚年的爱情生活呢？怎样表现上帝依然是上帝，尽管它的脸上已有死亡的特征？这并非容易之举。幸福的交响乐，在天才的作曲家指挥下，可变得雄伟壮丽。而对于平庸的音乐家来说，急风暴雨般的感情生活更能激发其灵感。《帕西发尔》序曲中上升的旋律，总是那样高亢、清脆，听众的灵魂在美妙的音乐中不断升华。弗朗克的《真福曲》和富瑞的《追思曲》，比语言更完美地表现了什么是感情的绝妙升华，什么是稳固的和谐之自然而有力的加强。既然我列举了《追思弥撒》，是因为死的观念是最最完美的爱情中唯一的不和谐音符。

英国诗人康文特里·巴特摩尔曾写过一首绝妙的诗，表达了一位男子在经过了漫长的幸福岁月之后，忽然面对着曾经是他整个世界的女人的遗体时所感到的恐惧和不安心情。怀着痛苦和哀怨，他温柔地责备死去的妻子把自己抛弃了："你不是这样的啊！你难道不后悔吗，啊，我的爱人？七月里的那个下午，你既没有吻我，也没有说句道别的话，只是用恐惧的目光望着我，口里含糊不清地说了一句话，就与我永别了。你真的不该这样就去了呀！"把一切的一切都寄托在一个人的生命——脆弱的生命之上，这就是爱情的危险和高尚之处。

然而，面对最伟大的爱，死也是无能为力的。有一次在西班牙，我遇到了一位年迈而神态端庄的农妇。她对我说："我没有什么可以抱怨的了……当然，我经历过生活的艰辛。然而，二十岁时，我爱上了一位年轻人，他也爱我，我们结合……可是，几个星期以后，他就死了……当然，我也痛苦得几乎死去。不过，从那时起，五十多年来我就靠着这美好的回忆生活。"在痛苦和孤独的时候，回忆那美好的过去，对人是莫大的安慰。如同从伟大的艺术家的作品中和宗教信仰中得到感召一样，一尘不染的爱情，爱情的思考和梦幻所组成的灿烂柔和的图画同样可能呼唤人去投身于一项崇高的事业。在本能的迅速撞击下，迸发出了神奇的火花。

怎样衡量爱情呢？我认为无需向你说明。“爱情不需理论家，而需要诗人。”爱之艺术最完美的体现，并非存在于司汤达的小说里，而正如司汤达常说的那样，存在于莫扎特的音乐之中。请听音乐会去吧，请聆听那清脆的音符，那令人心醉的和弦。如果你觉得你的爱情还有点盲目、苦涩和不和谐，那么，你尚未理解什么是爱的艺术。然而，如果你觉得你的感情生活同这音乐一样完美，一样迷人，一样和谐，那么你正经历着一场极其难得的珍贵的奇遇：伟大的爱情。

论情爱[1]

◇ 伯兰特·罗素

伯兰特·罗素

（1872—1970），英国著名数学家、哲学家。著有《西方哲学史》、《人类的知识》等。

缺少兴致的主要原因之一，是一个人觉得不获情爱；反之，被爱的感觉比任何旁的东西都更促进兴致。一个人的觉得不被爱，可有许多不同的理由。他或者自认为那么可憎，以致没有人能爱他；他或者在幼年时受到的情爱较旁的儿童为少；或者他竟是无人爱好的家伙。但在这后面的情形中，原因大概在于因早年的不幸而缺少自信。觉得自己不获情爱的人，结果可能采取各种不同的态度。他可能用拼死的努力去赢取情爱，或许用非常热爱的举动作手段。然而在这一点上他难免失败，因为他的慈爱的动机很易被受惠的人觉察，而人类的天性是对最不要求情爱的人才最乐意给予情爱。所以，一个竭力用仁慈的行为去博取情爱的人往往因人类的无情义而感到幻灭。他从未想到，他企图获得的温情比他当作代价一般支付出去的物质的恩惠，价值要贵重得多，然而他的行为的出发点就是这以少博多的念头。另外一种人觉得不被爱之后可能对社会报复，或是用煽动战争与革命的方法，或是用一支尖刻的笔，像斯威夫特[2]那样。这是对于祸害的一种壮烈的反动，需要刚

① 选自《幸福之路》，（英）罗素著，傅雷译，陕西师范大学出版社2007年版。

② 斯威夫特：18世纪英国著名文学家，讽刺作家、政治家。代表作有《格列佛游记》。

强的性格方能使一个人和社会处于敌对地位。很少人能达到这样的高峰；最大多数的男女感到不被爱时，都沉溺在胆怯的绝望之中，难得遇有嫉妒和捉弄的机会便算快慰了。普通这样的人的生活，总是极端以自己为中心，而不获情爱又使他们觉得不安全，为逃避这不安全感起计，他们本能地听任习惯来完全控制他们的生活。那般自愿作刻板生活的奴隶的人，大抵是由于害怕冷酷的外界，以为永远走着老路便可不致堕入冷酷的外界中去。

凡是存在安全感对付人生的人，总比存着不安全感的人幸福得多，至少在安全感不曾使他遭遇大祸的限度之内。且在大多数的情形中，安全意识本身就能助人避免旁人必不可免的危险。倘你走在下临深渊的狭板之上，你害怕时比你不害怕时更容易失足。同样的道理可应用于人生。当然，心无畏惧的人可能遇着横祸，但他很可能渡过重重的难关而不受伤害，至于一个胆怯的人却早已满怀怆惘了。这一种有益的自信方式的确多至不可胜数。有的人不畏登山，有的人不畏渡海，有的人不畏航空。但对于人生一般的自信，比任何旁的东西都更有赖于获得一个人必不可少的那种适当的情爱。我在本章内所欲讨论的，便是把这种心理习惯当作促成兴致的原动力看待。

产生安全感觉的，是"受到的"而非"给予的"情爱，虽在大多数的情形中是源于相互的情爱。严格说来，能有这作用的，情爱之外还有钦佩。凡在职业上需要公众钦佩的人，例如演员、宣道师、演说家、政治家等等，往往越来越依靠群众的喝彩声。当他们受到应得的群众拥护的酬报时，生活是充满着兴致的；否则他们便满肚皮的不如意而变得落落寡合。多数人的广大的善意之于他们，正如少数人的更集中的情爱之于另一般人。受父母疼爱的儿童，是把父母的情爱当作自然律一般接受的。他不大想到这情爱，虽然它于他的幸福是那么重要。他想着世界，想着所能遭逢的奇遇，想着成人之后所能遭逢的更美妙的奇遇。但在所有这些对外的关切后面，依旧存着一种感觉，觉得在祸害之前有父母的温情保护着他。为了什么理由而不得父母欢心的儿童，很易变成胆怯而缺少冒险性，充满着畏惧和自怜的心理，再也不能用快乐的探险的心情去对付世界。这样的儿童可能在极低的年龄上便对着生、死和人类命运等等的问题沉思遐想。他变成一个内省的人，先是不胜悲抑，终于在哲学或神学的什么学说里面去寻求非现实的安慰。世界是一个混乱无秩序的场合，愉快事和不愉快事颠颠倒倒地堆在一块。要想在这中间理出一个分明的系统或范型来，骨子里是由恐惧所致，事实上是由于害怕稠人广众的场合，或畏惧一无所有的空间。一个学生在书斋的四壁之间是觉得安全的。假如他能相信宇宙是同样的狭小，那么他偶然上街时也能感到几乎同样的安全。这样的人倘曾获得较多的情爱，对现实世界的畏惧就可能减少，且也无须发明一个理想世界放在信念里了。

虽然如此，绝非所有的情爱都能鼓励冒险心。你给予人的情爱，应当本身是强壮的而非畏怯的，希望对方卓越优异的心理，多于希望对方安全的心理，虽不是绝对不顾到安全问题。倘若胆怯的母亲或保姆，老对儿童警告着他们所能遇到的危险，以为每条狗会咬人，每条牛都是野牛，那么可能使孩子和她一般胆怯，使他觉得除了和她挨在一起之外便永远不安全。对于一个占有欲过分强烈的母亲，儿童的这种感觉也许使她快慰：她或者希望他依赖她，甚于他有应付世界的能力。在这情形中，孩子长大起来，或竟会比完全不获慈爱的结果更坏。幼年时所养成的思想习惯可能终身摆脱不掉。许多人在恋爱时是在寻找一个逃避世界的托庇所，在那里他们确知即在不值得钦佩时也能受到钦佩，不当赞美时也能受到赞美。家庭为许多男人是一个逃避真理的地方，恐惧和胆怯使他们感到结伴之乐，因为在伴侣之间这些感觉可以抑压下去。他们在妻子身上寻找着从前在不智的母亲身上可以得到的东西，可是一朝发觉妻子把他们当作大孩子看时，他们倒又惊愕起来了。

要把最妥善的一种情爱下一界说，绝不是容易的事，因为显而易见其中总有些保护的成分。我们对所爱的人受到的伤害不能漠不关心。然而我以为，对灾患的畏惧，不能和对实在灾患表示同情相比，它应该在情爱里面占着极小的部分。替旁人担心，仅仅比替自己担心略胜一筹。而且这种种是遮饰占有欲的一种烟幕。我们希望引起他们的恐惧来使他们更受自己控制。当然这是男子欢喜胆怯的女人的理由之一，因为他们从保护她们进而占有她们。要说多少分量的殷勤关切才不致使受惠者蒙害，是要看受惠者的性格而定的：一个坚强而富有冒险性的人，可以担受大量的温情而无害，至于一个胆怯之士却应该让他少受为妙。

受到的情爱具有双重的作用。至此为止我们把它放在安全一块讨论着，但在成人生活中，它还有更主要的生物学上的目标，即是做父母的问题。不能令人对自己感到性爱，对任何男女是一桩重大的不幸，因为这剥夺了他或她人生所能提供的最大的欢乐。这种丧失几乎迟早会摧毁兴致而置人于孤寂自省之境。

然而往往早年所受的灾祸造成了性格上的缺陷，成为日后不能获得爱情的原因。这一点或在男人方面比在女人方面更真切，因为大体上女人所爱于男人的是他们的性格，而男人所爱于女人的是她们的外表。在这方面说，我们必得承认男人显得不及女人，因为男人在女人身上认为可喜的品质，还不如女人在男人身上认为可喜的品质来得有价值。可是我绝不说好的性格比着好的外表更易获得；不过女人比较能懂得获致好的外表的必要步骤，而男人对获致好的品格的方法却不甚了解。

至此为止，我们所谈的情爱是以人为客体的，即是一个人受到情爱。现在我愿一谈以人为主体的，即是一个人给予的情爱。这也有两种，一种也许最能表现对人生的兴致，一种却表现着恐惧。我觉得前者是完全值得赞美的，后者至多不过是一种安慰。假如你在晴好的日子沿着秀丽的海岸泛舟游览，你会赏玩海岸之美，感到一种乐趣。这种乐趣是完全从外展望得来的。和你任何急迫的需要渺不相关。反之，倘使你的船破了，你向着海岸泅去时，你对海岸又感到一种新的情爱：那是代表波涛中逃生的安全感，此时海岸的美丑全不相干了。最好的情爱，相当于一个人的船安全时的感觉，较次的情爱，相当于舟破以后逃生者的感觉。要有第一种情爱，必须一个人先获安全，或至少对遭遇的危险毫不介意；反之，第二种情爱是不安全感的产物。从不安全感得来的情爱，比前一种更主观，更偏于自我中心，因为你所爱的人是为了他的助力而非为了他原有的优点。可是我并不说这一种的温情在人生中没有正当的作用。事实上，几乎所有真实的情爱都是由上述两种混合而成的，并且只要温情把不安全感真正治好的时候，一个人就能自由地对世界重新感到兴趣，而这兴趣在危险与恐怖时是完全隐避着的。但即使承认不安全感所产生的情爱在人生也有一部分作用，我们还得坚持它不及另一种有益，因为它有赖于恐惧，而恐惧是一种祸害，也因为它令人偏于自我集中。在最后的一种情爱里，一个人希望着一桩新的幸福，而非希望逃避一件旧的忧伤。

最好的一种温情是双方互受其惠的；彼此很欢悦地接受，很自然地给予，因为有了互换的快乐，彼此都觉整个的世界更有趣味。然而，还有一种并不少见的情爱，一个人吸收着另一个的生命力，接受着另一个的给予，但这方面几乎毫无回报。有些生机旺盛的人便属于这吸血的一类。他们把一个一个的牺牲者的生命力吸吮净尽，但当他们发扬光大时，那些被榨取的人却变得苍白，阴沉而麻木了。这等人利用旁人，把他们当作工具来完成自己的目标，却从不承认他们也有他们的目标。他们一时以为爱着什么人，其实根本不曾对这个人发生兴趣；他们只关心鼓舞自己活动的刺激素，而所谓他们的活动也许是完全无人格性的那种。这种情形显然是从他们性格的缺陷上来的，但这缺陷既不易诊断也不易治疗。它往往和极大的野心相连，且也由于他们把人类幸福之源从单方面去看。情爱，在两个真正相互的关切上说，不单是促成彼此福利的工具，且是促成共同的福利的工具，是真正幸福的最重要因素之一。凡是把“自我”拘囚在四壁之内不令扩大的人，必然错失了人生所能提供的最好的东西，不论他在事业上如何的成功。一个人或是少年时有过忧伤，或是中年时受过侵害，或是有任何足以引起被虐狂的原因，才使他对人类抱着愤懑与仇恨，以致养成了纯粹的野心而排斥情爱。太强的自我是一座牢狱，倘你想完满地享受人生，就得从这牢狱中逃出来。能有真正的情爱，便证明一个人已逃出了自己的樊笼。单单接受情爱是不够的；你受到的情爱，应当把你所要给予的情爱激发起来；唯有接受的和给予的两种温情平等存在时，温情才能完成最大的功能。

妨碍相互情爱的生长的，不问是心理的或社会的阻碍，都是严重的祸害，人类一向为之而受苦，直到现在。人们表示钦佩是很慢的，因为恐怕不得其当；他们表示情爱也是很慢的，因为恐怕或者他们向之表示情爱的人，或者取着监视态度的社会，可能使他们难堪。道德叫人提防，世故也叫人提防，结果是在涉及情爱的场合，慷慨与冒险性都气馁了。这一切都能产生对人类的畏怯和愤懑，因为许多人终身错失了真正基本的需要，而且十分之九丧失了幸福的必要条件，丧失了对世界的胸襟开旷的态度。这并非说，所谓不道德的人在这一点上优于有道德的人。在性关系上，几乎全没可称为真正情爱的东西；甚至怀着根本敌意的也有。各人设法不使自己倾心相与，各人保留着基本的孤独，各人保持着完整，所以毫无果实。在这种经验内，全无重大的价值存在。我不说应该小心避免这等经历，因为在完成它们的过程中，可有机会产生一种更可贵而深刻的情爱。但我的确主张，凡有真正价值的性关系必是毫无保留的，必是双方整个的人格混合在一个新的集体人格之内的。在一切的提防之中，爱情方面的提防，对于真正的幸福或许是最大的致命伤。

爱是一门艺术吗?[①]

◇ 爱利希·弗洛姆

爱利希·弗洛姆(1900—1980),生于德国,后移居美国,是著名的心理学家和精神病学家。著有《爱的艺术》、《拯救自由》、《健全社会》等。

爱是一门艺术吗?如果爱是一门艺术,那就要求人们有这方面的知识并付出努力。或者爱仅仅是一种偶然产生的令人心荡神怡的感受,只有幸运儿才能“堕入”爱的情网呢?这本小册子以第一种假设为基础,而大多数人毫无疑问相信第二种假设。

但这大多数人决不认为爱情无关紧要,相反他们追求爱情。悲欢离合的爱情电影他们百看不厌,百般无聊的爱情歌曲他们百听不烦。但他们之中没有人认为,人们本可以学会去爱。

他们之所以持有这种特殊态度是有其各种原因的,这些原因反过来又分别地或总和地加强了他们的这一态度。大多数人认为爱情首先是自己能否被人爱,而不是自己有没有能力爱的问题。因此对他们来说,关键是:我会被人爱吗?我如何才能值得被人爱?为了达到这一目的,他们采取了各种途径。男子通常采取的方法是在其社会地位所允许的范围内,尽可能地去获得名利和权力,而女子则是通过保持身段和服饰打扮使自己富有魅力;而男女都喜欢采用的方式则是使自己具有文雅的举止,有趣的谈吐,乐于助人,谦虚和谨慎。为了

① 选自《爱的艺术》,(美)弗洛姆著,孙依依译,工人出版社1987年版。

使自己值得被人爱而采用的许多方法与人们要在社会上获得成功所采用的方法雷同，即都是“要赢得朋友和对他人施加影响”。事实上，我们这个社会大多数人所理解的“值得被人爱”无非是赢得人心和对异性有吸引力这两种倾向的混合物而已。

产生在爱这件事上一无可学这一看法的第二个原因是人们认为爱的问题是一个对象问题，而不是能力问题。他们认为爱本身十分简单，困难在于找到爱的对象或被爱的对象。产生这一看法有多种原因，这些原因的根源基于现代社会的发展。其中有一个原因是20世纪在选择“爱的对象”方面所发生的巨大变化。19世纪在许多传统的文化中爱情往往不是自发的、最后导致婚姻的个人经历。婚姻多半是通过男女双方的家庭、介绍人或者在没有撮合者的情况下以条约的方式确定下来并进行的。婚姻要门当户对。至于爱情，人们认为婚后自然而然就会产生。但最近几十年来，浪漫式的爱情这一概念在西方世界已被普遍承认。尽管传统形式在美国依然可见，但人们更多的是寻求“浪漫式的爱情”，寻求个人的会导致辩证法的爱情经历。这种自由恋爱的新方式必定会大大提高爱的对象的重要性，而不是爱情本身的作用意义。

同这一因素紧密相关的是当代文化的特点。我们的全部文化是以购买欲以及互利互换的观念为基础，现代人的幸福就是欣赏橱窗，用现金或分期付款的方式购买他力所能及的物品。反之亦是如此。“有魅力”一般就是指这个人有许多令人喜爱、目前又是人格市场上被人问津的特点。什么东西能使一个人有魅力则取决于一时的时髦，这不仅指一个人的生理条件，也包括他的精神气质。二十年代，一个抽烟、喝酒、难以捉摸和有性感的女子被看作是富有魅力，而今天则要求女子能操持家务，为人要谨慎。19世纪末、20世纪初富有刺激性和雄心勃勃的男子具有魅力，如今却是心地厚道的男子更受欢迎。（归根结底爱情的产生往往是以权衡对方及本人的交换价值为前提。）我想做一笔交易，那我既要考虑从社会价值的角度出发，对方值不值得我追求，也要考虑基于我的一目了然的实力以及潜在的实力，对方会不会看中我。这样当男女双方感觉到在考虑到他们本身的交换价值的情况下，已经找到市场上所提供的最合适的对象，他们就开始相爱。在这笔交易中，如同购买地皮一样，对方的有发展前途的潜力也起到很大的作用。在一个商业化占统治地位以及把物质成功看得高于一切的文化中，事实上是没有理由对下列事实抱有吃惊的态度：人与人之间的爱情关系也遵循同控制商品和劳动力市场一样的基本原则。

产生在爱情这件事上一无可学这一看法的第三个错误是人们不了解“堕入情网”同“持久的爱”这两者的区别。如果我们用fallingin love和being in love这两个英文搭配也许就能更清楚地区分这两个概念。两个迄今为止同我们一样是相互陌生的人，当他们突然决定拆除使他俩分隔的那堵高墙，相许对方，融为一体时，他俩相结合的一刹那就成为最幸福、最激动人心的经历。这一经历对那些迄今为止没有享受过爱情的孤独者来说就更显美好和不可思议。这种男女之间突如其发的奇迹般的亲密之所以容易发生，往往是同性的吸引力和性结合密切相关，或者恰恰是由此而引起的。但这种类型的爱情就其本质来说不可能持久。这两个人虽然熟谙对方，但他俩之间的信任会越来越失去其奇迹般的特点，一直到隔膜、失望和无聊把一息尚存的魅力都抹掉为止。当然一开始双方都不会想到这点。事实是：人们往往把这种如痴如醉的入迷，疯狂的爱恋看作是强烈爱情的表现，而实际上这只是证明了这些男女过去是多么地寂寞。

再也没有比爱情更容易的了——这一看法尽管一再被证实是错误的，但至今还占主导地位。再也找不出一种行为或一项行动像爱情那样以如此巨大的希望开始，又以如此高比例的失败而告终。如果是别的事，人们会想方设法找出失败的原因，吸取教训，以利再战或者永远洗手不干。但因为人们不可能永远放弃爱情，所以看起来只有一条可行的路，那就是克服爱情的挫折，找到原因并去探究爱情的意义。

在这方面采取的第一个步骤是：要认识爱情是一门艺术。人们要学会爱情，就得像学其他的艺术——如音乐，绘画，木工或者医疗艺术和技术一样的行动。

学会一门艺术的必要步骤是什么?

可以简单地把学会一门艺术分成两个部分，一是掌握理论，二是掌握实践。学医的人首先要认识人体的结构和各种疾病的症兆。但光有理论还无法行医。只有通过长期的实践活动，一直到理论知识和实践经验融会贯通起来变成灵感——也就是掌握了艺术的灵魂，才能成为一名大师。要成为大师，除了学习理论和实践外还有第三个必不可少的因素，即要把成为大师看得高于一切，这一目标必须占据他整个身心。这一点既适用于音乐、医学、雕塑也适用于爱情。这里也许就解释了为什么在我们这个社会有不少人经常不断地遭受爱情的挫折，却很少有人去努力学会爱情这门艺术。人们一方面渴望爱情，另一方面却把其他的东西：如成就、地位、名利和权力看得重于爱情。我们几乎把所有的精力都用于努力达到上述目的，却很少用来学会爱情这门艺术。

难道只有获取名利才值得人们付出代价？而“爱情”只对灵魂有用，在现代意义上毫无用处的爱情只是一种奢望，一种不值得人们付出代价的奢望吗？且不管世俗之见，在下面的讨论中我将分两部分探讨爱情的艺术这一问题。我首先要用大部分篇幅阐明爱情的理论问题，然后就像谈论其他领域的实践问题一样来谈论爱情的实践问题。

《没有字的故事》　　麦绥莱勒（1920）

“雷霆雨露，无不是恩泽”，这是一些表达爱的故事，生命中最原始的舐犊之情的浓缩。父母，犹如大树，快乐奉献，无私付出，他们是儿女生命坚守的永恒信念，是他们人生旅途中暗夜里熠熠生辉的一盏不灭的灯。“谁言寸草心，报得三春晖？”别迟疑，学会表达，学会感恩，不要让“树欲静而风不止，子欲养而亲不待”成为永久的痛与悔！

第二章

猜猜我有多爱你

猜猜我有多爱你①

◇ 山姆·麦克布雷尼

山姆·麦克布雷尼
（1945—），爱尔兰作家，创作的童书富含童心和想象力，畅销全球。

小兔子要上床睡觉了。他紧紧抓着大兔子的长耳朵。他要大兔子好好地听他说。

“猜猜我有多爱你。”

“噢，我大概猜不出来。”大兔子说。

“我爱你这么多。”小兔子把手臂张开，开得不能再开。

大兔子有一双更长的手臂，他张开来一比，说：“可是，我爱你这么多。”

小兔子想：“嗯，这真的很多。”

“我爱你，像我举的这么高，高得不能再高。”小兔子说。

“我爱你，像我举的这么高，高得不能再高。”大兔子说。

这真的很高，小兔子想。希望我的手臂可以像他一样。

小兔子又有一个好主意。他把脚顶在树干上倒挂起来了。他说：“我爱你到我的脚趾头这么多。”

大兔子把小兔子抛起来，飞得比他的头还高，说：“我爱你到你的脚趾头那么多。”

---

① 选自《猜猜我有多爱你》，（爱尔兰）麦克布雷尼著，（英）安妮塔·婕朗图，梅子涵译，中国少年儿童出版社2005年版。

小兔子笑起来了，说：“我爱你，像我跳的这么高，不能再高。”他跳过来又跳过去。

大兔子笑着说：“可是，我爱你，像我跳的这么高，高得不能再高。”他往上一跳，耳朵都碰到树枝了。

“跳得真高，”小兔子想。“真希望我也可以跳得像他一像高。”

小兔子大叫：“我爱你，一直到过了小路，在远远的河那边。”

大兔子说：“我爱你，一直到过了远远的小河，越过山的那一边。”

一只像孩子的小兔子和一只像爸爸的大兔子，他们在比较谁的爱更多一些。

小兔子想，那真的好远。他开始困了，想不出来了。他看着树从后面那一大片的黑夜，没有任何东西比天空更远了。

小兔子闭上了眼睛说：“我爱你，从这里一直到月亮。”

“噢！那么远，”大兔子说，“真的非常远、非常远。”大兔子轻轻的把小兔子放到叶子铺成的床上，低下头来亲亲他，祝他晚安。

然后，大兔子躺在小兔子的旁边，小声地、轻轻地、微笑着说：“我爱你，从这里一直到月亮，再——绕、回、来。”

爷爷一定有办法[①]

◇ 菲比·吉尔曼

菲比·吉尔曼，生于纽约，现定居加拿大，她的书充满着奇妙的想象力。《爷爷一定有办法》是她出版的第七本书。

当约瑟还是娃娃的时候，爷爷为他缝了一条奇妙的毯子。

……毯子又舒服、又保暖，还可以把噩梦通通赶跑。不过，约瑟渐渐长大了，奇妙的毯子也变得老旧了。

有一天，妈妈对他说："约瑟，看看你的毯子，又破又旧，真该把它丢了。"约瑟说："爷爷一定有办法。"爷爷拿起了毯子，翻过来，又翻过去。

"嗯……"爷爷拿起剪刀开始喀吱、喀吱地剪，再用针飞快地缝进、缝出、缝进、缝出。爷爷说："这块料子还够做……

……一件奇妙的外套。"约瑟穿上这件奇妙的外套，开心地跑出去玩了。不过，约瑟渐渐长大，奇妙的外套也变得老旧了。

有一天，妈妈对他说："约瑟，看看你的外套，缩水了、变小了，一点儿也不合身，真该把它丢了！"

约瑟说："爷爷一定有办法。"爷爷拿起了外套，翻过来，又翻过去。

"嗯……"爷爷拿起剪刀开始喀吱、喀吱地剪，再用针飞快地缝进、缝出、缝进、缝出。爷爷说，"这块料子还够做……

---

① 选自《爷爷一定有办法》，（加）吉尔曼文图，宋珮译，少年儿童出版社2005年版。

……一件奇妙的背心。”第二天，约瑟穿着这件奇妙的背心去上学。不过，约瑟渐渐长大了，奇妙的背心也变得老旧了。

有一天，妈妈对他说：“约瑟，看看你的背心！上面沾了胶，又粘着颜料，真该把它丢了！”

约瑟说：“爷爷一定有办法。”爷爷拿起了背心，翻过来，又翻过去。

“嗯……”爷爷拿起剪刀开始喀吱、喀吱地剪，再用针飞快地缝进、缝出、缝进、缝出。爷爷说，“这块料子还够做……

……一条奇妙的领带。”每个礼拜五，约瑟都戴着这条奇妙的领带去爷爷奶奶家。不过，约瑟渐渐长大了，奇妙的领带也变得老旧了。

有一天，妈妈对他说：“约瑟，看看你的领带！沾到汤，脏了一大块，弄得它都变形了，真该把它丢了。”

约瑟说：“爷爷一定有办法。”爷爷拿起了领带，翻过来，又翻过去。

“嗯……”爷爷拿起剪刀开始喀吱、喀吱地剪，再用针飞快地缝进、缝出、缝进、缝出。爷爷说，“这块料子还够做……

……一块奇妙的手帕。”约瑟收集的小石头，就用这块奇妙的手帕包得好好的。不过，约瑟渐渐长大了，奇妙的手帕也变得老旧了。

有一天，妈妈对他说：“约瑟，看看你的手帕！已经用得破破烂烂、斑斑点点的，真该把它丢了。”

约瑟说：“爷爷一定有办法。”爷爷拿起了手帕，翻过来，又翻过去。

“嗯……”爷爷拿起剪刀开始喀吱、喀吱地剪，再用针飞快地缝进、缝出、缝进、缝出。爷爷说，“这块料子还够做……

……一颗奇妙的纽扣。”约瑟把这颗奇妙的纽扣装在他的吊带上，这样裤子就不会滑下来了。

有一天，妈妈对他说：“约瑟，你的纽扣呢？”约瑟一看，纽扣不见了！

他找遍了所有的地方，就是找不到纽扣。约瑟跑到爷爷家。

约瑟从小就和爷爷感情深厚，他相信爷爷一定有办法把旧东西变成新的。

约瑟嚷着:“我的纽扣!我的奇妙纽扣不见了!”他的妈妈跟着跑来,说:“约瑟!听我说——”

“那颗纽扣没有了、不在了,消失了。即使是爷爷也没办法无中生有呀!”爷爷难过地摇摇头,说:“约瑟啊,你妈妈说得没错。”

第二天,约瑟去上学。“嗯……”约瑟拿起笔来,在纸上刷刷地写着,他说:“这些材料还够……写成一个奇妙的故事。”

母爱永恒[①]

◇ 江南雨

青海省有一个沙漠地区特别缺水。据介绍，每人每天只有靠驻军从很远的地方运来三斤定额的水量。三斤水，不光饮用、淘米、洗菜……最后还要喂牲口。

牲口缺水不行，渴啊！终于有一天，一头一向被人们认为憨厚、忠诚的老牛渴极了，挣脱缰绳，强行闯入沙漠中一条运水车必经的公路。老牛以惊世骇俗的识别力，等了半天，等来了运水的军车。老牛迅速顶上去，运水的战士以前也碰到过牲口拦路索水这样的情形，但那些动物不像老牛这样倔强。部队有规定，运水车在中途不能出现"跑冒滴漏"，更不能随便给水。这些规定，看似无情，实则不得已，这每一滴水都是一个人的"口粮"啊。沙漠中，人和牛就这样耗着，持续了好半天，最后甚至造成了堵车。后面的司机开始骂骂咧咧，有些性急的司机用汽油点火试图驱走老牛。可老牛没有动，泰山一样，不放松。直到牛的主人寻来。

牛主人愧疚极了，操起长鞭狠狠打在瘦弱的老牛身上，老牛被打得浑身青筋直冒，可还是没有动，最后顺着鞭痕沥出的血迹染红了鞭子，染红了牛身，染红了黄沙，染红了夕阳。老牛的凄惨哞叫，和着沙漠中阴冷的酷风，显得那么悲壮。一旁的运水战士哭了，等车的司机

---

① 选自《新世纪文学选刊·上半月》，2001年第11期。

也哭了。最后，运水的战士说："就让我违反一次队规吧，我愿接受处分。"他拿出自己随身的水盆，从水车上放了三斤左右的水，放在老牛面前。

老牛没有喝面前以死抗争得到的水，面对夕阳，仰天长啸，似乎在呼唤。晚霞中，不远的沙堆背后跑来一头小牛，受伤的老牛看着小牛贪婪地喝完水，伸出舌头，舔舔爱子的眼睛，孩子也舔了舔母亲的眼睛，沉寂中的人们看到了母子眼中的泪水。天边燃起最后一丝余辉，母子俩没等主人吆喝，在人们的一片静寂无语中，踏上了回家的路。

20世纪末的一个晚上，当我从湖南卫视看到这感天动地的一幕时，我想起二十多年前改革开放之初家庭的贫穷，想起了我那至今劳作的苦难的母亲，我和电视机前的许多观众一样，留下了滚烫的热泪。

这个世界，无论何时何地，母爱是永恒的。

对岸[1]

◇ 泰戈尔

我渴望到河的对岸去。

在那边，好些船只一行儿系在竹竿上；

人们在早晨乘船渡过那边去，肩上扛着犁头，去耕耘他们的远处的田；

在那边，牧人使他们鸣叫着的牛游泳到河旁的牧场去；

黄昏的时候，他们都回家了，只留下豺狼在这长满着野草的岛上哀叫。

妈妈，如果你不在意，我长大的时候，要做这渡船的船夫。

据说有好些古怪的池塘藏在这个高岸之后。

雨过去了，一群一群的野鹜飞到那里去。茂盛的芦苇在岸边四周生长，水鸟在那里生蛋；

竹鸡带着跳舞的尾巴，将它们细小的足印印在洁净的软泥上；

黄昏的时候，长草顶着白花，邀月光在长草的波浪上浮游。

妈妈，如果你不在意，我长大的时候，要做这渡船

泰戈尔（1861—1941），印度著名诗人、作家、艺术家和社会活动家，创作了《吉檀迦利》、《飞鸟集》等五十多部诗集。

---

① 选自《新月集》，（印）泰戈尔著，郑振铎译，陕西师范大学出版社2009年版。

的船夫。

我要自此岸至彼岸，渡过来，渡过去，所有村中正在那儿沐浴的男孩女孩，都要诧异地望着我。

太阳升到中天，早晨变为正午了，我将跑到你那里去，说道：“妈妈，我饿了！”

一天完了，影子俯伏在树底下，我便要在黄昏中回家来。

我将永不像爸爸那样，离开你到城里去做事。

妈妈，如果你不在意，我长大的时候，要做这渡船的船夫。

猎人之歌[①]

◇ 钦吉斯·艾特玛托夫

钦吉斯·艾特玛托夫（1928—2008），前苏联作家，他的作品具有鲜明的民族风格和强烈的抒情色彩，主要代表作有《查密莉雅》、《一日长于百年》等。

很久很久以前，有一位老人。他有个儿子，是个年轻勇敢的猎手。父亲把猎人的一套高超本领都教给了他的儿子，于是，儿子便超过了父亲。

儿子百发百中，没有一头野兽能逃过他的准确而致命的子弹。他把山山岭岭的野兽都打光了。大肚子的母羊，他不怜惜；小小的仔畜，从不手软。他见着灰山羊就打——灰山羊可是羊的祖先哩。只剩下一只母羊和一只公羊了。母羊向年轻的猎手苦苦哀求，让他可怜可怜公羊，不要射死它，让它们能传宗接代，子孙繁衍。但是猎人充耳不闻，“砰”一枪又把这只硕大的灰公羊打死了，公羊一跤摔下峭壁。母羊哀哀哭诉着，转过身子，对猎人说：“你朝我的胸口开枪吧，我决不动一动。你要是打不中我，——往后你就别想再开枪了！”年轻的猎手听完这只发了疯的母羊的话，不禁哈哈大笑。他瞄准了。“砰”一声枪响了。但灰山羊没有倒下，子弹只碰伤它的一条前腿。猎人慌张起来：这种情况可从未发生过。“得了，”灰山羊对他说，“现在你想办法来捉住我吧！”年轻的猎人又是一阵狂笑：“行，你快跑吧。要是我追上你，你可别想我开恩。老不死的，我要把你

① 选自《艾特玛托夫小说集》，（苏）艾特玛托夫著，力冈等译，外国文学出版社1986年版。

这个可恶的牛皮大王一刀刀给宰了！”

灰山羊瘸着一条腿跑开了，猎人在后面追着。多少个白天，多少个黑夜，在山岩，在峭壁，在雪地，在石滩，猎人和山羊就那么一直跑着，追着。不，灰山羊是绝不会屈服的。猎人早已扔了自己的枪，身上的衣服也都撕破了。猎人不知不觉被灰山羊引上一处高不可攀的绝壁——那地方，上不能上，下不能下，爬不能爬，跳不能跳，简直就动弹不得。灰山羊把他扔在那里，咒骂着他：“你一辈子也别想离开这里：谁也救不了你。让你的父亲来哭你吧，——就像我哭我死去的孩子，哭我那绝灭的家属那样；让你的父亲在这荒山野岭里哀号吧，——就像我这老灰羊，羊类的祖先，哀号那样。我诅咒你，卡拉古尔，我诅咒你……”灰山羊哭着跑开了——从这块岩石跳到那块岩石，从这座山窜到那座山。

剩下年轻的猎人，站在高得令人晕眩的峭壁上。他向隅而立，脚下只有一小块窄窄的凸出的山岩。他都害怕回过头来；上下左右，他都无法挪动一步。上不见青天，下不见大地。

这时候。他的父亲到处在找他。他爬遍了山山岭岭。当他在一处小道上找到儿子扔下的猎枪时，他明白：他的儿子遭到了不幸。他跑遍了陡峭的峡谷，找遍了阴森的沟壑。

“卡拉古尔，你在哪儿？卡拉古尔，你答应一声呀！”回答他的是怪石嶙峋的群山发出的轰隆隆的空谷回音：“……你在哪儿？卡拉古尔，你答应一声呀！……”

“我在这里，父亲！”蓦地他听到远处传来的声音。父亲抬头一看，他看到了自己的儿子，好比一只小雏鸦落在高不可攀的悬崖绝壁上。他正向隅而立，连身子都转不过来。

“你怎么落到那里去了，我的不幸的儿子？”父亲吓坏了。

“别问了，父亲，”那人回答道，“我这是罪有应得。是灰山羊把我引到这里的。它还恶狠狠地咒骂我。我在这里已经站了好几天了。见不着阳光，见不着青天，见不着大地。就是你的脸，父亲，我也见不着。可怜可怜我吧，父亲。开枪把我打死吧，免了我的痛苦吧，我求求你！把我打死吧，把我埋了吧！”

父亲能有什么办法呢？他痛哭流涕，急得团团转。而儿子却一再苦苦哀求；“快点把我打死，你开枪吧，父亲！你可怜可怜我吧，开枪吧！”直到黄昏，父亲都下不了决心。太阳快落山的时候，他瞄准了，开枪了。他把猎枪朝岩石上狠劲一摔，砸个粉碎。他扑到儿子的尸体上，唱起诀别的歌：

是我杀害了你，我的儿子卡拉古尔，
只落得我孤苦伶仃，我的儿子卡拉古尔；
命运惩罚了我，我的儿子卡拉古尔，
命运报复了我，我的儿子卡拉古尔。
为什么我教给了你，我的儿子卡拉古尔，
那猎人的本领，我的儿子卡拉古尔；
为什么你杀光了，我的儿子卡拉古尔，
所有的飞禽走兽，我的儿子卡拉古尔；
为什么你消灭了，我的儿子卡拉古尔，
有生命、能繁殖的众生，我的儿子卡拉古尔。
只落得我孤苦伶仃，我的儿子卡拉古尔，
没有人同情我的眼泪，我的儿子卡拉古尔，
只有我悲痛欲绝，我的儿子卡拉古尔，
是我杀害了你，我的儿子卡拉古尔，
是我亲手杀害了你，我的儿子卡拉古尔……

疯娘[1]

◇ 树儿

树儿，笔名，作者原名王恒绩，现为《爱情婚姻家庭》杂志社采访部主任。本文创作于2004年底，一经发表，便引起巨大轰动。

二十三年前，有个年轻的女子流落到我们村，蓬头垢面，见人就傻笑，且毫不避讳地当众小便。因此，村里的媳妇们常对着那女子吐口水，有的媳妇还上前踹几脚，叫她“滚远些”。可她就是不走，依然傻笑着在村里转悠。

那时，我父亲已有三十五岁。他曾在石料场子干活被机器绞断了左手，又因家穷，一直没娶媳妇。奶奶见那女子还有几分姿色，就动了心思，决定收下她给我父亲做媳妇，等她给我家“续上香火”后，再把她撵走。父亲虽老大不情愿，但看着家里这番光景，咬咬牙还是答应了。结果，父亲一分未花，就当了新郎。

娘生下我的时候，奶奶抱着我，瘪着没剩几颗牙的嘴，欣喜地说：“这疯婆娘，还给我生了个带把的孙子。”只是我一生下来，奶奶就把我抱走了，而且从不让娘靠近。

娘一直想抱抱我，多次在奶奶面前吃力地喊：“给，给我……”奶奶没理她。我那么小，像个肉嘟嘟，万一娘失手把我掉在地上怎么办？毕竟，娘是个疯子。每当娘有抱我的请求时，奶奶总瞪起眼睛训她：“你别想抱孩子，我不会给你的。要是我发现你偷抱了他，我就打死

---

① 选自《感动中学生的精品美文：有一种情感永不泯灭》，卢祥之主编，青岛出版社2006年版。

你。即使不打死，我也要把你撵走。”奶奶说这话时，没有半点儿含糊的意思。娘听懂了，满脸的惶恐，每次只是远远地看着我。尽管娘的奶胀得厉害，可我没能吃到娘的半口奶水，是奶奶一匙一匙把我喂大的。奶奶说娘的奶水里有“神经病”，要是传染给我就麻烦了。

那时，我家依然在贫困的泥潭里挣扎。特别是添了娘和我后，家里常常揭不开锅。奶奶决定把娘撵走，因为娘不但在家吃“闲饭”，时不时还惹是生非。

一天，奶奶煮了一大锅饭，亲手给娘添了一大碗，说：“媳妇儿，这个家太穷了，婆婆对不起你。你吃完这碗饭，就去找个富点儿的人家过日子，以后也不准来了，啊？”娘刚扒了一大团饭在口里，听了奶奶下的“逐客令”显得非常吃惊，一团饭就在嘴里凝滞了。娘望着奶奶怀中的我，口齿不清地哀叫：“不，不要……”奶奶猛地沉下脸，拿出威严的家长作风厉声吼到：“你这个疯婆娘，犟什么犟，犟下去没你的好果子吃。你本来就是到处流浪的，我收留了你两年了，你还要怎么样？吃完饭就走，听到没有？”说完奶奶从门后拿出一柄锄，像佘太君的龙头杖似的往地上重重一磕，“咚”地发出一声响。娘吓了一大跳，怯怯地看着婆婆，又慢慢低下头去看面前的饭碗，有泪水落在白花花的米饭上。在逼视下，娘突然有个很奇怪的举动，她将碗中的饭分了一大半给另一只空碗，然后可怜巴巴地看着奶奶。

奶奶呆了，原来，娘是向奶奶表示，每餐只吃半碗饭，只求别赶她走。心仿佛被人狠狠揪了几把，奶奶也是女人，她的强硬态度也是装出来的。奶奶别过头，生生地将热泪憋了回去，然后重新板起了脸说：“快吃快吃，吃了快走。在我家你会饿死的。”娘似乎绝望了，连那半碗饭也没吃，踉踉跄跄地出了门，却长时间站在门前不走。奶奶硬着心肠说：“你走，你走，不要回头。天底下富裕人家多着呢！”娘反而走拢来，一双手伸向婆婆怀里，原来，娘想抱抱我。

奶奶犹豫了一下，还是将襁褓中的我递给了娘。娘第一次将我搂在怀里，咧开嘴笑了，笑得春风满面。奶奶却如临大敌，两手在我身下接着，生怕娘的疯劲一上来，将我像扔垃圾一样丢掉。娘抱我的时间不足三分钟，奶奶便迫不及待地将我夺了过去，然后转身进屋关上了门。

当我懵懵懂懂地晓事时，我才发现，除了我，别的小伙伴都有娘。我找父亲要，找奶奶要，他们说，你娘死了。可小伙伴却告诉我：“你娘是疯子，被你奶奶赶走了。”我便找奶奶扯皮，要她还我娘，还骂她是“狼外婆”，甚至将她端

小说《疯娘》一经发表，就感动了无数国人。被评为全国“敬老好文章”，同时有四十多家报刊杂志转载。

给我的饭菜泼了一地。那时我还没有“疯”的概念，只知道非常想念她，她长什么样？还活着吗？没想到，在我六岁那年，离家五年的娘居然回来了。

那天，几个小伙伴飞也似的跑来报信：“小树，快去看，你娘回来了，你的疯娘回来了。”我喜得屁颠屁颠的，撒腿就往外跑，父亲奶奶随着我也追了出来。这是我有记忆后第一次看到娘。她还是破衣烂衫，头发上还有些枯黄的碎草末，天知道是在那个草堆里过的夜。娘不敢进家门，却面对着我家，坐在村前稻场的石碌上，手里还拿着个脏兮兮的气球。当我和一群小伙伴站在她面前时，她急切地从我们中间搜寻她的儿子。娘终于盯住我，死死地盯住我，咧着嘴叫我：“小树……球……球……”她站起来，不停地扬着手中的气球，讨好地往我怀里塞。我却一个劲儿地往后退。我大失所望，没想到我日思夜想的娘居然是这样一副形象。一个小伙伴在一旁起哄说：“小树，你现在知道疯子是什么样了吧？就是你娘这样的。”

我气愤地对小伙伴说：“她是你娘！你娘才是疯子，你娘才是这个样子。”我扭头就跑了。这个疯娘我不要了。奶奶和父亲却把娘领进了门。当年，奶奶撵走娘后，她的良心受到了拷问，随着一天天衰老，她的心再也硬不起来，所以主动留下了娘，而我老大不乐意，因为娘丢了我的面子。

我从没给娘好脸色看，从没跟她主动说过话，更没有喊她一声“娘”，我们之间的交流是以我“吼”为主，娘是绝不敢顶嘴的。

家里不能白养着娘，奶奶决定训练娘做些杂活。下地劳动时，奶奶就带着娘出去“观摩”，说不听话就要挨打。

过了些日子，奶奶以为娘已被自己训练得差不多了，就叫娘单独出去割猪草。没想到，娘只用了半小时就割了两筐“猪草”。奶奶一看，又急又慌，娘割的是人家田里正生浆拔穗的稻谷。奶奶气急败坏地骂她："疯婆娘谷草不分……"奶奶正想着如何善后时，稻田的主人找来了，竟说是奶奶故意教唆的。奶奶火冒三丈，当着人家的面拿出棍棒一下敲在娘的后腰上，说："打死你这个疯婆娘，你给老娘滚远些……"

娘虽疯，疼还是知道的，她一跳一跳地躲着棒槌，口里不停地发出"别、别……"的哀号。最后，人家看不过眼，主动说："算了，我们不追究了。以后把她看严点就是……"这场风波平息后，娘歪在地上抽泣着。我鄙夷地对她说："草和稻子都分不清，你真是个猪。"话音刚落，我的后脑勺挨了一巴掌，是奶奶打的。奶奶瞪着眼骂我："小兔崽子，你怎么说话的？再这么着，她也是你娘啊！"我不屑地嘴一撇："我没有这样的傻疯娘！"

"嗬，你真是越来越不像话了。看我不打你！"奶奶又举起巴掌，这时只见娘像弹簧一样从地上跳起，横在我和奶奶中间，娘指着自己的头，"打我、打我"地叫着。

我懂了，娘是叫奶奶打她，别打我。奶奶举在半空中的手颓然垂下，嘴里喃喃地说道："这个疯婆娘，心里也知道疼爱自己的孩子啊！"我上学不久，父亲被邻村一位养鱼专业户请去守鱼池，每月能赚五十元。娘仍然在奶奶的带领下出门干活，主要是打猪草，她没再惹什么大的乱子。

记得我读小学三年级的一个冬日，天空突然下起了雨，奶奶让娘给我送雨伞。娘可能一路摔了好几跤，浑身像个泥猴似的，她站在教室的窗户旁望着我傻笑，口里还叫："树……伞……"一些同学嘻嘻地笑，我如坐针毡，对娘恨得牙痒痒，恨她不识相，恨她给我丢人，更恨带头起哄的范嘉喜。当他还在夸张地模仿时，我抓起面前的文具盒，猛地向他砸过去，却被范嘉喜躲过了，他冲上前来掐住我的脖子，我俩撕打起来。我个子小，根本不是他的对手，被他轻易压在地上。这时，只听教室外传来"嗷"的一声长啸，娘像个大侠似的飞跑进来，一把抓起范嘉喜，拖到了屋外。都说疯子力气大，真是不假。娘双手将欺负我的范嘉喜举向半空，他吓得哭爹喊娘，一双胖乎乎的小腿在空中乱踢蹬。娘毫不理会，居然将他丢到了学校门口的水塘里，然后一脸漠然地走开了。

娘为我闯了大祸，她却像没事似的。在我面前，娘又恢复了一副怯怯的神态，讨好地看着我。我明白这就是母爱，即使神志不清，母爱也是清醒的，因为她的儿子遭到了别人的欺负。当时我情不自禁地叫了声："娘！"这是我会说话以来第一次喊她。娘浑身一震，久久地看着我，然后像个孩子似的羞红了脸，咧了咧嘴，傻傻地笑了。那天，我们母子俩第一次共撑一把伞回家。我把这事跟奶奶说了，奶奶吓得跌倒在椅子上，连忙请人去把爸爸叫了回来。爸爸刚进屋，一群拿着刀棒的壮年男人闯进我家，不分青红皂白，先将锅碗瓢盆砸了个稀巴烂，家里像发生了九级地震。这都是范嘉喜家请来的人，范父恶狠狠地指着爸爸的鼻子说："我儿子吓出了神经病，现在卫生院躺着。你家要不拿出一千块钱的医药费，我他妈一把火烧了你家的房子。"

一千块？爸爸每月才五十块钱啊！看着杀气腾腾的范家人，爸爸的眼睛慢慢烧红了，他用非常恐怖的目光盯着娘，一只手飞快地解下腰间的皮带，劈头盖脸地向娘打去。一下又一下，娘像只惶惶偷生的老鼠，又像一只跑进死胡同的猎物，无助地跳着、躲着，她发出的凄厉声以及皮带抽在她身上发出的那种清脆的声响，我一辈子都忘不了。最后还是派出所所长赶来制止了爸爸施暴的手。派出所的调解结果是，双方互有损失，两不亏欠。谁再闹就抓谁！一帮人走后，爸看看满屋狼籍的锅碗碎片，又看看伤痕累累的娘，他突然将娘搂在怀里痛哭起来，说："疯婆娘，不是我硬要打你，我要不打你，这事下不了地，咱们没钱赔人家啊。这都是家穷惹的祸！"爸又看着我说："树儿，你一定要好好读书考大学。要不，咱们就这样被人欺负一辈子啊！"我懂事地点点头。

2000年夏，我以优异成绩考上了高中。积劳成疾的奶奶不幸去世，家里的日子更难了。恩施洲的民政局将我家列为特困家庭，每月补助四十元钱，我所在的高中也适当减免了我的学杂费，我这才得以继续读下去。

由于是住读，学习又抓得紧，我很少回家。父亲依旧在为五十元打工，为我送菜的担子就责无旁贷地落在娘身上。每次总是隔壁的婶婶帮忙为我炒好咸菜，然后交给娘送来。二十公里的羊肠山路亏娘牢牢地记了下来，风雨无阻。也真是奇迹，凡是为儿子做的事，娘一点儿也不疯。除了母爱，我无法解释这种现象在医学上应该怎么破译。

2003年4月27日，又是一个星期天，娘来了，不但为我送来了菜，还带来了十几个野鲜桃。我拿起一个，咬了一口，笑着问她："挺甜的，哪来的？"娘说："我……我摘的……"没想到娘还会摘野桃，我由衷地表扬她："娘，您真是越来越能干了。"娘嘿嘿地笑了。

娘临走前，我照列叮嘱她注意安全，娘哦哦地应着。送走娘，我又扎进了高考前最后的复习中。第二天，我正在上课，婶婶匆匆地赶来学校，让老师将我喊出教室。婶婶问我娘送菜来没有，我说送了，她昨天就回去了。婶婶说：“没有，她到现在还没回家。”我心一紧，娘该不会走错道吧？可这条路她走了三年，照理不会错啊。婶婶问：“你娘没说什么？”我说没有，她给我带了十几个野鲜桃哩。婶婶两手一拍：“坏了坏了，可能就坏在这野鲜桃上。”婶婶问我请了假，我们沿着山路往回找，回家的路上确有几棵野桃树，桃树上稀稀拉拉地挂着几个桃子，因为长在峭壁上才得以保存下来。我们同时发现一棵桃树有枝丫折断的痕迹，树下是百丈深渊。婶婶看了看我说，“我们到峭壁底下去看看吧！”我说，“婶婶你别吓我……”婶婶不由分说，拉着我就往山谷里走……

娘静静地躺在谷底，周边是一些散落的桃子，她手里还紧紧攥着一个，身上的血早就凝固成了沉重的黑色。我悲痛得五脏俱裂，紧紧地抱住娘，说：“娘啊，我的苦命娘啊，儿悔不该说这桃子甜啊，是儿子要了你的命……娘啊，您活着没享一天福啊……”我将头贴在娘冰凉的脸上，哭得漫山遍野的石头都陪着我落泪……

2003年8月7日，在娘下葬后的第一百天，湖北大学烫金的录取通知书穿过娘所走过的路，穿过那几株野桃树，穿过村前的稻场，径直“飞”进了我的家门。我把这份迟到的书信插在娘冷寂的坟头：“娘，儿出息了，您听到了吗？您可以含笑九泉了！”

父亲[1]

◇ 罗斯滕

罗斯滕，英国作家。

父亲帮助儿子时，两人都笑了；儿子帮助父亲时，两人都哭了。

安葬父亲后不久，对父亲的回忆——他的每一次大笑，每一声叹息，都像难以预测的涓涓细流时时在我的脑中流过。父亲为人坦率，没有一丝虚假或伪善。他的情趣纯真无邪，他的愿望极易满足。他从不将自己的意志强加于别人，他对闲言碎语深恶痛绝，从不知道什么叫怨恨或妒忌。我很少听到过他有什么抱怨，从未听到过他亵渎别人的话。在过去的五十年里，我记不得他讲过低俗或恶意的想法。

父亲很爱我母亲，对她总是体贴入微，并常为有这样一位美貌贤惠的妻子感到自豪。步入晚年后，他起床后的第一件工作便是煮咖啡（他煮得一手好咖啡），然后一边看报，一边呷着咖啡，等着母亲前来与他共享"少时夫妻老来伴"的欢乐。

我不知道还有谁比他更喜欢看报纸。他看起报纸来总是津津有味，即使一条新闻也细细品尝。在他看来，晨报重现着每日生活的新意，是奇迹与愚行的舞台。

---

① 选自《人文精神读本·生命（中级版）》，黎尚主编，中央编译出版社2006年版。

父亲是个天才的“故事大王”，常以逗别人大笑为乐。他总是将自己刚听到的最新笑话或故事讲给大家听。当我年幼时他常用一些幽默故事和哑剧逗我。他或鼓着腮帮，或滴溜着眼珠，或模仿着一种走路姿势。他可以在你面前活灵活现地装扮出一个人物来。

他还常用诙谐的幽默引得我们捧腹大笑。有时他兴致勃勃地问：

“你们猜今早我见到谁了？”

“谁？”

“邮递员！”

或者他伸出食指问：“你们知道为什么伍德罗·威尔逊不会用这根指头写字吗？”

“不知道。为什么？”

“因为这是我的指头。”

这些事听起来很荒唐，是吗？不过你或许根本无法想象它给我带来的乐趣。然而在绞尽脑汁取乐一个小孩子的同时，父亲自己也感受到人世间的天伦之乐。在我做了爸爸后，父亲又开始给他的孙子们讲他那幽默可笑的故事。“唉，”他常叹道，“当我跟你们一般年纪时，我可以将手举这么高（他将手举过头顶），可是现在只能举到这儿（他又将手举到肩膀那么高）。”

这时，孩子们总是皱眉挠头，绞尽脑汁寻想这是怎么回事。“啊，是呀，”见孩子们仍在云里雾里，他又说：“我过去能举这么高，可现在却不行了——”旋即，孩子们异口同声尖叫起来：“爷爷，可是您刚才还能举那么高呢！”

此时他便开心地大笑起来，要么拉过来在脸上猛吻，要么高高举过头顶，同时还夸奖说：“喔唷，这些精灵鬼！”

幽默风趣是父亲的天性。来芝加哥定居后不久，他就去参加一所为外国人举办的夜校。老师问他：“你可以就名词举一个例子吗？”

“门。”父亲回答说。、

“很好。那么，请再举一例。”

“另一扇门。”他说。

父亲喜欢唱歌，并且唱得很不错，不过他的鼾声也如响雷。父亲打鼾，姐姐说呓语，整个屋子里彻夜不得安宁。

父母对我的学习成绩很是满意。很小时，我就懂得拿上一本书就可以逃避干家务活。瞥见我看书时，他总是拍着我的脑袋瓜说：“很好，你在往这儿积累知识！”他常对人类大脑所创造的奇迹赞叹不已。

在我十一岁时，父亲开始教我下棋。六七个月后，当我第一次赢了他时，他高兴得直拍手，见人就讲，逢人便说。

他热爱这个国家，视美国为一块宝地。

父亲过去曾是波兰一家纺织工厂的织袜工。定居美国后，他又织运动衫。二十多岁时，他只身一人来到美国，后来才将我和母亲接了过去。

在芝加哥，父亲每周要在一台笨重的织机上工作六十多小时。

他得在黎明前起床，在滴水成冰的季节，要乘一个多小时的车，八点前赶到工厂。下班回家后，他匆匆吃过晚饭，又在家里那台半旧不新的织机上工作。母亲决意开办一个“家庭工厂”，以解脱老板的摆布。

父亲从没什么野心。母亲则永不知足，精力充沛，富于心计。他俩干起活来如同一个小组：母亲负责设计、剪裁（她小时候在一家纺织厂干过），然后经销帽子、围巾等。父亲除了开机编织外，还搞采购。

后来，他俩雇了帮工，在离我家还有一段距离的地方开了个铺子。父亲是店主兼制造商，母亲站柜台。两人都是激进的工会会员，这种由工人一跃成为“老板”的地位变化使他们感到无所适从。我怎么也不会忘记父亲曾力劝四位雇员组织一个工会的情景——为提高工资举行罢工！雇员们死活不干，认为他们的报酬已经可观。他们还说：“既然你觉得我们应该得到更高的报酬，你给我们增加一些不就得了？”

“噢，那不行，”他立即说，“难道你们还不明白吗？如果只有我给你们增加了工资，那么我就无法和其他制造商竞争了。可是如果芝加哥所有的纺织工人都联合起来，并派一个代表团去要挟所有的制造商，那么我们就不得不增加工资了。”他到底还是说服了他们。

若干年后，当我在大学上经济学课时，这荒谬的一幕总是在我的大脑中闪现。

父亲交友甚广，却很少有知己密友。他十分钦佩自己所不具备的别人的优点：所受教育、分析能力和创造能力。他最崇尚直率的性格。他常情不自禁地赞美某某人“是个了不起的人物，实在了不起！”

父亲对大海有着深厚的感情。在密执安，在加利福尼亚和佛罗里达海滨，他不知度过了多少个美好时光。他不会游泳，因此从不到淹没膝盖的地方去。看着他坐在海边戴着草帽看报纸，就像一个澡盆里嬉水的孩子实在令人发笑。

丹尼·托马斯曾给我讲述了他父亲——一个身高体壮、妄自尊大的人——是如何去世的。临终前，老人朝天挥动拳头大喊：

“让死亡滚蛋吧！”

我父亲没能像他那样壮烈地死去。经过了一年的心脏病、咳嗽、肺气肿的折磨后，他身体极度虚弱，最后在氧气帐中悄然离去。每当想到“死亡”二字时，他表现出的不是大发雷霆，而是闷闷不乐。

一次，母亲将他送到南天门医院，他抱怨说他脸上有点发痒。于是我带来了我的电动剃须刀。在我给他剃胡须时，他问：“你为何从纽约一直跑到密执安来了？”“没有啊，”我撒谎说，“我碰巧来底特律开会，碰上了。”

“是碰上了！”他叹道。接着又笑着说：“你可是我这一生中请过的最昂贵的理发师啊！”

出院后，他憔悴难认了。走路得拄拐杖，还需我搀扶。我不禁想起了一句犹太谚语：“父亲帮助儿子时，两人都笑了；儿子帮助父亲时，两人都哭了。”

可我俩谁都从没哭过，因为我总是滔滔不绝地谈论自己的工作、妻子、儿女以及工作计划，他对这些向来都是百听不厌。我攒了一肚子听来的新故事——任何能使他暂时从病痛中解脱出来的方式都未尝不可。在我讲故事时，他总是面带笑容，装出一副痛苦很快就会消失的样子，装出一副还有大量的时光交谈，还有数以千计的故事要讲的神态。

最后一次我是在芝加哥的一家医院见到他的，当时他被放在氧气帐中，处于昏睡中。我和妻子向他道别，他都没听见。我送他一个飞吻，以为他也没看见，然而他看见了。他点了点头，用满是皱纹、扭曲的脸做着怪相——以前当他说到“别为我担心”或“别等我”时常做这种鬼脸。接着，他费劲地伸出两根手指举到唇边，回报我一个飞吻。

父亲是个和蔼可亲、通情达理的人，我爱他。

父亲去世后我每天都要进行长时间的游泳。我可以在水中尽情痛哭，当两眼通红地从水中出来时，别人还以为是水刺痛了眼睛。我不知道别人是否有过如此的思念之情。和我在一起，父亲感到愉快，和父亲在一起，我感到幸福。

父亲活在我的脑海里，他的音容笑貌时时涌进我的记忆。有时，我会情不自禁地脱口喊道：“哦，爸爸，您真了不起！”

妞妞[①]

—— 一个父亲的札记（节选）

◇ 周国平

周国平，（1945—），中国社会科学院哲学所工作，主要著作有《尼采：在世纪的转折点上》、《人与永恒》、《周国平文集》等。

第二章　新大陆（札记之一）

初为人父的日子，全新的体验，全新的感情，人生航行中的一片新大陆。我怀着怎样虔诚的感激和新鲜的喜悦，守在妞妞的摇篮旁，写下了登陆第一个月的游记。我何尝想到，当时的妞妞已经身患绝症，我的新大陆注定将成为我的凄凉的流放地，我生命中的永恒的孤岛……

1．奇迹

四月的一个夜晚，那扇门打开了，你的出现把我突然变成了一个父亲。

在我迄今为止的生涯中，成为父亲是最接近于奇迹的经历，令我难以置信。以我凡庸之力，我怎么能从无中把你产生呢？不，必定有一种神奇的力量运作了无数世代，然后才借我产生了你。没有这种力量，任何人都不可能成为父亲或母亲。

所以，对于男人来说，唯有父亲的称号是神圣的。一切世俗的头衔都可以凭人力获取，而要成为父亲却

① 选自《妞妞——一个父亲的札记》，周国平著，长江文艺出版社2006年版。

必须仰仗神力。

你如同一朵春天的小花开放在我的秋天里。为了这样美丽的开放，你在世外神秘的草原上不知等待了多少个世纪？

由于你的到来，我这个不信神的人也对神充满了敬意。无论如何，一个亲自迎来天使的人是无法完全否认上帝的存在的。你的奇迹般的诞生使我相信，生命必定有着一个神圣的来源。

望着你，我禁不住像泰戈尔一样惊叹："你这属于一切人的，竟成了我的！"

2. 摇篮与家园

今天你从你出生的医院回到家里，终于和爸爸妈妈团圆了。

说你"回"到家里，似不确切，因为你是第一次来到这个家。

不对，应该说，你来了，我们才第一次有了一个家。

孩子是使家成其为家的根据。没有孩子，家至多是一场有点儿过分认真的爱情游戏。有了孩子，家才有了自身的实质和事业。

男人是天地间的流浪汉，他寻找家园，找到了女人。可是，对于家园，女人有更正确的理解。她知道，接纳了一个流浪汉，还远远不等于建立了一个家园。于是她着手编筑一只摇篮，——摇篮才是家园的起点和核心。

在摇篮四周，和摇篮里的婴儿一起，真正的家园生长起来了。

屋子里有摇篮，摇篮里有孩子，心里多么踏实。

3. 最得意的作品

你的摇篮放在爸爸的书房里，你成了这间大屋子的主人。从此爸爸不读书，只读你。

你是爸爸妈妈合写的一本奇妙的书。在你问世前，无论爸爸妈妈怎么想象，也想象不出你的模样。现在你展现在我们面前，那么完美，仿佛不能改动一字。

我整天坐在摇篮旁，怔怔地看你，百看不厌。你总是那样恬静，出奇地恬静，小脸蛋闪着洁净的光辉。最美的是你那双乌黑澄澈的眼睛，一会儿弯成妩媚的月牙，掠过若有若无的笑意，一会儿睁大着久久凝望空间中某处，目光执着而又超然。我相信你一定在倾听什么，但永远无法知道你听到了什么，真使我感到神秘。

看你这么可爱，我常常禁不住要抱起你来，和你说话。那时候，你会盯着我看，眼中闪现两朵仿佛会意的小火花，嘴角微微一动似乎在应答。

你是爸爸最得意的作品，我读你读得入迷。

4．舍末求本

我退学了。这是德国人办的一所权威性的语言学校，拿到这所学校的文凭，差不多等于拿到了去德国的通行证。

可是，此时此刻，即使请我到某个国家去当国王或议员，我也会轻松地谢绝的。当我的孩子如此奇妙地存在着和生长着的时候，我别无选择你比一切文凭、身份、头衔、幸运更加属于我的生命的本质。你使我更加成其为一个人，而别的一切至多只是使我成为一个幸运儿。我宁愿错过一千次出国或别的什么好机会，也不愿错过你的每一个笑容和每一声啼哭，不愿错过和你相处的每一刻不可重复的时光。

如果有人讥笑我没有出息，我乐于承认。在我看来，有没有出息也只是人生的细枝末节罢了。

5．心甘情愿的辛苦

未曾生儿育女的人，不可能知道父母的爱心有多痴。

在怀你之前，我和妈妈一直没有拿定主意要不要孩子。甚至你也是一次“事故”的产物。我们觉得孩子好玩，但又怕带孩子辛苦。有了你，我们才发现，这种心甘情愿的辛苦是多么有滋有味，爸爸从给你换尿布中品尝的乐趣不亚于写出一首好诗！

这样一个肉团团的小躯体，有着和自己相同的生命密码，它所勾起的如痴如醉的恋和牵肠挂肚的爱，也许只能用生物本能来解释了。

哲学家会说，这种没来由的爱不过是大自然的狡计，它借此把乐于服役的父母们当成了人类种族延续的工具。好吧，就算如此。我但有一问：当哲学家和诗人怀着另一种没来由的爱从事精神的劳作时，他们岂非也不过是充当了人类文化延续的工具？

6. 你、我和世界

你改变了我看世界的角度。

我独来独往，超然物外。如果世界堕落了，我就唾弃它。如今，为了你有一个干净的住所，哪怕世界是奥吉亚斯①的牛圈，我也甘愿坚守其中，承担起清扫它的苦役。我旋生旋灭，看破红尘。我死后世界向何处去，与我何干？如今，你纵然也不能延续我死后的生存，却是我留在世上的一线扯不断的牵挂。有一根纽带比我的生命更久长，维系着我和我死后的世界，那就是我对你的祝福。

有了你，世界和我息息相关了。

7. 弱小的力量

你的力量比不上一株小草，小草还足以支撑起自己的生命，你只能用啼哭寻求外界的援助。可是你的啼哭是天下最有权威的命令，一声令下，妈妈的乳头已经为你擦拭干净，爸爸也已经用臂弯为你架设一只温暖的小床。

此刻你闭眼安睡了。你的小身子信赖地倚偎在我的怀里，你的小手紧紧抓住我的衣襟。闻着你身上散发的乳香味，我不禁流泪了。你把你的小生命无保留地托付给我，相信在爸爸的怀里能得到绝对的安全。你怎么知道，爸爸并无这样的能力，我们的命运都在未定之中。

对于爸爸妈妈，你的弱小确有非凡之力。唯其因为你弱小，我们的爱更深，我们的责任更重，我们的服务更勤。你的弱小召唤我们迫不及待地为你献身。

8. 略

9. 孩子带引父母

我记下我看到的一个场景——

黄昏时刻，一对夫妇带着他们的孩子在小河边玩，兴致勃勃地替孩子捕捞

---

① 奥吉亚斯：希腊神话中的国王，养牛三千头，牛圈三十年来未打扫。“奥吉亚斯的牛圈”常被喻为极其肮脏的地方。

河里的蝌蚪。

我立即发现我的记述有问题。真相是——

黄昏时刻，一个孩子带着他的父母在小河边玩，教他们兴致勃勃地捕捞河里的蝌蚪。

像捉蝌蚪这类“无用”的事情，如果不是孩子带引，我们多半是不会去做的。我们久已生活在一个功利的世界里，只做“有用”的事情，而“有用”的事情是永远做不完的，哪里还有工夫和兴致去玩，去做“无用”的事情呢？直到孩子生下来了，在孩子的带引下，我们才重新回到那个早被遗忘的非功利的世界，心甘情愿地为了“无用”的事情而牺牲掉许多“有用”的事情。

所以，的确是孩子带我们去玩，去逛公园，去跟踪草叶上的甲虫和泥地上的蚂蚁。孩子更新了我们对世界的感觉。

10．凡夫俗子与超凡脱俗

在哲学家眼里，生儿育女是凡夫俗子的行为。这自然不错。不过，我要补充一句：生儿育女又是凡夫俗子生涯中最不凡俗的一个行为。

婴儿都是超凡脱俗的，因为他们刚从天周来。再庸俗的父母，生下的孩子绝不庸俗。有时我不禁惊诧，这么天真可爱的孩子怎么会出自如此平常的父母。

当然，这不值得夸耀，正如纪伯伦所说：“他们是凭借你们而来，却不是从你们而来。”但是，能够成为凭借，这就已经是一种光彩了。

孩子的世界是尘世上所剩不多的净土之一。凡是走进这个世界的人，或多或少会受孩子的熏陶，自己也变得可爱一些。

孩子的出生为凡夫俗子提供了一个机会。被孩子的明眸所照亮，多少因岁月的销蚀而暗淡的心灵又焕发出了人性的光辉，成就了可歌可泣的爱的事业。一个人倘若连孩子都不能给他以启迪，他反而要把孩子拖上他的轨道，那就真是不可救药的凡夫俗子。

11．忘恩负义的父母

过去常听说，做父母的如何为子女受苦、奉献、牺牲，似乎恩重如山。自己做了父母，才知道这受苦同时就是享乐，这奉献同时就是收获，这牺牲同时就是满足。所以，如果要说恩，那也是相互的。而且，愈有爱心的父母，愈会感到所得远远大于所予。

对孩子的爱是一种自私的无私，一种不为公的舍己。这种骨肉之情若陷于盲目，真可以使你为孩子牺牲一切，包括你自己，包括天下。

其实，任何做父母的，当他们陶醉于孩子的可爱时，都不会以恩主自居。一旦以恩主自居，就必定是已经忘记了孩子曾经给予他们的巨大快乐，也就是说，忘恩负义了。人们总谴责忘恩负义的子女，殊不知天下还有忘恩负义的父母呢。

12．做父母才学会爱

我们从小就开始学习爱，可是我们最习惯的始终是被爱。直到我们自己做了父母，我们才真正学会了爱。

在做父母之前，我们不是首先做过情人吗？

不错，但我敢说，一切深笃的爱情必定包含着父爱和母爱的成分。一个男人深爱一个女人，一个女人深爱一个男人，潜在的父性和母性就会发生作用，不由自主地要把情人当作孩子一样疼爱和保护。

然而，情人之爱毕竟不是父爱和母爱。所以，一切情人又都太在乎被爱。

顺便说一点对弗洛伊德的异议。依我之见，所谓恋父和恋母情结，与其说是无意识固结于对父母的爱恋，毋宁说是固结于被父母所爱。固结于被爱，爱就难免会有障碍了。

当我们做了父母，回首往事，我们便会觉得，以往爱情中最动人的东西仿佛是父爱和母爱的一种预演。与正剧相比，预演未免相形见绌。不过成熟的男女一定会让彼此都分享到这新的收获。谁真正学会了爱，谁就不会只限于爱。

13．报酬就在眼前

人生中一切美好的事情，报酬都在眼前。爱情的报酬就是相爱时的陶醉和满足，而不是有朝一日缔结良缘。创作的报酬就是创作时的陶醉和满足，而不是有朝一日名扬四海。如果事情本身不能给人以陶醉和满足，就不足以称为美好。

养儿育女也如此。养育小生命或许是世上最妙不可言的一种体验了。小的就是好的，小生命的一颦一笑都那么可爱，交流和成长的每一个新征兆都叫人那样惊喜不已。这种体验是不能从任何别的地方获得，也不能用任何别的体验来代替的。一个人无论见过多大世面，从事多大事业，在初当父母的日子里，都不能不感到自己面前突然打开了一个全新的世界。小生命丰富了大心胸。生命是一个奇迹，可是，倘若不是养育过小生命，对此怎能有真切的领悟呢？面对这样的奇迹，邓肯情不自禁地喊道："女人啊，我们还有什么必要去当律师、画家或雕塑家呢？我的艺术、任何艺术又在哪里呢？"如果野心使男人不肯这么想，那绝不是男人的光荣。

养育小生命是人生中的一段神圣时光，报酬就在眼前。至于日后孩子能否成才，是否孝顺，实在无需考虑。那些"望子成龙"、"养儿防老"的父母亵渎了神圣。

14．15．16 略

17．圆满

照片上的这个婴儿是我吗？母亲说是的。然而，在我的记忆中，没有蛛丝马迹可寻。我只能说，他和我完全是两个人，其间的联系仅仅存在于母亲的记忆中。

我最早的记忆可以追溯到三岁，再往前便是一片空白。无论我怎么试图追忆我生命最初岁月的情景，结果总是徒劳。如果说每个人的一生是一册书，那么，它的最初几页保留着最多上帝的手迹，而那几页却是每个人自己永远无法读到的了。我一遍遍翻阅我的人生之书，绝望地发现它始终是一册缺损的书。

可是，现在当我自己做了父亲，守在摇篮旁抚育着自己的孩子时，我觉得自己在某种意义上好像是在重温那不留痕迹地永远失落了的我的摇篮岁月，从而填补了记忆中一个似乎无法填补的空白。我恍然悟到，原来大自然早已巧作安排，使我们在适当的时候终能读全这本可爱的人生之书。

面对我的女儿，我收起了我幼年的照片。眼前这个活生生的小生命与我的联系犹如呼吸一样实在，我的生命因此而圆满了。

一碗清汤荞麦面[①]

◇ 栗良平

栗良平（1943—），日本著名作家、演讲家。生于日本北海道。曾经从事过十多种职业。其名作《一碗清汤荞麦面》被译成几十种文字。

一

对于面馆来说，生意最兴隆的日子，就是大年除夕了。

北海亭每逢这一天，总是从一大早就忙得不可开交。不过，平时到夜里十二点还熙攘热闹的大街，临到除夕，人们也都匆匆赶紧回家，所以一到晚上十点左右，北海亭的食客也就骤然稀少了。当最后几位客人走出店门就要打烊的时候，大门又发出无力的“吱吱”响声，接着走进来一位带着两个孩子的妇人。两个都是男孩，一个六岁，一个十岁的样子。孩子们穿着崭新、成套的运动服，而妇人却穿着不合季节的方格花呢裙装。

“欢迎！”女掌柜连忙上前招呼。

妇人嗫嚅地说：“那个……清汤荞麦面……就要一份……可以吗？”

躲在妈妈身后的两个孩子也担心会遭到拒绝，胆怯地望着女掌柜。

“噢，请吧，快请里边坐。”女掌柜边忙着将母子三人让到靠暖气的第二张桌子旁，边向柜台后面大声吆喝，“清汤荞麦面一碗——！”当家人探头望着母子，也连忙应道：“好咧，一碗清汤荞麦面——！”他随手将一

---

① 选自《一碗清汤荞麦面》，（日）栗良平，（日）竹本幸之佑著，文明，谢琼译，漓江出版社2005年版。

把面条丢进汤锅里后，又额外多加了半把面条。煮好盛在一个大碗里，让女掌柜端到桌子上。于是母子三人几乎是头碰头地围着一碗面吃将起来，“嗞嗞”的吃吸声伴随着母子的对话，不时传至柜台内外。

“妈妈，真好吃呀！”兄弟俩说。

“嗯，是好吃，快吃吧。”妈妈说。

不大工夫，一碗面就被吃光了。妇人在付饭钱时，低头施礼说：“承蒙关照，吃得很满意。”这时，当家人和女掌柜几乎同声答说：“谢谢您的光临，预祝新年快乐！”

二

迎来新的一年的北海亭，仍然和往年一样，在繁忙中打发日子，不觉又到了大年除夕。

夫妻俩这天又是忙得不亦乐乎，十点刚过，正要准备打烊时，忽听见“吱吱”的轻微开门声，一位领着两个男孩的妇人轻轻走进店里。

女掌柜从她那身不合时令的花格呢旧裙装上，一下就回忆起一年前除夕夜那最后的一位客人。

“那个……清汤面……就要一份……可以吗？”

“请，请，这边请。”女掌柜和去年一样，边将母子三人让到第二张桌旁，边开腔叫道，“清汤荞麦面一碗——！”

桌子上，娘儿仨在吃面中的小声对话，清晰地传至柜台内外。

“真好吃呀！”

“我们今年又吃上了北海亭的清汤面啦。”

“但愿明年还能吃上这面。”

吃完，妇人付了钱，女掌柜也照例用一天说过数百遍的套话向母子道别：“谢谢光临，预祝新年快乐！”

在生意兴隆中，不觉又迎来了一年一度的除夕夜。北海亭的当家人和女掌柜虽没言语，但九点一过，二人都心神不宁，时不时地倾听门外的声响。

在那第二张桌上，早在半个钟头前，女掌柜就已摆上了“预约席”的牌子。

终于挨到十点了，就仿佛一直在门外等着最后一个客人离去才进店堂一样，母子三人悄然进来了。

哥哥穿一身中学生制服，弟弟则穿着去年哥哥穿过的大格运动衫。兄弟俩这一年长高了许多，简直认不出来了，而母亲仍然是那身褪了色的花格呢裙装。

“欢迎您！”女掌柜满脸堆笑地迎上前去。

“那个……清汤面……要两份……可以吗？”

“嗳。请，请，呵，这边请！”女掌柜一如既往，招呼他们在第二张桌子边就座，并若无其事地顺手把那个“预约席”牌藏在背后，对着柜台后面喊道：“面，两碗——！”

“好咧，两碗面——！”

可是，当家人却将三把面扔进了汤锅。

于是，母子三人轻柔的话语又在空气中传播开来。

“昕儿，淳儿……今天妈妈要向你们兄弟二人道谢呢。”

“道谢？……怎么回事呀？”

“因为你们父亲而发生的交通事故，连累人家八个人受了伤，我们的全部保险金也不够赔偿的，所以，这些年来，每个月都要积攒些钱帮助受伤的人家。”

“噢，是吗，妈妈？”

“嗯，是这样，昕儿当送报员，淳儿又要买东西，又要准备晚饭，这样妈妈就可以放心地出去做工了。因为妈妈一直勤奋工作，今天从公司得到了一笔特别津贴，我们终于把所欠的钱都还清了。”

“妈妈，哥哥，太棒了！放心吧，今后，晚饭仍包在我身上好了。”

“我还继续当业余送报员！小淳，我们加油干哪！”

“谢谢……妈妈实在感谢你们。”

…………

这天，娘儿仨在一餐饭中说了很多话，哥哥进得了“坦白”：他怎样担心母亲请假误工，自己代母亲去出席弟弟学校家长座谈会，会上听小淳如何朗读他的作文《一碗清汤荞麦面》。这篇曾代表北海道参加了“全国小学生作文竞赛”的作文写道，父亲因交通事故逝世后留下一大笔债务；妈妈怎样起早贪黑拼命干活；哥哥怎样当送报员；母子三人在除夕夜吃一碗清汤面，面怎样好吃；面馆的叔叔和阿姨每次向他们道谢，还祝福他们新年快乐……

小淳朗读的劲头，就好像在说；我们不泄气，不认输，坚持到底！弟弟在作文中还说，他长大以后，也要开一家面馆，也要对客人大声说："加油干哪，祝你幸福……"

刚才还站在柜台里静听一家人讲话的当家人和女掌柜不见了。原来他们夫妇已躲在柜台后面，两人扯着条毛巾，好像拔河比赛各拉着一头，正在拼命擦拭满脸的泪水。

三

又过去了一年。

在北海亭面馆靠近暖气的第二张桌子上，九点一过就摆上了"预约席"的牌了，老板和老板娘等呵、等呵，始终也未见母子三人的影子。转过一年，又转过一年，母子三人再也没有出现。

北海亭的生意越做越兴旺，店面进行了装修，桌椅也更新了，可是，靠暖气的第二张桌子，还是原封不动地摆在那儿。

光阴荏苒，夫妻面馆北海亭在不断迎送食客的百忙中，又迎来了一个除夕之夜。

手臂上搭着大衣，身着西装的两个青年走进北海亭面馆，望着坐无虚席、热闹非常的店堂，下意识地叹了口气。

"真不凑巧，都坐满了……"

女掌柜面带歉意，连忙解释说。

这时，一位身着和服的妇人，谦恭地深深低着头走进来，站在两个青年中间。店内的客人一下子肃静下来，都注视着这几位不寻常的客人。只听见妇人轻柔地说：

"那个……清汤面，要三份，可以吗？"

《一碗清汤荞麦面》的故事在日本和韩国家喻户晓，所有人都被这个故事深深感动。在它朴实的语言下，蕴藏着触动灵魂的人格力量和人性光辉。

一听这话，女掌柜猛然想起了那恍如隔世的往事——在那年除夕夜，娘儿仨吃一碗面的情景。

“我们是十四年前在除夕夜，三口人吃一碗清汤面的母子三人。”妇人说道，“那时，承蒙贵店一碗清汤面的激励，母子三人携手努力生活过来了。”

这时，模样像是兄长的青年接着介绍说：

“此后我们随妈妈搬回外婆家住的滋贺县。今年我已通过国家医师考试，现在是京都医科大学医院的医生，明年就要转往札幌综合医院。之所以要回札幌，一是向当年抢救父亲和对因父亲而受伤的人进行治疗的医院表示敬意；再者是为父亲扫墓，向他报告我们是怎样奋斗的。我和没有开成面馆而在京都银行工作的弟弟商量，我们制订了有生以来最奢侈的计划——在今年的除夕夜，我们陪母亲一起访问札幌的北海亭，再要上三份清汤面。”

一直在静听说话的当家人和女掌柜，眼泪刷刷地流了下来。

“欢迎，欢迎……呵，快请。喂，当家的，你还愣在那儿干嘛？！二号桌，三碗清汤荞麦面——！”

当家人一把抹去泪水，欢悦地应道：

“好咧，清汤荞麦面三碗——！”

爱心树[①]

◇ 谢尔·希尔弗斯坦

谢尔·希尔弗斯坦，美国20世纪最伟大的绘本作家之一。

从前有一棵大树，它喜欢上一个男孩儿。男孩儿每天会跑到树下，采集树叶。给自己做王冠，想象自己就是森林之王。他也常常爬上树干，在树枝上荡秋千，吃树上结的苹果，同大树捉迷藏。累了的时候，就在树阴里睡觉。

小男孩儿爱这棵树，非常非常爱它，大树很快乐。但是时光流逝，孩子逐渐长大，大树常常感到孤寂。

有一天孩子来看大树，大树说："来吧，孩子，爬到我身上来，在树枝上荡秋千，吃几个苹果，再到阴凉里玩一会儿。你会很快活的！"

"我已经大了，不爱爬树玩儿了，"孩子说，"我想买些好玩儿的东西。我需要些钱，你能给我一点儿钱吗？"

"很抱歉，"大树说，"我没有钱，我只有树叶和苹果。把我的苹果拿去吧，孩子，把它们拿到城里卖掉，你就会有钱，就会快活了。"

于是孩子爬上大树，摘下树上的苹果，把它们拿走了。大树很快乐。

很久很久，孩子没有再来看望大树。大树很难过。

后来有一天，孩子又来了。大树高兴地摇晃着肢体，

---

① 选自《爱心树》，（美）希尔弗斯坦文图，傅惟慈译，南海出版社2007年版。

对孩子说："来吧，孩子，爬到我的树干上，在树枝上荡秋千，你会很快活的！"

"我有很多事要做，没有时间爬树了。"孩子说，"我需要一幢房子保暖。"他接着说，"我要娶个妻子，还要生好多孩子，所以我需要一幢房子。你能给我一幢房子吗？"

"我没有房子，"大树说，"森林就是我的房子。但是你可以把我的树枝砍下来，拿去盖房。你就会快活了。"于是那个男孩儿把大树的树枝都砍下来，把它们拿走，盖了一幢房子。大树很快乐。

孩子又有很长时间没有来看望大树了。

当他终于又回来的时候，大树非常高兴，高兴得几乎说不出话来。"来吧，孩子，"它声音喑哑地说，"来和我玩玩吧！"

"我年纪已经大了，心情也不好，不愿意玩儿了。"孩子说，"我需要一条船，驾着它到远方去，离开这个地方。你能给我一条船吗？"

"把我的树干砍断，用它做船吧。"大树说，"这样你就可以航行到远处去，你就会快活了。"于是孩子把树干砍断，做了一条船，驶走了。大树很快乐，但是心坎里却有些……

又过了很久，那孩子又来了。"非常抱歉，孩子，"大树说，"我没有什么可以给你的了。我没有苹果了。"

"我的牙齿已经老化，吃不动苹果了。"孩子说。

"我没有枝条了，"大树说，"你没法儿在上面荡秋千了——"

"我太老了，不能再荡秋千了。"孩子说。

"我也没有树干，"大树说，"不能让你爬上去玩了——"

"我很疲倦，爬也爬不动了。"孩子说。

"真是抱歉，"大树叹了口气，"我希望还能给你点儿什么东西……但是

作者用美国乡村音乐的节奏，为我们讲述了一个耐人寻味的故事。大树的无私和博爱像极了父母对儿女的那份爱，只要给予就是幸福快乐的。

我什么都没有了。我现在只是个老树墩，真是抱歉……”

“我现在需要的实在不多，”孩子说，“只想找个安静的地方坐坐，好好休息。我太累了。”

“那好吧。”大树说，它尽量把身子挺高，“你看，我这个老树墩，正好叫你坐在上面休息。来吧，孩子，坐下吧，坐在我身上休息吧。”于是孩子坐下了。

大树很快乐。

送冰激凌的女孩子[①]

◇ 玛瑞恩·斯彻柏林

玛瑞恩·斯彻柏林，美国作家。

十岁的艾莉诺最近有点儿不高兴，是因为她奶奶，奶奶不知出了什么毛病，总是忘事。

妈妈说："奶奶老了，她需要更多的关护和关心""老了是怎么回事儿？每个老人都忘事吗？妈你将来也会这样吗？还有我，也是吗？"

"倒不是所有的老人都忘事，奶奶得了'老年性痴呆'的病，这种病总是让人忘事。我们过些天要把她到疗养院去，在那里她会受到适当的照顾。"

"噢，不，妈妈，那可太糟了，奶奶可舍不得离开自己的家。"

"这我知道，"妈妈说，"不过我们每天要去上班，不能总陪着她，让她一个人在家是不安全的。还是去疗养院好些，她还能认识些新朋友。"

艾莉诺心里很难过，她爱奶奶，她觉得让奶奶住在那种地方，就像一个无家可归的人一样。

"我们能常去看望她吗？如果奶奶不老忘事，我可是特别愿意和她说话的。"

"我们周末可以去看她，给她买些礼物什么的。"

艾莉诺一下子来了精神："带冰激凌！奶奶最爱吃草莓冰激凌。"

第一次去疗养院看奶奶时，艾莉诺几乎惊呆了：差

---

① 选自《课外美文》，戈致中主编，江苏教育出版社2003年版。

不多所有的老人都坐在轮椅上，有的自己摇着走，有的由护士推着。奶奶会变成那样吗？

妈妈解释说："不然他们会摔倒的。好孩子，一会儿见到奶奶，要对她笑，要说她看起来很精神，记住了吗？"

奶奶倒没有坐轮椅，她坐在日光会客室的一角，正呆呆地向外看，看一棵树。

艾莉诺高兴地扑上去，"奶奶，我想死你了。我们给你带来了礼物，你猜是什么？"

奶奶没什么反应，她慢慢地扭过脸，呆呆地看着艾莉诺。

艾莉诺麻利地取出冰激凌盒子，"看！草莓冰激凌！"

奶奶一声不吭，她低头打开盒盖，拿起小勺，慢慢地吃起来。

"艾莉诺，你看奶奶吃得多香啊！"妈妈有几分高兴地说。

艾莉诺却很丧气，"奶奶好像根本不认识咱们。"

妈妈说："别着急呀，奶奶需要时间。这里是个新环境，她得调整好自己的感觉才行。"

可第二次去看奶奶时，她还是老样子。奶奶见到冰激凌，对艾莉诺和妈妈淡淡地笑了一下，然后一声不吭地低头慢慢吃起来。

艾莉诺忍不住了，"奶奶，你知道我是谁吗？"

奶奶这回说话了。她慢吞吞地说："你是……给我送冰激凌的女孩子。"

艾莉诺又气又急，她张开双臂用力地搂住奶奶，"我是艾莉诺！你的孙女，你不记得我了！"

奶奶定定地看着她，停了一会儿，说："记得……你就是给我送冰激凌的女孩子。"

艾莉诺突然明白了，奶奶永远记不得自己了。

她生活在另一个世界里，那里有孤独和忧伤的阴影。

艾莉诺伤心地哭了起来，"奶奶你怎么了……你原来那么爱我，我也那么爱你，你怎么就忘了？"

这时，她发现奶奶的混浊的、灰黄色的眼珠轻轻地转动了几下，眼中流出了泪水，一下子流到面颊上。

"爱……"奶奶喃喃地说，"我记得，我记得爱……爱……"

妈妈哽咽着：“孩子，明白了吗？这就是奶奶最想要的——爱。”

艾莉诺愣了片刻，破涕为笑：“我以后每周都给奶奶送草莓冰激凌，都来拥抱她。不管她记不记得我是谁。”

总而言之，这是最重要的——记住爱，而不是记住名字。

目送[①]

◇ 龙应台

龙应台，(1952—)台湾著名文化人及公共知识分子，著名作家，作品《野火集》具有很大影响。

华安上小学第一天，我和他手牵着手，穿过好几条街，到维多利亚小学。九月初，家家户户院子里的苹果和梨树都缀满了拳头大小的果子，枝丫因为负重而沉沉下垂，越出了树篱，勾到过路行人的头发。

很多很多的孩子，在操场上等候上课的第一声铃响。小小的手，圈在爸爸的、妈妈的手心里，怯怯的眼神，打量着周遭。他们是幼稚园的毕业生，但是他们还不知道一个定律：一件事情的毕业，永远是另一件事情的开启。

铃声一响，顿时人影错杂，奔往不同方向，但是在那么多穿梭纷乱的人群里，我无比清楚地看着自己孩子的背影——就好像在一百个婴儿同时哭声大作时，你仍旧能够准确听出自己那一个的位置。华安背着一个五颜六色的书包往前走，但是他不断地回头；好像穿越一条无边无际的时空长河，他的视线和我凝望的眼光隔空交会。

我看着他瘦小的背影消失在门里。

十六岁，他到美国作交换生一年。我送他到机场。告别时，照例拥抱，我的头只能贴到他的胸口，好像抱住了长颈鹿的脚。他很明显地在勉强忍受母亲的深情。

---

① 选自《目送》，龙应台著，生活·读书·新知三联书店2009年版。

他在长长的行列里，等候护照检验；我就站在外面，用眼睛跟着他的背影一寸一寸往前挪。终于轮到他，在海关窗口停留片刻，然后拿回护照，闪入一扇门，倏乎不见。

我一直在等候，等候他消失前的回头一瞥。但是他没有，一次都没有。

现在他二十一岁，上的大学，正好是我教课的大学。但即使是同路，他也不愿搭我的车。即使同车，他戴上耳机——只有一个人能听的音乐，是一扇紧闭的门。有时他在对街等候公车，我从高楼的窗口往下看：一个高高瘦瘦的青年，眼睛望向灰色的海；我只能想象，他的内在世界和我的一样波涛深邃，但是，我进不去。一会儿公车来了，挡住了他的身影。车子开走，一条空荡荡的街，只立着一只邮筒。

我慢慢地、慢慢地了解到，所谓父女母子一场，只不过意味着，你和他的缘分就是今生今世不断地在目送他的背影渐行渐远。你站立在小路的这一端，看着他逐渐消失在小路转弯的地方，而且，他用背影默默告诉你：不必追。

《目送》是一本生死笔记，深邃、忧伤、美丽。

我慢慢地、慢慢地意识到，我的落寞，仿佛和另一个背影有关。

博士学位读完之后，我回台湾教书。到大学报到第一天，父亲用他那辆运送饲料的廉价小货车长途送我。到了我才发觉，他没开到大学正门口，而是停在侧门的窄巷边。卸下行李之后，他爬回车内，准备回去，明明启动了引擎，却又摇下车窗，头伸出来说："女儿，爸爸觉得很对不起你，这种车子实在不是送大学教授的车子。"

我看着他的小货车小心地倒车，然后噗噗驶出巷口，留下一团黑烟。直到车子转弯看不见了，我还站在那里，一口皮箱旁。

每个礼拜到医院去看他，是十几年后的时光了。推着他的轮椅散步，他的头低垂到胸口。有一次，发现排泄物淋满了他的裤腿，我蹲下来用自己的手帕帮他擦拭，裙子也沾上了粪便，但是我必须就这样赶回台北上班。护士接过他的轮椅，我拎起皮包，看着轮椅的背影，在自动玻璃门前稍停，然后没入门后。

我总是在暮色沉沉中奔向机场。

火葬场的炉门前，棺木是一只巨大而沉重的抽屉，缓缓往前滑行。没有想到可以站得那么近，距离炉门也不过五公尺。雨丝被风吹斜，飘进长廊内。我掠开雨湿了前额的头发，深深、深深地凝望，希望记得这最后一次的目送。

我慢慢地、慢慢地了解到，所谓父女母子一场，只不过意味着，你和他的缘分就是今生今世不断地在目送他的背影渐行渐远。你站立在小路的这一端，看着他逐渐消失在小路转弯的地方，而且，他用背影默默告诉你：不必追。

七星剑[1]

◇ 曾卓

今年夏天到西安，随朋友逛旅游商店，看到有宝剑出售。怦然心动，想买一支。店员取了几支来看，都不满意。然而，从此要买一支宝剑的念头就常常在我心中浮起。

我要买这样一支剑：剑长三尺有余，剑柄是古铜色，挂着一绺红色的丝须，黑色剑鞘上直缀着七颗闪闪发亮的星星。拔剑出来，寒光逼人——我想的是近六十年前曾有过的那一支“七星剑”。

在汉口市一中念一年级时，经过了几次选拔，学校派我参加全市中学讲演比赛，居然得了第一名。所得的奖品就是这样的一支七星剑。在大会上为我授奖者名叫陈泮岭。不记得他当时是一位什么官员，但记得他是国术的热心的倡导者。

我洋洋得意地背着宝剑回家。全家人当然欢喜不尽。传观过后，那支宝剑就由母亲悬挂在床前。她再三告诫不准我动它。虽然那剑并未开口，她还是怕我不小心伤了别人或伤了自己，但我有时还是偷偷地站在椅子上取将下来把玩、舞弄一番。在闪闪的剑光中有过少年人的一些遐想：仗剑远游，闯荡江湖，路遇不平，拔刀相助……抗日战争时期，武汉沦陷前，为了继续求学，我只

---

① 选自《曾卓散文选》，曾卓著，上海文艺出版社2003年版。

身去了重庆。母亲则随祖父祖母及二叔三叔等逃难到广西省的灵川县。在母亲携带的少量衣物中，就有这支七星剑。抗日战争胜利前一年，在国民党军队湘桂大撤退中，祖父带着家人又一次仓皇逃难。搭不上车（也搭不起车吧），一路都是步行。在惊慌、混乱的气氛中，在如潮的人流中，一家人被冲散了。母亲还幸得和二叔、二婶在一起。她原来身体就不好，途中风餐露宿，再加之焦虑不安，终于病倒了。她原是想到重庆找我的。我也一直焦虑地期望着她的到来。但她拖到了贵州省都匀境内，实在无力走动了。当时又风传敌骑即至。她不愿拖累二叔、二婶，就让他们先走，并拿出一只戒指让他们转交我。她一个人倚坐在一面破墙边，以后就没有了下落，当时母亲留在身边的就只有这支七星剑。

母亲是经“父母之命，媒妁之言”来到我家的，几年以后就被我的父亲遗弃，跟着祖父生活。她当时还不过二十五六岁。我是她唯一的寄托和安慰，我十六岁时就与她辞别。阔别六年后，在那样兵荒马乱的情况下，她凭着那一双包过的小脚想跋涉千里来到我身边，却未能如愿。在那样一种悲惨的情况下，从人间消失，只有那一支七星剑——儿子的一件奖品陪伴她。母亲远去，我不知那支七星剑流落何方。我写过一篇长文和两首诗纪念母亲。而想买一支七星剑也用以来悬挂在床前的念头是最近才偶然引起的，却久久浮沉在心间。母亲逝去将近五十年了。我知道她姓段，却不知道她的名字。她也没有留下一张照片。也许我真的逐渐进入老境了，所以有时难免有怀旧之情，我当是想通过一件实物来寄寓我的怀念。而且，那也会引起我对如梦的少年时代的一些回忆。只是，岁月如流，万事皆变，我能在哪里买到一支像当年那样的七星剑呢？

祖母的呼唤[①]

◇ 牛汉

牛汉（1923— ），诗人，作家。著有诗集《生活色彩》、《祖国》、《温泉》等。

在一篇文章里，我说过“鼻子有记忆”的话，现在仍确信无疑。我还认为耳朵也能记忆，具体说，耳朵深深的洞穴里，天然地贮存着许多经久不灭的声音。这些声音，似乎不是心灵的忆念，更不是什么幻听，它是直接从耳朵秘密的深处飘响出来的，就像幽谷的峰峦缝隙处渗出的一丝一滴丁冬作响的水，这水珠或水线永不枯竭，常常就是一条河的源头。耳朵幽深的洞穴是童年牧歌的一个源头。

我十四岁离开家以后，有几年十分想家，常在睡梦中被故乡的声音唤醒，有母亲急促而沉重的脚步声，有祖母深夜在炕头因胃痛发出的压抑的呻吟。几十年之后，在生命承受着不断的寂闷与危难时，常常能听见祖母殷切的呼唤。她的呼唤似乎可以穿透几千里的风尘与云雾，越过时间的沟壑与迷障：

“成汉，快快回家，狼下山了！”成汉是我的本名。

童年时，每当黄昏，特别是冬天，天昏黑得很突然，随着田野上冷峭的风，从我们村许多家的门口，响起呼唤儿孙回家吃饭的声音。男人的声音极少，总是母亲和祖母的声音。喊我回家的是我的祖母。祖母身体病弱，在许多呼唤声中，她的声音最细最弱，但不论在河边，

① 选自《你要爱你的寂寞：笔会60年·青春版》，文汇报笔会编辑部编，文汇出版社2006年版。

在树林里，还是在村里哪个角落，我一下子就能在几十个声调不同的呼唤声中分辨出来。她的声音发颤，发抖，但并不沙哑，听起来很清晰。

牛汉既是诗人、作家，同时也是编辑，在两个领域成就都极为突出。

有时候，我在很远很远的田野上和一群孩子们逮田鼠，追兔子，用锹挖甜根苗（甘草），祖母喊出第一声，只凭感觉，我就能听见，立刻回一声："奶奶，我听见了。"挖甜根苗，常常挖到一米深，挖完后还要填起来，否则大人要追查，因为甜根苗多半长在地边上。时间耽误一会，祖母又喊了起来："狼下山了，狼过河了，成汉，快回来！"偶然有几次，听到母亲急促而忿怒的呼吼："你再不回来，不准进门！"祖母的声音拉得很长，充满韧性，就像她擀的杂面条那么细那么有弹力。有时全村的呼唤声都停息了，只我还没回去，祖母焦急地一声接一声喊我，声音格外高，像扩大了几十倍，小河、树林、小草都帮着她喊。

大人们喊孩子们回家，不是没有道理。我们那一带，狼叼走孩子的事不止发生过一次。前几年，从家乡来的妹妹告诉我，我离家后，我们家大门口，大白天，狼就叼走一个两三岁的孩子。狼叼孩子非常狡猾，它从隐秘的远处一颠一颠不出一点声息地跑来，据说它有一只前爪总是贴着肚皮不让沾地，以保存这个趾爪的锐利。狼奔跑时背部就像波浪似的一起一伏，远远望去，异常恐怖。它悄悄在你背后停下来，你几乎没有感觉。它像人一般站立起来，用一只前爪轻轻拍拍你的后背，你以为是熟人跟你打招呼，一回头，狼就用保存得很好的那个趾爪深深刺入你的喉部。祖母常常警戒我：在野地走路，有谁拍你的背，千万不能回头。

祖母最后的呼唤声，带着担忧和焦急，我听得出来，她是一边吁喘，一边使尽力气在呼唤我啊！她的脚缠得很小，个子又瘦又高，总在一米七以上，走路时颤颤巍巍的，她只有托着我家的大门框才能站稳。久而久之，我家大门的一边门框，由于她几乎天天呼唤我回家，手托着的那个部位变得光滑而发暗。祖母如果不用手托着门框，不仅站不稳，呼唤声也无法持久。

天寒地冻，为了不至于冻坏，祖母奇小的双脚不时在原地蹬踏，她站立的那地方渐渐形成两块凹处，像牛皮鼓面的中央，因不断敲击而出现的斑驳痕迹。

我风风火火地一到大门口，祖母的手便离开门框扶着我的肩头。她从不骂我，至多说一句：“你也不知道肚子饿。”

半个世纪来，或许是命运对我的赐予，我仍在风风雨雨的旷野上奔跑着，求索着；写诗，依我的体验，跟童年时入迷地逮田鼠、兔子，挖掘甜根苗的心态异常的相似。

祖母离开人世已有半个世纪之久了，但她那立在家门口焦急而担忧地呼唤我的声音，仍然一声接一声地在远方飘荡着：

“成汉，快回家来，狼下山了……”

我仿佛听见了狼的凄厉的叫声。

由于童年时心灵上感触到的对狼的那种恐怖，在人生道路上跋涉时我从不回头，怕有一个趾爪轻轻地拍我的后背。

“旷野上走路，千万不能回头！”祖母对我的这句叮咛，像警钟在我的心灵上响着。

外婆你好吗[①]

◇ 梅子涵

梅子涵（1949—），著名儿童文学作家，著有《汉字的故事》、《女儿的故事》、《相信童话》等。

墓

外婆去世以后，每年春天我都乘火车或者轮船去看她。

去看的是一个墓。

外婆的墓在她的家乡。

她在我出生的时候，从家乡来到我的身边，四十多年一瞬间过去了。

那时候我睡在摇篮里是个伸手伸脚的婴儿，外婆放下包袱就说："我的毛毛怎么这么好玩啊！"

她把我领大。她还把我的女儿领大。

然后是我送她回家。

人生就是这样，总要分别，在一起的时候真没有好好珍惜啊。

我送她是乘船的。小时候，外婆带我去乡下，也常常乘船。外婆叫它大轮。我们在十六铺码头上船，经过南通、镇江、南京、马鞍山，到芜湖下。

外婆领我乘四等舱，也乘过三等舱。

外婆坐在舱里，我满船地走了玩。从上走到下，从头走到尾。看江里的流水，看岸上的景色。无穷无尽的

---

① 选自《天空包在馅饼里》，梅子涵主编，孙悦等选编，浙江文艺出版社2007年版。

旅途乐趣和感觉，都因为有外婆带着而无忧无虑。尤其在今天想起来，那是最温馨的童年记忆和诗画了。也恍惚和伤感。

可现在外婆已不在。我送的是一个很小的盒子，用红的布包着的。

我捧着盒子走上大轮。

小的时候，外婆抱着我上船，背着我上船，搀着我上船。

这是多么不同的两种情景，当中隔着的是时间。

我把它放在床头。

坐船的感觉依旧，江水的声音依旧，岸上的景色也是依旧的，但是我的外婆不在了。

我没有任何的心情，只是坐在外婆的盒子旁边，想陪陪她，自从长大以后，奔进了外面的世界，坐在外婆身边的时间就很少，但是现在来不及了。下了船以后，外婆的盒子将被放进地下，那更是真正永远地分开了……

外婆的墓在长江边上。

我离开她是夕阳西下的时候。

夕阳照在墓群照在她的墓上。

我说外婆我走了，我泪水涟涟，趴在她的碑下。

离开的时间是那么难啊，我把外婆留在这里，我却要走了，我说外婆我走了哦，我走了哦……

我走几步，就回一下头，每年都这样。

外婆叫我毛毛

外婆一直叫我毛毛。

外婆说："毛啊……"

我说："外婆，我这么大了，你还叫我毛毛。"

外婆笑起来。

外婆说："毛啊……"

长大以后，有了自己的家，就不再和母亲住在一起，不再和外婆住在一起。

每个星期回家。

外婆早趴在窗口看我。我远远地就看见她在窗口。

她一定在说:“毛怎么还没来……”

这一天外婆总欢天喜地,跟在我后面说毛啊毛啊……跟我说了不少的话。

可是晚上总要到来,我要走了。

外婆送到楼梯口:“毛啊,下个礼拜还来吗?”

我走出大门,走到路上,回头看看,外婆趴在窗口,外婆一定在说:“我的毛走了……”

我朝外婆挥挥手,天已经黑了,但是外婆看得见,我看见外婆看见了。

走了已经很远,我回过头,外婆仍趴在那里。

在送别外婆的时候,我念着悼词,我说,从此以后,窗口空了……

心中赋得永久的悔[1]

◇ 季羡林

季羡林（1911—2009），中国著名文学家、语言学家、教育家和社会活动家，翻译家，散文家。

题目是韩小蕙小姐出的，所以名之曰“赋得”。但文章是我心甘情愿作的，所以不是八股。

我为什么心甘情愿作这样一篇文章呢？一言以蔽之，题目出得好，不但实获我心，而且先获我心：我早就想写这样一篇东西了。

我已经到了望九之年。在过去的七八十年中，从乡下到城里；从国内到国外；从小学、中学、大学到洋研究院；从“志于学”到超过“从心所欲不逾矩”，曲曲折折，坎坎坷坷，既走过阳关大道，也走过独木小桥；既经过“山重水复疑无路”，又看到“柳暗花明又一村”，喜悦与忧伤并驾，失望与希望齐飞，我的经历可谓多矣。要讲后悔之事，那是俯拾皆是。要选其中最深切、最真实、最难忘的悔，也就是永久的悔，那也是唾手可得，因为它片刻也没有离开过我的心。

我这永久的悔就是：不该离开故乡，离开母亲。

我出生在鲁西北一个极端贫困的村庄里。我们家是贫中之贫，真可以说是贫无立锥之地。十年浩劫中，我自己跳出来反对北大那一位倒行逆施但又炙手可热的“老佛爷”，被她视为眼中钉，必欲除之而后快。她手下的小喽啰们曾两次窜到我的故乡，处心积虑把我“打”

① 选自《另一种回忆录》，季羡林著，作家出版社2006年版。

成地主，他们那种狗仗人势穷凶极恶的教师爷架子，并没有能吓倒我的乡亲。我小时候的一位伙伴指着他们的鼻子，大声说："如果让整个官庄来诉苦的话，季羡林家是第一家！"

这一句话并没有夸大，它说的是实情。我祖父母早亡，留下了我父亲等三个兄弟，孤苦伶仃，无依无靠。最小的一叔送了人。我父亲和九叔饿得没有办法，只好到别人家的枣林地里去捡落到地上的干枣充饥。这当然不是长久之计。最后兄弟俩被逼背井离乡，盲流到济南去谋生。此时他俩也不过十几二十岁。在举目无亲的大城市里，必然是经过千辛万苦，九叔在济南落住了脚。于是我父亲就回到了故乡，说是农民，但又无田可耕。又必然是经过千辛万苦，九叔从济南有时寄点儿钱回家，父亲赖以生活。不知怎么一来，竟然寻（读xin）上了媳妇，她就是我的母亲。母亲的娘家姓赵，门当户对，她家穷得同我们家差不多，否则也决不会结亲。她家里饭都吃不上，哪里有钱、有闲上学。所以我母亲一个字也不识，活了一辈子，连个名字都没有。她家是在另一个庄上，离我们庄五里路，这个五里路就是我母亲毕生所走的最长的距离。

北京大学那一位"老佛爷"要"打"成"地主"的人，也就是我，就出生在这样一个家庭里，就有这样一位母亲。

后来我听说，我们家确实也"阔"过一阵。大概在清末民初，九叔在东三省用口袋里剩下的最后五角钱，买了十分之一的湖北水灾奖券，中了奖。兄弟俩商量，要"富贵而归故乡"，回家扬一下眉，吐一下气。于是把钱运回家，九叔仍然留在城里，乡里的事由父亲一手张罗。他用荒唐离奇的价钱，买了砖瓦，盖了房子。又用荒唐离奇的价钱，置了一块带一口水井的田地。一时兴会淋漓，真正扬眉吐气了。可惜好景不长，我父亲又用荒唐离奇的方式，仿佛宋江一样，豁达大度，招待四方朋友。一转瞬间，盖成的瓦房又拆了卖砖，卖瓦。有水井的田地也改变了主人。全家又回归到原来的情况。我就是在这个时候，在这样的情况下降生到人间来的。

母亲当然亲身经历了这个巨大的变化。可惜，当我同母亲住在一起的时候，我只有几岁，告诉我，我也不懂。所以，我们家这一次陡然上升，又陡然下降，只像是昙花一现，我到现在也不完全明白。这个谜恐怕要成为永恒的谜了。

不管怎样，我们家又恢复到从前那种穷困的情况。后来听人说，我们家那时只有半亩多地。这半亩多地是怎么来的，我也不清楚。一家三口人就靠这半亩多地生活。城里的九叔当然还会给点儿接济，然而像中湖北水灾奖那样的事儿，一辈子有一次也不算少了，九叔没有多少钱接济他的哥哥了。

家里日子是怎样过的，我年龄太小，说不清楚。反正吃得极坏，这个我是懂得的。按照当时的标准，吃“白的”（指麦子面）最高，其次是吃小米面或棒子面饼子，最次是吃红高粱饼子，颜色是红的，像猪肝一样。“白的”与我们家无缘。“黄的”（小米面或棒子面饼子颜色都是黄的）与我们缘分也不大。终日为伍者只有“红的”。这“红的”又苦又涩，真是难以下咽。但不吃又害饿，我真有点儿谈“红”色变了。

但是，小孩子也有小孩子的办法。我祖父的堂兄是一个举人，他的夫人我喊她奶奶。他们这一支是有钱有地的。虽然举人死了，但家境依然很好。我这一位大奶奶仍然健在。她的亲孙子早亡，所以把全部的钟爱都倾注到我身上来。她是整个官庄能够吃“白的”的仅有的几个人中之一。她不但自己吃，而且每天都给我留出半个或者四分之一个白面馍馍来。我每天早晨一睁眼，立即跳下炕来向村里跑，我们家住在村外。我跑到大奶奶跟前，清脆甜美地喊上一声：“奶奶！”她立即笑得合不上嘴，把手缩回到肥大的袖子，从口袋里掏出一小块馍馍，递给我，这是我一天最幸福的时刻。

此外，我也偶尔能够吃一点“白的”，这是我自己用劳动换来的。一到夏天麦收季节，我们家根本没有什么麦子可收。对门住的宁家大婶子和大姑——她们家也穷得够戗——就带我到本村或外村富人的地里去“拾麦子”。所谓“拾麦子”就是别家的长工割过麦子，总还会剩下那么一点儿麦穗，这些都是不值得一捡的，我们这些穷人就来“拾”。因为剩下的决不会多，我们拾上半天，也不过拾半篮子；然而对我们来说，这已经是如获至宝了。一定是大婶和大姑对我特别照顾，以一个四五岁、五六岁的孩子，拾上一个夏天，也能拾上十斤八斤麦粒。这些都是母亲亲手搓出来的。为了对我加以奖励，麦季过后，母亲便把麦子磨成面，蒸成馍馍，或贴成白面饼子，让我解馋。我于是就大快朵颐了。

记得有一年，我拾麦子的成绩也许是有点“超常”。到了中秋节——农民嘴里叫“八月十五”——母亲不知从哪里弄来点儿月饼，给我掰了一块，我就蹲在一块石头旁边，大吃起来。在当时，对我来说，月饼可真是神奇的好东西，龙肝凤髓也难以比得上的，我难得吃上一次。我当时并没有注意，母亲是否也在吃。现在回想起来，她根本一口也没有吃。不但是月饼，连其他“白的”，母亲从来都没有尝过，都留给我吃了。她大概是毕生就与红色的高粱饼子为伍。到了歉年，连这个也吃不上，那就只有吃野菜了。

至于肉类，吃的回忆似乎是一片空白。我老娘家隔壁是一家卖煮牛肉的作坊，给农民劳苦耕耘了一辈子的老黄牛，到了老年，耕不动了，几个农民便以极其低的价钱买来，用极其野蛮的办法杀死，把肉煮烂，然后卖掉。老牛肉难煮，实在没有办法，农民就在肉锅里小便一通，这样肉就好烂了，农民心肠好，有了这种情况，就昭告四邻："今天的肉你们别买！"老娘家穷，虽然极其疼爱我这个外孙，也只能用土罐子，花几个制钱，装一罐子牛肉汤，聊胜于无。记得有一次，罐子里多了一块牛肚子，这就成了我的专利。我舍不得一气吃掉，就用生了锈的小铁刀，一块一块地割着吃，慢慢地吃。这一块牛肚真可以同月饼媲美了。

"白的"、月饼和牛肚难得，"黄的"怎样呢？"黄的"也同样难得。但是，尽管我只有几岁，我却也想出了办法。到了春、夏、秋三个季节，庄外的草和庄稼都长起来了。我就到庄外去割草，或者到人家高粱地里去劈高粱叶。劈高粱叶，田主不但不禁止，而且还欢迎；因为叶子一劈，通风情况就能改进，高粱长得就能更好，粮食打得就能更多。草和高粱叶都是喂牛用的。我们家穷，从来没有养过牛。我二大爷家是有地的，经常养着两头大牛。我这草和高粱叶就是给它们准备的。每当我这个不到三块豆腐干高的孩子背着一大捆草或高粱叶走进二大爷的大门，我心里有所恃而不恐，把草放在牛圈里，赖着不走，总能蹭上一顿"黄的"吃，不会被二大娘"卷"（我们那里的土话，意思是"骂"）出来。到了过年的时候，自己心里觉得，在过去的一年里，自己喂牛立了功，又有了勇气到二大爷家里赖着吃黄面糕。黄面糕是用黄米面加上枣蒸成的，颜色虽黄，却位列"白的"之上，因为一年只在过年时吃一次，物以稀为贵，于是黄面糕就贵了起来。

我上面讲的全是吃的东西。为什么一讲到母亲就讲起吃的东西来了呢？原因并不复杂。第一，我作为一个孩子容易关心吃的东西；第二，所有我在上面提到的好吃的东西，几乎都与母亲无缘。除了"黄的"以外，其余她都不沾边儿。我在她身边只呆到六岁，以后两次奔丧回家，呆的时间也很短。现在我回忆起来，连母亲的面影都是迷离模糊的，没有一个清晰的轮廓。特别有一点，让我难解而又易解：我无论如何也回忆不起母亲的笑容来，她好像是一辈子都没有笑过。家境贫困，儿子远离，她受尽了苦难，笑容从何而来呢？有一次我回家听对面的宁大婶子告诉我说："你娘经常说：'早知道送出去回不来，我无论如何也不会放他走的！'"简短的一句话里面含着多少辛酸、多少悲伤啊！母亲不知有多少日日夜夜，眼望远方，盼望自己的儿子回来啊！然而这个儿子却始终没有归去，一直到母亲离开这个世界。

对于这个情况，我最初懵懵懂懂，理解得并不深刻。到了上高中的时候，自己大了几岁，逐渐理解了。但是自己寄人篱下，经济不能独立，空有雄心壮志，怎奈无法实现，我暗暗地下定了决心，立下了誓愿：一旦大学毕业，自己找到工作，立即迎养母亲；然而没有等到我大学毕业，母亲就离开我走了，永远永远地走了。古人说："树欲静而风不止，子欲养而亲不待。"这话正应到我身上。我不忍想象母亲临终时思念爱子的情况；一想到，我就会心肝俱裂，眼泪盈眶。当我从北平赶回济南，又从济南赶回清平奔丧的时候，看到了母亲的棺材，看到那简陋的屋子，我真想一头撞死在棺材上，随母亲于地下。我后悔，我真后悔，我千不该万不该离开了母亲。世界上无论什么名誉，什么地位，什么幸福，什么尊荣，都比不上呆在母亲身边，即使她一字也不识，即使整天吃"红的"。

这就是我的"永久的悔"。

《怀念我的故乡》　　麦绥莱勒（1921）

成长的岁月，充满欢愁。父母的关爱和理解、儿女的体谅与担当、兄妹姐弟的支持和依靠……有过多少平凡、琐碎却纯净透明、感人至深的故事！

相互拥有的日子，看似漫长，实则稍纵即逝，愿我们珍惜彼此，珍惜每一次欢愁记忆，尽可能地分享每一段能够在一起的时光。

第三章

欢愁岁月

英雄[1]

◇ 泰戈尔

妈妈，让我们想象我们正在旅行，经过一个陌生而危险的国土。

你坐在一顶轿子里，我骑着一匹红马，在你旁边跑着。

是黄昏的时候，太阳已经下山了。约拉地希的荒地疲乏而灰暗地展开在我们面前。大地是凄凉而荒芜的。

你害怕了，想道："我不知道我们到了什么地方了。"

我对你说道："妈妈，不要害怕。"

草地上刺蓬蓬地长着针尖似的草，一条狭而崎岖的小道通过这块草地。

在这片广大的地面上看不见一只牛；它们已经回到它们村里的牛棚里去了。

天色黑了下来，大地和天空都显得朦朦胧胧的，而我们不能说出我们正走向什么所在。

突然间，你叫我，悄悄地问我道："靠近河岸的是什么火光呀？"

正在那个时候，一阵可怕的呐喊声爆发了，好些人影子向我们跑过来。

---

① 选自《泰戈尔诗选》，（印）泰戈尔著，郑振铎译，上海三联书店2009年版。

你蹲坐在你的轿子里，嘴里反复地祷念着神的名字。

轿夫们，怕得发抖，躲藏在荆棘丛中。

我向你喊道："不要害怕，妈妈，有我在这里。"

他们手里执着长棒，头发披散着，越走越近了。

我喊道："要当心！你们这些坏蛋！再向前走一步，你们就要送命了。"

他们又发出一阵可怕的呐喊声，向前冲过来。

你抓住我的手，说道："好孩子，看在上天面上，躲开他们罢。"

我说道："妈妈，你瞧我的。"

于是我刺策着我的马匹，猛奔过去，我的剑和盾彼此碰着作响。

这一场战斗是那么激烈，妈妈，如果你从轿子里看得见的话，你一定会发冷颤的。他们之中，许多人逃走了，还有好些人被砍杀了。

我知道你那时独自坐在那里，心里正在想着，你的孩子这时候一定已经死了。

但是我跑到你的跟前，浑身涉嫌了鲜血，说道："妈妈，现在战争已经结束了。"

你从轿子里走出来，吻着我，把我搂在你的心头，你自言自语地说道："如果没有我的孩子护送我，我简直不知道怎么办才好。"

一千件无聊的事天天在发生，为什么这样一件事不能够偶然实现呢？

这很像一本书里的一个故事。

我的哥哥要说道："这是可能的事么？我老是想，他是那么嫩弱呢！"

我们村里的人们都要惊讶地说道："这孩子正和他妈妈在一起，这不是很幸运么？"

最幸福的一天[①]

◇ 阿·阿列克辛

阿·阿列克辛，前苏联著名儿童文学作家。

瓦连季娜·格奥尔基耶夫娜老师对我们说：明天开始放寒假，我相信，你们每天都将过得十分幸福，展览会啊，博物馆哪，都在等着你们呢。不过，你们也会有最幸福的一天，一定会有的！那就把它写下来，作为寒假作业，写得好的文章，我将在全班朗读！作文题目就是《我最幸福的一天》。”

我发现，瓦连季娜·格奥尔基耶夫娜喜欢我们在作文中总要写上“最”的字眼：《我最可靠的朋友》《我最心爱的书》《我最幸福的一天》。

除夕夜间妈妈和爸爸吵架了。我不知道吵架的原因，因为他们是在朋友那里迎接新年，很晚很晚才回家的，到了早晨。两人就不说话了……

这是最不好的事情！宁可他们吵一顿，闹一顿，然后就和好。要不然，别看他们走起路来若无其事，和我讲话也是轻声细语，仿佛什么事儿也没有，但在这种情况下，我总觉得出事了。而这事儿什么时候了结呢？那是无法知道的，因为他们两人不讲话啊！就好像在生病的时候……如果体温突然上升，哪怕升到40℃，也没什么可怕的：可以用药把体温压下去嘛。而且我总觉得，

① 选自《蝴蝶站在提篮上》，梅子涵主编，孙悦等选编，浙江文艺出版社2007年版。

体温越高，越容易确定病症，然后就治好了……譬如有一次医生完全以一副若有所思的样子看了看我，对妈妈说："他的体温正常……"我马上就感到很不自在。

总之，寒假的第一天，我们家里就出现了这种宁静和轻声细语，我也就没有兴致去参加枞树游艺会了。

妈妈和爸爸吵架时，我总是非常难过，虽然，在这种时候，他们对我总是有求必应，我想要什么就能得到什么！譬如，我刚说不想去参加枞树游艺会，爸爸马上建议我到天文馆去；妈妈说，她愿意带我去溜冰。在这种时候，他们总竭力表明，他们的争吵绝对不会影响我的生活水平，而且，这和我一点儿关系也没有……

但是我很难过。在吃早饭的时候，我的心情更加忧郁了。起先，爸爸问我：

"你向妈妈祝贺新年了吗？"

而妈妈呢？看也没看爸爸，接着说：

"给父亲把报纸拿来，我听见刚才已经送到信箱里了。"

妈妈很少把爸爸称做"父亲"，这是第一；第二，他们两人都想使我相信：不论他们之间发生了什么，这只是他们的事情。

但是，实际上这也与我有关，而且很有关系！于是，我拒绝去天文馆，也不去溜冰……"最好别让他们分开，别让他们各去各的地方，"我打定了主意，"或许，到了傍晚，一切就都过去了。"

然而，他们还是一句话也不说。

如果外婆到我家来，我想，妈妈和爸爸就能和好了，他们总不能让外婆伤心。但是外婆到别的城市去了，去找她中学时代的女朋友，要十天后才能回来。

不知为什么，她总是在假期里去找这个女朋友，好像她们两人至今仍然是中学生，因而其他时间不能相会似的。

我始终竭力注意观察我的父母亲。他们刚刚下班回来，我马上向他们提出各种请求，迫使他们两人都留在家里，甚至在一个房间里。我的请求，他们总是满口答应，在这一点上，他们简直在相互竞赛呢！而且，他们一直悄悄地、不让人觉察地抚摩着我的头。我想："他们可怜我，同情我……这就是说，发生了一件严重的事情！"

瓦连季娜·格奥尔基耶夫娜老师坚信，寒假里我们每天都将过得十分幸福，她说："对这一点，我决不怀疑。"但是，已经过去整整五天了，可我一点儿幸福也没有。

我心里暗暗想道："要是他们老不讲话，那以后……"我感到十分可怕，于是，我下了决心，一定要叫妈妈爸爸和好。

必须采取迅速、果断的行动。但怎么做呢？……

我记得在哪本书上见过，或在广播里听过，欢乐和痛苦能把人们联系在一起。当然，使别人痛苦容易，使别人欢乐可就难了。要给别人带来快乐，使他感到幸福，必须想方设法，必须勤奋、花力气，而破坏别人的情绪，这是最轻而易举的事情！但我不想这样做……于是，我决定从令人欢乐的事情做起。

如果我仍然在上学，那我可以做一件难以达到的事情：几何得一个四分。数学女教师说我没有任何"空间概念"，为此还写了一封信给我的爸爸。而我要突然拿回来一个四分，妈妈和爸爸一定会吻我，然后他们也相互亲吻……

但这仅仅是幻想：还没有人假期里得过分数呢。

在这些日子里，什么事情能给父母亲带来欢乐呢？

我决定在家里进行大扫除。我用抹布、刷子忙乎了好一阵子，不过真倒霉，除夕那天妈妈已亲自打扫了一整天。如果你冲洗了已经洗过的地板，用抹布擦拭没有灰尘的柜子，那又有谁能发现你的劳动呢？晚上，父母亲回来后，并没有注意到整个地板干干净净，而只看到我浑身邋里邋遢。

"我做大扫除了。"我报告说。

"你能尽量帮助妈妈，这很好。"爸爸说，但没往妈妈那边儿看。

妈妈吻吻我，摸摸我的头，仿佛我是个父母双亡的孤儿。

第二天，虽然还是假期，我七点钟就起来了，打开收音机，开始做早操，用湿布擦身（以前我一次也没做过）。我在家里跺着脚，大声喘着气，往身上浇水。

"父亲不妨也擦擦。"妈妈说，也没看爸爸一眼。

爸爸只摸了摸我的颈子……我差点儿没哭出声来。

总之，欢乐并没有把他们联在一起，没能让他们和好……他们的欢乐是分开的，各归各的。

这时，我决定采取特别行动，用痛苦把他们联系在一起。

当然，最好是能生病。我愿意整个假期躺在被子里，翻来覆去，说着胡话，吞服各种药片，只要我的父母亲能重新相互讲话，那一切就仍然和以前一样了……是啊，最好能装出生病的样子，而且病得很重，几乎无法医治。但是，真遗憾，世界上还有体温表和医生。

剩下的办法只有从家里消失，暂时失踪。

晚上，我说：

“我要到‘坟墓’那儿去一趟，有重要的事情！”

“坟墓”——这是我的朋友热尼卡的绰号。热尼卡不论讲什么，总是先说：“你发誓，不告诉任何人！”我发了誓。“守口如瓶。”我答道。

不论别人对热尼卡讲什么，他总是一个劲声明：“我任何时候任何人都不讲，就像坟墓一样守口如瓶。”他老是让人家相信这一点，于是得了个绰号“坟墓”。

那天晚上，我需要一个能保守秘密的人！

“你要去很久吗？”爸爸问。

“不要很久，二十分钟左右，不会再多了。”我答道，用力吻了吻爸爸。

然后我又使劲吻了吻妈妈，就像出发上前线或者开到北极去似的。妈妈和爸爸对看了一眼，痛苦还未降临到他们身上，目前仅仅是惊慌，但他们已经有一点点儿接近了，我感觉到了这一点。接着，我就到热尼卡那儿去了。

我到了他家，一看我的模样，他就问我：

“你从家里逃出来的？”

“是……”

“对！早该这样！不用担心，谁也不会知道，我像坟墓一样守口如瓶！”

热尼卡什么事儿也不知道，但他喜欢别人逃跑、躲藏、失踪。

“每隔五分钟你就给我的父母亲打一次电话，告诉他们，说你在等我，着急得很，但我还是没有来……明白吗？一直打到你觉得他们快急得发疯了，当然，不是真的发疯……”

“这是干吗？啊？我任何人任何时候都不会说，像坟墓一样守口如瓶！……你知道……”

但是这件事就连“坟墓”我也不能讲啊！

热尼卡开始打电话了，来接电话的有时是妈妈，有时是爸爸，这要看谁恰好在走廊里，电话机就放在这里的小桌子上。

但是，在热尼卡打了五次电话以后，妈妈和爸爸已经不离开走廊了。

后来，他们自己打电话来了……

“他还没有到吗？”妈妈问，“这不可能。要不是出什么事儿了……”

“我也很着急，”热尼卡说，“我们有重要的事情必须会面，不过，也许他还活着？……”

“什么事？”

“这是秘密！我不能说，我发过誓。但是，他是急着要到我这儿来的……一定是发生什么事了！”

“你别说得太过火了，”我预先提醒“坟墓”，“妈妈说话时声音发抖吗？”

“发抖。”

“抖得厉害吗？”

“现在还不太厉害，但是会抖得十分十分厉害的，你不用怀疑。有我……”

“绝对不可能！”

我很可怜妈妈和爸爸，不过我这样做是为了崇高的目的！我要拯救我们的家庭，必须克制同情心！

我控制住自己，过了一个小时，我受不住了。

在热尼卡又接到妈妈不断打来的电话后，我问他：

“她说什么？”

“我们要发疯了！”他高兴地报告说，显得特别兴奋。

“她说‘我们要发疯……’？是说我们吗？你没记错？”

“如果记错了，让我立刻就死！不过还得让他们再难受一会儿，”热尼卡说，“让他们打电话到警察局，到无名尸公示所……”

“完全没必要了！”

我拔起腿就向家里奔去！……

我用自己的钥匙轻轻地打开了门，几乎没有一点儿响声，然后蹑手蹑脚地溜进了走廊。

爸爸和妈妈坐在电话机的两旁，脸色惨白，痛苦不堪，他们互相看着对方的眼睛……他们两人在一起受苦，这是多么好啊！

突然他们跳了起来……他们吻我，拥抱我，然后又相互亲吻。

这就是我的假期生活中最幸福的一天!

我心里的石头落地了，第二天便坐下来写作文。我把参观特烈基亚科夫绘画陈列馆那天写成是我最幸福的一天，虽然事实上这还是一年半之前的事情。

我可不能写爸爸和妈妈的事情……瓦连季娜·格奥尔基耶夫娜说过，优秀文章要在全班朗读，而我们六年级二班有四十三个人哪，万一我的作文写得最好呢!

我这样长大[①]

◇ 华飞

华飞，台湾著名作家龙应台之子。

我们坐在床上，哥哥和我并肩靠着枕头，被子盖在膝上。妈妈坐在床沿，手上一本敞开的《西游记》。她并不照着书本念，而是用讲的。我们也不断地七嘴八舌打断她："那孙悟空身上总共有几根毛呢？""猪八戒用鼻子还是用嘴巴呼吸？"她永远有办法回答我们的问题，而且回答永远那么生动那么新鲜有趣……

十二点四十五分，终于到家。

村子里的维多利亚小学离我们家大概只要走十分钟，但我通常需要两倍的时间。十二点一放学，几个死党就会讨论：今天走哪条路？每天试不同的路线。我们走得很慢很慢，边走边玩。最"秘密"的一条路，是绕到学校后面，穿过一个坟场，半片无人的森林。

当然，在小店"写写"逗留一番是绝对必要的。"写写"是学校附近唯一的小店，卖文具纸张还有玩具。我们每天去看有没有新的"乐高"，然后算算还要存多久的零用钱，才买得起。所有维多利亚小学生都熟悉的那个女老板，总是用一种很不高兴的眼光往下面盯着我们看，一副恨不得把我们都抓起来丢出去的表情。最奇

① 选自《孩子，你慢慢来》，龙应台著，生活·读书·新知三联书店2009年版。

怪的是，她的德文姓是“热情”，我们礼貌地叫她“热情太太”。

妈妈有花粉热，她一直打喷嚏

一进门我就习惯地大喊，“妈，我回来了！”

楼上书房就传来一声“好”的回答，然后一定是打喷嚏。妈妈有花粉热。

不情愿，但是没办法，回家第一件事一定是写作业。一边写作业，一边闻到厨房里传来的香味：好像是洋葱炒猪肝，还有香喷喷的泰国香米饭。功课只有一点点，做得差不多的时候，饭菜大概已经摆上了桌，这时哥哥华安也到了家，大概一点半，也就是一起吃饭的时候了。

饭桌上的谈话，总是绕着学校吧。我很热切地要报告今天老师教的我们的“村史”——村子里有条小溪，我们常到那条小溪里用手抓鳟鱼。“村史”地图把那条小溪画了出来。

吃过饭之后，就真的没事干了。我就跟着妈妈走进她的书房。我趴在她脚边的地毯上画漫画，她在书桌上写字（要到好多年之后才知道她是在写“文章”）。

她一直打喷嚏。我动不动就去纠缠她，坐在她腿上，跟她说东说西，一看她又低头写字了，我就又要她下来，跟我一起趴着，看我画的东西。

现在回想，真不知她那时怎么写作的。

她说，德国教育有毛病！

时间慢慢走，总在这时候华安从他的房间大喊，“妈妈，作业做完了，我可不可以去踢球？”妈妈的反应永远是大惊小怪：“怎么可能？你每天的作业只做十五分钟都不到啊？人家台湾的小朋友要写三个小时呢，德国教育有毛病！”她就离开书桌，拿起华安的本子翻一翻，华安咕噜咕噜胡乱解释一通，妈妈就准了。

但是慢点，有条件：“你让弟弟跟你一起去好吗？”

华安太不情愿了，因为他觉得小他四岁的小鬼很烦人，很黏，很讨厌。他跟妈妈磨来磨去，就是不肯让弟弟跟着他。我呢，站在一旁，假装出无所谓的样子，甚至于酷酷地说，“我根本不想去。”但是，唉，心里想死了：拜托，让我去吧。

结果多半是哥哥让步了，我们一高一矮就抱着球，出了门。

球场非常简单，其实只是一块空地，加一个老旧的门。一下雨就满地黄泥。华安的伙伴们已经在等他。我们开始死命地踢球，两个小时下来，头发因为泥巴和汗水而结成块，鞋子里满满是沙，脸上、手上、腿上，一层泥。可以回家了。

在草原上放风筝、饲养蚱蜢

有时候，哥哥铁了心，就是不肯让我跟，妈妈也理解他，不愿勉强。她就会带着我，可能还有“小白菜”——我的小小金发女友，走到家对面那个大草原去采花。都是野花，采了的花，放在妈妈带来的竹蓝里，带回家做植物标本。妈妈还给我准备了一个本来装蜂蜜的玻璃瓶，她用剪刀在金属瓶盖上啄出几个洞。草原上的草长得很高，蚱蜢特别多，蹦来蹦去。我就一只一只抓，抓到的放进玻璃瓶里。原来那些洞，是让蚱蜢呼吸的。

玻璃瓶里装了几十只蚱蜢之后，我们就回家。我把蚱蜢再一只一只从瓶子里倒出来，倒到我们的花园草地上。也就是说，我开始饲养蚱蜢。

可是好景不长，很快我就发现，蚱蜢把我在花园里很辛苦种下的西红柿都给吃掉了。

有时候，妈妈带我们在草原上放风筝。草原那么大，草绿得出水，我们躺下来，看风筝在天空里飞。我觉得我可以一辈子躺在那里。

然后就是晚餐时间了。晚餐，通常是由我们的匈牙利管家煮的。她常做匈牙利炖牛肉给我们吃。

妈妈坐在床沿，手上一本敞开的《西游记》

吃过晚餐以后，妈妈准许我和哥哥看一点点电视，大概半个小时到一小时，绝不超过。对这个她特别严格，一点不心软。时间一到，妈妈就出现了。像个母鸡一样，把我们半推半牵带到浴室。“刷牙”的仪式是这样的：浴室有两个洗手台，她放一只矮脚凳在一个洗手台前，那就是让我踩上去的地方；我太矮，上了矮脚凳才看得见镜子。她就靠在浴缸边缘，看我们刷牙，洗脸，换上睡衣。哥哥转身要走，她就大叫：“牙套——”哥哥矫正牙齿三年，我听妈妈叫“牙套——”也听了三年。她总是用德语说“牙套”这个字。

洗刷干净了，接着就是“孙悟空时段”。我们坐在床上，哥哥和我并肩靠着枕头，被子盖在膝上。妈妈坐在床沿，手上一本敞开的《西游记》。她并不照着书本念，而是用讲的。我们也不断地七嘴八舌打断她：“那孙悟空身上总共有几根毛呢？”“猪八戒用鼻子还是用嘴巴呼吸？”她永远有办法回答我们的问题，而且回答永远那么生动那么新鲜有趣。同时跟我们看图，让我们认识故事里每一个人物的个性和造型。

听到猪八戒“怀孕”的那一段，我和哥哥笑得在床上打滚。然后哀求妈妈：“再讲一次，晚一点睡觉，再讲一次……”

再怎么耍赖，睡觉的时刻还是逃不掉。讲了二三十分钟故事之后，她就把书合起来，一个人亲一下，然后就关了灯，轻手轻脚带上门。

搞得妈妈无法工作，给我们莫大的成就感

我们在黑暗中，听她轻轻的脚步声，走向她的书房（也要好几年之后，我够大了，才知道，每天晚上，这个时候她才能开始写作。）。

她一走，我们就从被子里出来，开始捣乱，“躲猫猫”的游戏正式开动。我们悄悄开灯，玩“乐高”积木，或者大声讲话，或者躲到衣厨里去，就是想等她发现，等她来。没几分钟，她不放心，果真来了。假装生气地骂人，把我们赶上床，关灯，关门，又回到她的文章。她一走，我们又像老鼠出洞，开灯，钻到床底下，唱歌、说笑……等她来。

她又来，这回有点气急败坏了，把我们从床底下揪出来。

她不太知道的是，她愈是气急败坏，我们愈兴奋。搞得妈妈无法工作，给我们莫大的成就感。

这样来来回回好几回合之后，都过十点了，妈妈会气得拿出一支打毯子的鸡毛掸子，做出很“狠”的样子，“手伸出来！”我们就开始绕着房间逃。她怎么也打不到。见她老打不到，心里的得意到今天还记得。当然，也要等到长大之后，才发现，唉呀，她不是真的打不到啊。

最后，我们自己把自己给累倒了。倒在床上，精疲力尽。模模糊糊中，感觉有人进来，那是工作了一整天的爸爸回来了。他轻轻地推门进来，走到我床边，摸摸我的头，弯下身来在我耳边很轻很轻地说：“晚安，孩子。”

爸爸的新鞋[①]

◇ 威利.B.雷邦

威利.B.雷邦，美国作家。

记得我十三岁的时候，和所有的少年一样爱赶时髦。那个冬天，我在买了一双牛津鞋之后，才发现流行的却是路夫便鞋。那时的我虚荣地认为，如果没有一双路夫便鞋，那么我宁愿赤着脚度过这个冬天。

我的爸爸是一家汽车修理厂的修理师。一天下午，我对爸爸说："爸爸，我想要一些钱买一双路夫便鞋。"

"威利。"他显然非常震惊，严肃地说，"你脚上的这双鞋才穿了一个月啊！为什么又要买一双新的呢？"

"因为我这双鞋已经过时了，伙伴们现在穿的都是路夫便鞋，爸爸。"

"也许是吧，但是，孩子，你应该知道，再买这样一双鞋对我来说确实不是一件容易的事，我力不从心啊！"的确，爸爸的薪水很低，几乎还不够付房租和购买食品。

"但是，爸爸，我穿着这双鞋看起来就像一个傻子一样。"

爸爸目不转睛地注视着我。良久，他才说："听我说，孩子，这双鞋你暂且再穿一天。然后，你要仔细看一

① 选自《感动中学生的精品美文：有一种情感永不泯灭》，卢祥之主编，青岛出版社2006年版。

看你们学校里每一个学生脚上穿的鞋子。如果你能告诉我你的情况比其他孩子更糟的话，那么，我会从你妈妈让我买食品的钱里拿出一部分来为你买新鞋子的。”

第二天早上，我昂首挺胸地走进学校，因为我知道那将是我穿着这双过时的鞋子的最后一天了。而我的目光只停留在那些擦得锃亮的、鞋底打上了铁掌的黑色的路夫便鞋上。穿上它走起路来，那敲击地板所发出的“咔嗒、咔嗒”的声音，很容易就能吸引人们的注意。啊，看着那些穿着路夫便鞋的同学，我心里真是羡慕极了！

周一，当我跑进汽车修理厂的时候，那里非常安静，只有爸爸在检修汽车。

我走到旁边等待着。那时，我能看到的只有爸爸那露在汽车外面的小腿。我静静地站在那里，一边拨弄着雪佛兰汽车的尾灯，一边凝视着爸爸的鞋。

他的鞋又旧又脏，其中左脚穿的那只鞋的鞋底已经断裂很长时间了，爸爸只是用金属丝缝合了两针。两只鞋的鞋带没有一根是完整的，都是由好几段接起来的。两只鞋没有一只是有鞋跟的，只是在鞋底上有些鞋跟被拔掉后留下来的被弄弯的鞋钉。爸爸把它们弄弯以免它们穿过鞋底扎伤脚。

“你放学了吗，儿子？”爸爸从车子底下爬出来，见我站在旁边，就问道。

“嗯。”我答道。

“那今天你照我说的去做了吗？”

“是的，爸爸。”

“那么，你想怎么做？”他看着我，那神色就好像他已经知道我将怎样回答似的。

“我还是想买一双路夫便鞋。”我一边说一边强迫自己不去看他的鞋。

爸爸给了我10美元，一双路夫便鞋要9.95美元。但是爸爸给我的钱只够买鞋，买过鞋之后，剩下的钱就不够买这种鞋必须配备的鞋后跟了。我决定等回家之后再向妈妈要些钱。我知道我不应该再去向爸爸要更多的钱了。

就在那个时候，爸爸的那双旧鞋子不时在我的脑海里交替闪现着。我又看到了他那经过修补的鞋底，接了几截的鞋带，还有鞋后跟那弯曲的鞋钉。他就是穿着这双破旧不堪的皮鞋在为我们、为我们这个家拼命地工作。在那寒冷的夜晚，当他接到顾客要求修车的电话，并且穿过整个城镇去为人家修车的时候，他的双脚一定被冻得冰凉。但是，他却从来都没有抱怨过。顿时，我的眼睛一直在注视着的橱窗内的那种路夫便鞋，在顷刻之间变得黯淡无光了。

试想一下，如果爸爸也像我一样，处处要跟别人攀比，处处要跟上潮流，那会是什么样子呢？哦，上帝，我究竟应该怎么办呢？

我走进店里，老远就看到货架上摆满了黑色的路夫便鞋，旁边的货架上摆放着几双爸爸这个年龄的人穿的老款式的鞋。

在我的脑海里交替闪现着这样两幅画面：第一幅是我穿着新鞋子在校园里神采飞扬受人瞩目的场景；第二幅是为了家庭、为了子女而不知疲倦地、无私地、忘我地奉献着、牺牲着自己一切的爸爸。要说跟上潮流，那么哪一种典范才是值得我去追随的呢？想到这儿，我从货架上挑选了一双10号的鞋子，然后飞快地跑向收银员。连营业税在一起，这双鞋一共花了6.13美元。

我拿着这双为爸爸买的新鞋子飞快地跑回汽车修理厂，悄悄地把它放在爸爸的汽车后座上。然后，我走到爸爸的身边，把剩下的钱递给了他。

“我想这双鞋应该是9.95美元。”他用疑惑的口吻说。

“哦，它们正在削价处理。”我一边含含糊糊地回答他，一边从旁边的墙上拿下一把扫帚，帮他一起清扫地面。五点钟的时候，他示意我可以下班回家了。

我们一上汽车，爸爸就看到了那个鞋盒。而当他打开鞋盒看到那双新鞋子的时候，他顿时惊讶得一句话也说不出来。然后，他看了看鞋子又看了看我，说：“我还以为你是去买那种路夫便鞋的呢。”

“噢，我……我是……爸爸，但是……”我真不知道应该怎样向他解释。我怎么能告诉爸爸，他就是我决定要效仿的榜样呢？我又怎么能告诉他，关于跟上潮流，我希望能够跟上最好的典范呢？

爸爸把他的手放在我的肩头，开心地吹起了口哨，发动汽车，驶向了回家的路。

多年父子成兄弟[①]

◇ 汪曾祺

汪曾祺（1920—1997），当代著名小说家，散文家。代表作有《大淖事》、《受戒》等。

这是我父亲的一句名言。

父亲是个绝顶聪明的人。他是画家，会刻图章，画写意花卉。图章初宗浙派，中年后治汉印。他会摆弄各种乐器，弹琵琶，拉胡琴，笙箫管笛，无一不通。他认为乐器中最难的其实是胡琴，看起来简单，只有两根弦，但是变化很多，两手都要有功夫。他拉的是老派胡琴，弓子硬，松香滴得很厚，现在拉胡琴的松香都只滴了薄薄的一层。他的胡琴音色刚亮。胡琴码子都是他自己刻的，他认为买来的不中使。他养蟋蟀，养金铃子。他养过花，他养的一盆素心兰在我母亲病故那年死了，从此他就不再养花。我母亲死后，他亲手给她做了几箱子冥衣——我们那里有烧冥衣的风俗。按照母亲生前的喜好，选购了各种花素色纸做衣料，单夹皮棉，四时不缺。他做的皮衣能分得出小麦穗、羊羔，灰鼠、狐肷。

父亲是个很随和的人，我很少见他发过脾气，对待子女，从无疾言厉色。他爱孩子，喜欢孩子，爱跟孩子玩，带着孩子玩。我的姑妈称他为“孩子头”。春天，不到清明，他领一群孩子到麦田里放风筝。放的是他自己糊的蜈蚣（我们那里叫“百脚”），是用染了色的绢糊的。放风筝的线是胡琴的老弦。老弦结实而轻，这样风

① 选自《教师人文读本》，张民生、于漪主编，上海辞书出版社2003年版。

筝可笔直地飞上去，没有“肚儿”。用胡琴弦放风筝，我还未见过第二人。清明节前，小麦还没有“起身”，是不怕践踏的，而且越踏会越长得旺。孩子们在屋里闷了一冬天，在春天的田野里奔跑跳跃，身心都极其畅快。他用钻石刀把玻璃裁成不同形状的小块，再一块一块逗拢，接缝处用胶水粘牢，做成小桥、小亭子、八角玲珑水晶球。桥、亭、球是中空的，里面养了金铃子。从外面可以看到金铃子在里面自在爬行，振翅鸣叫。他会做各种灯。用浅绿透明的“鱼鳞纸”扎了一只纺织娘，栩栩如生。用西洋红染了色，上深下浅，通草做花瓣，做了一个重瓣荷花灯，真是美极了。用小西瓜（这是拉秧的小瓜，因其小，不中吃，叫做“打瓜”或“笃瓜”）上开小口挖净瓜瓤，在瓜皮上雕镂出极细的花纹，做成西瓜灯。我们在这些灯里点了蜡烛，穿街过巷，邻居的孩子都跟过来看，非常羡慕。

父亲对我的学业是关心的，但不强求。我小时了了，国文成绩一直是全班第一。我的作文，时得佳评，他就拿出去到处给人看。我的数学不好，他也不责怪，只要能及格，就行了。他画画，我小时也喜欢画画，但他从不指点我。他画画时，我在旁边看，其余时间由我自己乱翻画谱，瞎抹。我对写意花卉那时还不太会欣赏，只是画一些鲜艳的大桃子，或者我从来没有见过的瀑布。我小时字写得不错，他倒是给我出过一点主意。在我写过一阵“圭峰碑”和“多宝塔”以后，他建议我写写“张猛龙”。这建议是很好的，到现在我写的字还有“张猛龙”的影响。我初中时爱唱戏，唱青衣，我的嗓子很好，高亮甜润。在家里，他拉胡琴，我唱。我的同学有几个能唱戏的，学校开同乐会，他应我的邀请，到学校去伴奏。几个同学都只是清唱。有一个姓费的同学借到一顶纱帽，一件蓝官衣，扮起来唱“朱砂井”，但是没有配角，没有衙役，没有犯人，只是一个赵廉，摇着马鞭在台上走了两圈，唱了一段“郡坞县在马上心神不定”便完事下场。父亲那么大的人陪着几个孩子玩了一下午，还挺高兴。我十七岁初恋，暑假里，在家写情书，他在一旁瞎出主意。我十几岁就学会了抽烟喝酒。他喝酒，给我也倒一杯。抽烟，一次抽出两根，他一根我一根。他还总是先给我点上火。我们的这种关系，他人或以为怪。父亲说：“我们是多年父子成兄弟。”

我和儿子的关系也是不错的。我戴了“右派分子”的帽子下放张家口农村劳动，他那时还从幼儿园刚毕业，刚刚学会汉语拼音，用汉语拼音给我写了第一封信。我也只好赶紧学会汉语拼音，好给他写回信。“文化大革命”期间，我被打成“黑帮”，送进“牛棚”。偶尔回家，孩子们对我还是很亲热。我的老伴告诫他们：“你们要和爸爸‘划清界限’。”儿子反问母亲：“那你怎么还给他打酒？”只有一件事，两代之间，曾有分歧。他下放山西忻县“插队落户”。按规定，春节可以回京探亲。我们等着他回来。不料他同时带回了一个同学。他这个同学的父亲是一位正受林彪迫害，搞得人囚家破的空军将领。这个同学在北京已经没有家，按照大队的规定是不能回北京的，但是这孩子很想回北京，在一伙同学的秘密帮助下，我的儿子就偷偷地把他带回来了。他连“临时户口”也不能上，是个“黑人”，我们留他在家住，等于“窝藏”了他。公安局随时可以来查户口，街道办事处的大妈也可能举报。当时人人自危，自顾不暇，儿子惹了这么一个麻烦，使我们非常为难。我和老伴把他叫到我们的卧室，对他的冒失行为表示很不满，我责备他：“怎么事前也不和我们商量一下！”我的儿子哭了，哭得很委屈，很伤心。我们当时立刻明白了：他是对的，我们是错的。我们这种怕担干系的思想是庸俗的。我们对儿子和同学之间的义气缺乏理解，对他的感情不够尊重。他的同学在我们家一直住了四十多天，才离去。

对儿子的几次恋爱，我采取的态度是“闻而不问”。了解，但不干涉。我们相信他自己的选择，他的决定。最后，他悄悄和一个小学时期女同学好上了，结了婚。有了一个女儿，已近七岁。我的孩子有时叫我“爸”，有时叫我“老头子”！连我的孙女也跟着叫。我的亲家母说这孩子“没大没小”。我觉得一个现代化的、充满人情味的家庭，首先必须做到“没大没小”。父母叫人敬畏，儿女“笔管条直”，最没有意思。

儿女是属于他们自己的。他们的现在，和他们的未来，都应由他们自己来设计。一个想用自己理想的模式塑造自己的孩子的父亲是愚蠢的，而且，可恶！另外作为一个父亲，应该尽量保持一点童心。

1990年9月1日

欢愁岁月①

◇ 林文月

林文月(1933—),台湾著名作家、学者、翻译家。

儿子又在他的房中专心对着打字机敲打长长短短的英文字。隔着走廊,我在自己房里一边整理家务,一边猜测那都是些什么字?是感谢对方接受他的入学申请吗?或者只是一种表明志愿的私函也说不定。除非得到他的允许,做母亲的我也不能随便偷窥他的信件。这种规矩原是好多年前,孩子们还不懂事的时候,我教给他们的:要尊重别人的隐私权,即使亲如家人也不例外;并且以身作则,致有今日。但是,我现在竟有一种近乎按捺不住的好奇,想要知道他究竟在写一封什么样的英文信。

我当然知道事情的大概。

二十四岁的儿子,大学已毕业,又于去秋服完兵役。原本不想追随潮流渡洋留学,要先留在国内做事,得一些书本以外的实际经验,但读工科的他,在仔细观察环境、自我反省以后,还是选择了继续出国深造之途。这是他自己的决定,我和他的父亲都没有干预影响他;虽则结果相同,过程却有别。

于是,自从去年秋天退伍以来,这事情便积极地进行着。他有一些同学好友商量,供给许多讯息。我又常

---

① 选自《林文月散文精选集》,陈义芝主编,广西师范大学出版社2003年版。

见他对着一张新大陆的地图，似乎在研究一些地理气候等的问题。有时他也在闲谈之间询问我曾经旅行过、访问过的异乡习俗。眉宇间认真的表情，仿佛正燃烧着青春的理念与希望。近几个月以来，邮箱内突然增多了他的航空信件。我明白事情必然是积极地朝预定的方向进行着。

到今年秋天时，儿子大概就会独自离家到异国去读书了。那时，也许他已经满二十五岁，也许尚未。想到这事，我心中不免有浅浅的感伤，也同时混合着一些安慰与祝福的温馨。

一向培养孩子们自主独立的习惯，就是为了有朝一日当他们需要振翼高翔时，希望他们能够拥有一双强劲有力的翅膀，足以抵御风雨不定的天候。天下父母无不宠爱儿女，但有时亲情爱护亦不能永远庇佑他们。这是在儿子十岁那年他盲肠炎手术时，令我深切感受到的。

眼看注射过全身麻醉剂的小小的身躯，软弱乏力地随着推床左右晃动被推向手术室，当时我是多么希望自己能代他承受这个痛苦啊！至少，在他最痛苦的时候陪在身旁，拉着他的小手，给他安慰和鼓励。然而，我们只能送他到长廊门口，隔着玻璃门看自己的儿子被一些白衣制服的陌生人继续推向走廊那一头，我突然明白，父母再爱孩子，孩子毕竟是一个独立的个体，他的身体和命运，必须要他自己去奋力锻炼，克服争取。

从那次的经验以后，我尽量让自己站在一个协助者的立场，减少直接的干预。我宁愿让他们接受一些挫折，从挫折的经验里渐渐成熟。

我常常自我反省，觉得自己还是一个不错的母亲；不过，老实说，有时也难免于挫折感的侵袭。为了教书和写作，我花太多的时间在自己的书房里。孩子们从我这儿所得到的嘘寒问暖式的母爱，必然较他们的朋友少得多。为此，我有时暗自觉得歉疚。

大约是在儿子读高中时期，有一回问过他："你会因我不像别人的妈妈那样全天候地照顾你而感觉不满吗？"他笑笑，回答："我怎能够比较呢？我一生下来就只有你这个母亲啊！"他的话虽然轻松，却充满体谅。当时几乎有想哭的感动，我至今还记得。

孩子原是无法选择父母的。由于孩子无法选择更好的母亲，所以我只有设法做一个更好的母亲。然而，做母亲有时也真不容易，尤其在孩子十几岁、似懂非懂、充满反抗的时期。

我记得女儿在读初三的那一年，特别让我费神伤心。和她的哥哥个性不同，她从小好交游，即使在升学考试的压力下，也有无数的电话要接，无数的信件要回。那使她减少温习功课，甚至睡眠休息的时间。我看着逐渐消瘦而功课又退步的女儿，不免心疼又发急，遂劝她暂时克制过分的交游，专心向学。可是年轻的女孩子哪里听得进这些“教条”？同样的话重复几遍后，不满与反抗的情绪已然出现在那稚嫩的脸上。而电话铃依然日夜不停地响，不仅占去她用功和休息的时间，也干扰了全家人的宁静。最后，我不得不提出警告：“假如你自己不能跟朋友表示，下次接电话时，我便要告诉他们节省打电话的时间和精力，多用功一些。等考完试，大家再好好地玩吧。”

而每天她放学后，电话铃依然一个接一个地响，时则午夜以后还有刺耳的声音。我犹豫了一下，毕竟警告别人的孩子比自己的孩子更困难。但“言出必行”，也是我教育孩子的原则，遂终于委婉劝勉一个少年：“如果你们互相关心的话，应该彼此勉励多用功。再过一个月，有的是谈话时间，对不对？”语气是温和的，但态度是坚决的；我没有把听筒交给女儿。

女儿从房里冲出来，涨红脸指责我不尊重她，侮辱她的朋友！次晨，我在书房的桌面上看到女儿留给我的一封类似绝交的书信。那里面说了一大套朋友相交的道理，最后也表示读书要出于自愿，“强迫”的方式，有时只会引起反效果！

读完信后，我没有气愤，只是觉得十分委屈伤心。我把信折叠好，收回信封放入抽屉内。一时间感到茫然，不知如何处理这件事。

女儿其实一向乖巧善解人意。在她很小的时候，冬夜改学生的卷子，我常常让她坐在我的怀里，用睡袍裹住她柔软的小身体，母女心连心的幸福感与满足感，仿佛是昨日之事，但她竟如此一夜之间变成了另一个我所不认识的小妇人！眼泪不自觉地沿颊落下。

我明白所有升学在即的孩子已形成一种特殊族类，他们都有莫大的心理压力，那压力来自校方频繁的大小考试，甚至也包括来自家庭内过分关切的亲情。我也明白，借写信、打电话来互相诉苦和安慰，其实是他们暂忘烦恼、逃避苦闷的一种方法。尽管了解其心态，做母亲的我也自有正确辅导的立场，不能因为收到女儿的“绝交书”而“认错”讨饶。

我决心让事情自然发展和淡化。

女儿放学回家时的脸色是极不愉快的，她用沉默与冷淡表达心中的愤懑。时常，我望着她早早关闭的房门难过不已。不过我注意到，电话铃不似往常响得多，信件也减少了。她的房门虽紧闭，深夜尚有一线灯光从门缝下溢出。我猜想倔强的她可能是加倍努力，要向我证明她能放也能收吧。只是她依然不愿与我多交谈，偶尔有必要，也只是以最少的字句表达。

家里只有四个人，少了一个谈话的对象是多么寂寞啊！女儿又因为对我的不满，而似乎对全家的人也有对立的意识。我对此也感到极大的不安，不过，除了尽量不要再去刺激她，耐心等候她消除敌意，也别无他途。

这样不快乐的日子整整持续了十余日。女儿先是对父亲和哥哥有了笑容。我有时在另一个房间听他们说笑，既欣慰又嫉妒，是一种复杂矛盾的心情。然后，我试着用平常心与她多交谈，她仿佛倒也不再刻意冷漠，但双方难免都有些不自然的矜持与尴尬。那真是我今生不寻常的经验！不过，我真的为女儿渐渐又回到我的怀抱，喜极而暗自流泪。

亲子之情实在奇妙。有摩擦的时候，令你坐立难安，片刻不忘，一旦恢复正常，则又像呼吸空气一般自然，以至于忘了一切。

这件事情过去很久之后，有一个晚上，我和女儿上街购物。她硬要抢过我手中大大小小的购物袋，减轻我的负荷，无端令我有提前衰老的感觉。我请她到一个精致的小店喝茶。

由于宿读，只能周末返家的女儿，有说不完的关于同学、老师、教官的话题。听她滔滔不绝地讲话，又见她眉飞色舞的神采，我几乎忘记自己是她的母亲，倒像是她贴心知己的朋友似的。

住宿学校，令她获得团体生活的正面与负面经验。她皱起眉头告诉我某些女孩子的不良习性，怀疑那是缺乏家教所致。“妈妈，我真感谢你，从小教我要如何坐、如何立，免得我现在被别人嘲笑。”我起身去付账，她又连忙捡起邻椅上的各袋，并立在一处，她的身高已远超过我。我微微仰看她青春姣好的面孔，暗自庆幸女儿真是长大了。

在回家的路上，她轻声告诉我：“妈妈，我实在佩服你。有时候我想：如果我有一个女儿像我自己，真不知该怎么办?”我爱怜地抚摩她细柔如丝的长发：“那时候，你自有你自己的一套办法疼爱她、教育她；不过，我祝福你有一个更乖顺的女儿！”说完，我们两个人同时笑了起来。

抚育儿女的岁月里，充满欢愁的许多经验，仿佛漫长，却实在是稍纵即逝的。我珍惜已经拥有的一切欢愁记忆。如果在母亲节的这一天里，我能许下一个愿望的话，我愿自己和儿女更努力地来维护我们这一份美好的关系。

1986年5月

姐，回家吧[①]

◇ 李乙隆

李乙隆（1966—），中国当代作家。作品有《梅雨时节的美丽》、《邂逅一种心情》等。

我正在攒钱购买一本字典的宏大计划被姐知道了，她每隔三五天便从衣袋里摸出一个一两分钱的硬币，郑重其事地放在我的手掌上。

那时候一本字典是七角多钱吧。如果平均每天都能攒上一分钱，半学期就攒够了钱。但我每天要到哪儿去挣这一分钱呢？

离我村几里远的公路上有一道很陡的坡，有人用单车载柴草去卖给山外人家做燃料，翻过这道坡时，需要雇人在后面帮着推，大力推一趟一般可得五分钱，小孩要两三人合伙推，每人只得一两分钱。我只推过一趟，便被姐知道了。她说我年纪小，身体也不好，不能干这活，拉着我回家。

那时候姐整天都在生产队里劳动，生产队是不发工资的，真想不出姐那些一分两分的钱是从哪儿变出来的。

每隔一段时间，姐便问我，有多少钱了，还差多少？

这天我坐在门槛上做作业，姐又问，我说只差五分钱。姐到屋子里去了。不一会，姐从屋子里出来，我愣了神，总觉得姐不像姐了，她那两条叫人看着十分舒服的辫子被剪了下来。

---

① 选自《另一个界面的生存》，朱威廉主编，文汇出版社2000年版。

她把辫子放到我的手上说，你把这两条辫子拿去卖给福元伯，就可以买字典了。

剪掉了辫子的姐没有原来那么美了，但我却更爱她了。我对自己说，将来我长大了，一定买许多姐喜爱的东西送给她。

姐上过夜校。夜校的语文老师也是我的班主任林老师，年纪与姐差不多，常到我家来家访，有时说是来辅导我功课，眼睛却总瞪着姐看。他一来，姐的表情便怪怪的。

林老师调走后，仍到我家来过两次。有一次他带来了四个苹果。

那是我第一次看到苹果，看着便叫人流口水，凑上去便能闻到那份诱人的芬芳。

姐疼我，给我一个，把两个切成一片一片，分给邻居的小孩。姐自己留着一个，不吃，只留着。

我把我这一生的第一个苹果吃完之后，回味了几天，便惦记起姐留着的那个苹果来。

我常常看见姐捧着那个苹果坐着出神，那时候我不懂姐的心事，只是想念苹果的滋味。

这一天我发高烧，吃不下饭，姐把手放在我的额头上，我说，姐，苹果……

姐望了我一会，便去拿来那个苹果给我。那个苹果已经有点腐烂了，但我仍然吃得神清气爽。

吃完那个苹果，我很快就后悔了。我看见姐背着我抹眼泪。

姐喜爱苹果，我长大了，一定买许许多多的苹果送给姐。我想。

那一年姐病倒了，殷红的血，一口一口往外直吐。

从大人的表情中，我仿佛预感到什么，我忽然害怕起来，我感到姐正在一天一天地离我而去，我不知道用什么办法可以把姐留住。我只是哭。

哭着哭着，我忽然想到了苹果，姐喜爱苹果，可她从来没吃过苹果呀。

我拿起一件我最新的衣服，赶到镇上，找不到苹果，有人告诉我，县城也许有吧。我赶到县城时已近黄昏。我终于找到了苹果。我怯生生地把那件衣服递给卖苹果的阿姨，说，换几个苹果。阿姨拿起衣服看了看，说，你是从哪儿偷来的吧。我说，这是我最新的衣服，我姐病了，什么也吃不下，她喜爱苹果。话未说完，我已泪流满面。

阿姨拿两个苹果给我，我要走，阿姨叫住我，把衣服塞还我。

从县城到我家，有一段阴森森的山路，还有一个乱坟岗。我直往家里赶，不知累，也不知道怕。

当我赶到村里时，夜已深了。一轮欲圆未圆的月亮，如打缺了一角的玉盘，惨惨地白在中天。我忽然看见姐，在清冷的月光下，凄然地站着。她是在等我。

亲切的姐，纯洁的姐，就如同一阵山风吹过，只留给我心底无尽的悲凉。

我忙走上前。

姐看见我，仿佛舒了一口气。她一定等得急了。

我说，姐，回家吧。

姐站着不动。我伸出手想拉一拉姐，姐不见了。

哭声，从我家传来。

那年姐二十三岁。

姐永远二十三岁。

歌谣般亲切的姐
山泉般纯洁的姐
庄稼般质朴的姐
山花般美丽的姐。

妹妹不识字[①]

◇ 刘庆邦

刘庆邦，(1951—)当代作家，著有《断层》、《鞋》等多部作品。

我妹妹不识字，她一天学都没上过。我们姐弟六个，活下来五个。大姐、二姐各上过三年学。我上过九年学。弟弟上了大学。只有我妹妹从未踩过学校的门口。

不管是男孩子，还是女孩子，我们姐弟都很喜欢读书。比如我二姐，她比我大两岁。因村里办学晚了，二姐与我在同一个班，同一个年级。二姐学习成绩很好，在班里数一数二。1960年夏天，我父亲病逝后，母亲就不让二姐再上学了。那天正吃午饭，二姐一听说不让她上学，连饭也不吃了，放下饭碗就要到学校里去。母亲抓住她，不让她去。她使劲往外挣。母亲就打她。二姐不服，哭得声音很大，还躺在地上打滚儿。母亲的火气上来了，抓过一只笤帚疙瘩，打二姐打得更厉害。与我家同住在一个院的堂婶儿看不过去，说哪有这样打孩子的，要母亲别打了。母亲这才说了她的难处，母亲说，几个孩子嘴都顾不住，能挣个活命就不错了，哪能都上学呢！母亲也哭了。见母亲一哭，二姐没有再坚持去上学，她又哭了一会儿，爬起来到地里去薅草。从那天起，二姐就失学了。

我很庆幸，母亲没有说不让我继续上学。

---

① 《你要爱你的寂寞：笔会60年·青春版》，文汇报笔会编辑部编，文汇出版社2006年版。

妹妹比我小三岁。在二姐失学的时候，妹妹也到了上学的年龄。母亲没有让我妹妹去上学，妹妹自己好像也没提出过上学的要求。我们全家似乎都把妹妹该上学的事忘记了。妹妹当时的任务是看管我们的小弟弟。小弟弟有残疾，是个罗锅腰。我嫌他太难看，放学后，或是星期天，我从不愿意带他玩。他特别希望跟我这个当哥哥的出去玩，我不带他，他就大哭。他哭我也不管，只管甩下他，跑走了。他只会在地上爬，不会站起来走，反正他追不上我。一跑到院子门口，我就躲到墙角后面观察他，等他觉得没希望了，哭得不那么厉害了，我才悄悄溜走。平日里，都是我妹妹带他玩。妹妹让小弟弟搂紧她的脖子，她双手托着小弟弟的两条腿，把小弟弟背到这家，背到那家。她用泥巴给小弟弟捏小黄狗，用高粱篾子给小弟弟编花喜鹊，还把小弟弟的头发朝上扎起来，再绑上一朵石榴花。有时她还背着小弟弟到田野里去，走得很远，带小弟弟去看满坡地的麦子。妹妹从来不嫌弃小弟弟长得难看，谁要是指出小弟弟是个罗锅腰，妹妹就跟人家生气。

妹妹还会捉鱼。她用竹篮子在水塘里捉些小鱼儿，炒熟了给小弟弟吃。那时我们家吃不起油，妹妹炒鱼时只能放一点盐。我闻到炒熟的小鱼儿很香，也想吃。

我骗小弟弟，说替他拿着小鱼儿，他吃一个，我就给他发一个。结果有一半小鱼儿跑到我肚子里去了，小弟弟再伸手跟我要，就没有了。小弟弟突然病死后，我想起了这件事，觉得非常痛心，非常对不起小弟弟。于是我狠哭狠哭，哭得浑身抽搐，四肢麻木，几乎昏死过去。母亲赶紧找来一个老先生，让人家给我扎了几针，放出几滴血，我才缓过来了。

我妹妹下面还有一个弟弟，是我们的二弟弟。二弟弟到了上学年龄，母亲按时让他上学去了。这时候，母亲仍没有让妹妹去上学。妹妹没有跟二弟弟攀比，似乎也没有什么怨言，每天照样下地薅草、拾柴、放羊。大姐二姐都在生产队里干活儿，挣工分。妹妹还小，队里不让她挣工分，她只能给家里干些放羊拾柴的小活儿。我们家做饭烧的柴草，多半是妹妹拾来的。妹妹一天接一天地把小羊放大了，母亲把羊牵到集上卖掉，换来的钱一半给我和二弟弟交了学费，另一半买了一只小猪娃。这些情况我当时并不完全知道。妹妹每天下地，我每天上学，我们很少在一起。中午我回家吃饭，往往看见妹妹背着一大筐青草从地里回来。我们家养猪很少喂粮食，都是给猪喂青草。妹妹每天至少要给猪薅两大筐青草，才能把猪喂饱。妹妹的脸晒得通红，头发辫子毛绒绒的，汗水浸湿了打着补丁的衣衫。我对妹妹不是很关心，看见她跟没看见她差不多，很少跟她说话。妹妹每天薅草，喂猪，我当时没觉得有什么不正常。至于家里让谁上学，不让谁上学，那是母亲的事，不是我的事。

妹妹是很聪明的，学东西很快，记性也好。我们村有一个老奶奶，会唱不少小曲儿。下雨天或下雪天，妹妹到老奶奶家去听小曲儿，听几遍就把小曲儿学会了。妹妹唱得声音颤颤的，虽说有点胆怯，却比老奶奶唱得还要好听许多。我们在学校里唱的歌，妹妹也会唱。我想定是我们在教室里学唱歌时，被妹妹听到了。我们的教室是土坯房，房四周裂着不少缝子，一唱歌传出很远。妹妹也许正在教室后面的坑边薅草，她一听唱歌就被吸引住了。妹妹不是学生，没有资格进教室，她就跟着墙缝子里冒出来的歌声学。不然的话，妹妹不会那么快就把我们刚学会的歌也学会了。我敢说，妹妹要是上学的话，肯定是一个好学生，学习成绩一定很好，在班里不能拿第一名，也能拿第二名。可惜得很，妹妹一直没得到上学的机会。

我考上镇里的中学后，就开始住校，每星期只回家一次。我星期六下午回家，星期天下午按时返校。我回家一般也不干活儿，主要目的是回家拿吃的。母亲为我准备下够一星期吃的红薯和红薯片子磨成的面，我带上就走了。秋季的一个星期天，我又该往学校背面了，可家里一点面也没有了。夏季分的粮食吃完了，秋季的庄稼还没完全成熟，怎么办呢？我还要到学校上晚自习，就快快不乐地走了。我头天晚上没吃饭，第二天早上也没吃东西，饿着肚子坚持上课。那天下着小雨，秋风吹得窗外的杨树叶子哗哗响，我身上一阵阵发冷。上完第二节课，课间休息时，同学们都出去了，我一个人在教室里呆着。有个同学在外面告诉我，有人找我。我出去一看，是妹妹来了。她靠在一棵树后，很胆怯的样子。妹妹的衣服被雨淋湿了，打缕的头发沾在她的额头上。她从怀里掏出一个黑毛巾包递给我。我认出这是母亲天天戴的头巾。里面包的是几块红薯，红薯还热乎着，冒着微微的白汽。妹妹说，这是母亲从自留地里扒的，红薯还没长开个儿，扒了好几棵才这么多。我饿急了，拿过红薯就吃，噎得我胸口直疼。事后知道，妹妹冒着雨在外面整整等了我一个课时。她以前从未来过我们学校，见很大的校园里绿树成荫，鸦雀无声，一排排教室里正在上课，就躲在一棵树后，不敢问，也不敢走动。她又怕我饿得受不住，急得都快哭了。直到下课，有同学问她，她才说是找我。

后来我到外地参加工作后，给大姐、二姐都写过信，就是没给妹妹写过信。妹妹不识字，给她写信她也不会看。这时我才想到，妹妹也该上学的，哪怕像两个姐姐那样，只上几年学也好呀。妹妹出嫁后，有一次回家问我母亲，她小时候为什么不让她上学。妹妹一定是遇到了不识字的难处，才向母亲问这个话。母亲把这话告诉我了，意思是埋怨妹妹不该翻旧账。我听后，一下子觉得十分伤感。我觉得这不是母亲的责任，是我这个长子长兄的责任。母亲一心供我上学，就没能力供妹妹上学了。实际上是我剥夺了妹妹上学的权利，或者说是妹妹为我做出了牺牲。牺牲的结果，我妹妹一辈子都是一个睁眼瞎啊！

这张名为《我要读书》的黑白照片，推动了希望工程的发展，改变了数百万贫困家庭孩子的命运。

在单位，一听说为“希望工程”捐款，我就争取多捐。因为我想起了我妹妹。有一年春天，我到陕西一家贫困矿工家里采访。这家有一个正上小学六年级的女孩子，还是班长和少先队的大队长。我刚跟女孩子的母亲说了几句话，女孩子就扭过脸去哭起来。因为女孩子的父亲因意外事故死去了，家里交不起学费，女孩子正面临失学的危险。这种情况让我马上想到了我二姐，还有我妹妹。我的眼泪哗啦啦地流，哽咽得说不成话，采访也进行不下去。我掏出一点钱，给女孩子的母亲，让她给女孩子交学费，千万别让女孩子失学。

我想过，给“希望工程”捐款也好，替别的女孩子交学费也好，都不能给我妹妹弥补什么。可是，我有什么办法呢？

为姊作粥[①]

◇ 钟叔河

钟叔河（1931—），编辑、学者、著名历史学家。著有《念楼学短》、《学其短》等。

英公虽贵为仆射，其姊病，必亲为粥。釜燃，辄焚其须。姊曰："仆妾多矣，何为自苦如此。"绩曰："岂为无人耶？顾今姊年老，绩亦年老，虽欲久为姊粥，复可得乎！"（唐·刘餗《隋唐嘉话》）

李绩封英国公，任副宰相，爵位官位都很高，可是姐姐病了，还亲自为她熬粥。

李绩的胡须长得长，熬粥时得低头看锅看火，好几次胡须都燃着了。姐姐劝他别干了，说："男女佣人多的是，你何必自己动手呐。"

"难道是没人动手我才做吗？"李绩道："我是看见姐姐年纪老了，我自己也老了，就是想长久为姐姐熬粥，只怕也难了啊！"

---

① 选自《学其短》，钟叔河著，安徽教育出版社2004年版。

继父节[1]

◇ 贝丝·莫莉

贝丝·莫莉，美国作家。

每当母亲节或父亲节的时候，都会使我想到我们国家还缺少一个节日——继父节。

如果任何一个人都应该有自己的节日，那么继父节应该是那些用他们的爱心和谨慎，在一个重建的家庭里建立起自己位置的勇敢心灵的节日。这就是我们家里为什么会有一个我们称之为“鲍伯的节日”的原因。这是我们自己的继父节的版本，是根据继父鲍伯的名字命名的。下面是我们的继父节的由来。

那时，鲍伯刚刚进入我们的家庭。

“你知道，如果你做了伤害我母亲的事情，我会让你住进医院。”正在上大学的男孩说，他比他的继父魁梧得多。

“我会记住的。”鲍伯说。

“你不要告诉我我该怎么做。”正在上中学的男孩说，“你不是我的父亲。”

“我会记住的。”鲍伯说。

正在上大学的男孩打电话回家，他的汽车在离家四十五英里的地方抛锚了。

“我马上就到。”鲍伯说。

老师打电话到家里。正在上中学的男孩在学校打架了。

---

① 选自《读者》2005年第17期。

“我立刻就去。”鲍伯说。

“噢，我需要一条领带与这件衬衫相配。”正在上大学的男孩说。

“从我的衣柜里挑一条吧。”鲍伯说。

“你必须穿个耳眼。”正在上中学的男孩说。

“我会考虑的。”鲍伯说。

“你认为我昨天晚上的约会怎么样？”正在上大学的男孩问。

“我的意见对你有什么影响吗？”鲍伯问。

“是的。”男孩说。

“我必须跟你谈谈。”正在上中学的男孩说。

“我必须跟你谈谈。”鲍伯说。

“我们应该有一段继父和继子之间的共同经历。”正在上大学的男孩说。

“做什么？”鲍伯问。

“给我的汽车加油。”男孩说。

“我知道了。”鲍伯说。

“我们应该有一段继父和继子之间的共同经历。”正在上中学的男孩说。

“做什么？”鲍伯问。

“开车送我去看电影。”男孩说。

“我知道了。”鲍伯说。

“如果你喝了酒，不要开车，打电话给我。”鲍伯说。

“谢谢！”正在上大学的男孩说。

“如果你喝了酒，不要开车，打电话给我。”正在上大学的男孩说。

“谢谢！”鲍伯说。

“我必须什么时候回家？”正在上中学的男孩问。

“十一点三十。”鲍伯说。

“好的。”男孩说。

“不要做伤害他的事情。”正在上大学的男孩对我说，“我们需要他。”

“我会记住的。”我说。

这就是我们的“鲍伯节”的由来。男孩子们为他们的继父买了一件他们能够一起玩的新玩具。鲍伯能够赢得孩子们的尊重对我们全家人来说都是一件值得庆幸的事，他似乎一直都在我们背后支持着我们。

爸爸的看护者[①]

◇ 艾迪蒙托·德·亚米契斯

艾迪蒙托·德·亚米契斯（1846—1908），意大利小说家，民族复兴运动时期的爱国志士。主要作品有《爱的教育》、《卡尔美拉》等。

正当三月中旬，春雨绵绵的一个早晨，有一个乡下少年满身沾透了泥水，一手抱着替换用的本包，到了那不勒斯市某著名的病院门口。他把一封信递给管门的，说要会见他新近入院的父亲。少年生着圆脸孔，面色青黑，眼中好像在沉思着什么，厚厚的两唇间，露出雪白的牙齿。他父亲去年离了本国到法兰西去做工，前日回到意大利，在那不勒斯登陆后，忽然患病，遂进了这病院，一面写信给他妻子，告诉她自己已经回国，及因病入院的事。妻得信后虽很担心，但因为有一个儿子正在病着，还有着正在哺乳的小儿，不能分身，不得已叫顶大的儿子到那不勒斯来探望父亲——家里都称为爸爸。少年是天明动身，步行了三十里的长途，才到了这里的。

管门的把信大略瞥了一眼，就叫了一个看护妇来，托她领了少年进去。

“你父亲叫什么名字？”看护妇问。

少年怕病人已有变故，一面暗地焦急狐疑，一面颤栗着说出他父亲的姓名来。

看护妇一时记不起他所说的姓名，再问：

“是从外国回来的老年职工吗？”“是的，职工呢原是职工，老是还不十分老的。新近才从外国回

---

① 选自《爱的教育》，（意）亚米契斯著，夏丏尊译，军事谊文出版社2007年版。

来哩。”

少年说时越加担心。

“几时入院的。”

“五天以前。”少年看了信上的日期说。

看护妇暂时回忆了一会，突然好像记起了的样子，说：“是了是了，在第四号病室中一直那面的床位里。”

“病得很厉害吗？怎样？”少年焦急了问。

看护妇注视着少年，不回答他，只说：“跟了我来！”

少年跟看护妇上了楼梯，到了长廊尽处一间很大的病室里，其中病床分左右两列排着。“请进来。”看护妇说，少年鼓着勇气进去，但见左右的病人都脸色发青骨瘦如柴地卧着。有的闭着眼，有的向上凝视，又有小孩似的在那里哭泣的。薄暗的室中，充满了药气味，两个看护妇拿了药瓶匆忙地东西来回走着。

到了室的一隅，看护妇立住在病床的前面，扯开了床幕，说：“就是这里。”

少年哭了起来，急把衣包放下，将脸靠近病人的肩头，一手去握那露出在被外的手。病人只是不动。

少年起立了看着病人的状态又哭了起来。这时，病人忽然把眼张开，注视着少年，似乎有些知觉了，可是仍不开口。病人很瘦，看去几乎已认不出是他的父亲还是不是，头发也白了，胡须也长了，脸孔肿胀而青黑，好像皮肤要破裂似的。眼睛缩小了，嘴唇也加厚了，差不多全不像父亲平日的样子，只有面孔的轮廓和眉间，似乎还有些像父亲。呼吸已只有微微的一点。少年叫着：

“爸爸！爸爸！是我呢，不知道吗？是西西洛呢！母亲自己不能来，叫我来迎接你的。请你向我看。你不知道吗？说句话给我听听啊！”

病人对少年看了一会儿，又把眼闭拢了。

“爸爸！爸爸！你怎么了？我就是你儿子西西洛啊！”

病人仍旧不动，只是痛苦地呼吸着。少年哭泣着把椅子拉拢去坐着等待。眼睛牢牢地注视他父亲。他想：“医生想必快来了，那时就可知道详情吧。”一面又独自悲哀地沉思，想起父亲种种的事情来：去年送他下船，在船上分别的光景，他说赚了钱回来，全家一向很欢乐地等待着的情形，接到生病的信后母亲的悲愁，以及父亲死去的状态等，都一一想起。

连父亲死后，母亲穿了丧服和一家哭泣的样子，也在心中浮出了。正沉思间，觉得有人用手轻轻地拍他的肩膊，惊着去看时，原来是看护妇。

“我父亲怎么了？”他很急地问。

“这是你的父亲吗？”看护妇亲切地反问。

“是的，我来服侍他的，我父亲患的什么病？”

“不要担心，医生就要来了。”她说着去了，别的也不说什么。

过了半点钟，铃声一响，医生和助手从室的那面来了，后面跟着两个看护妇。医生按了病床的顺序，一一地诊察，费去了不少的工夫。医生愈近拢来，西西洛觉得忧虑也愈重，终于诊察到了接邻的病床了。医生是个身长而背微佝的诚实的老人。西西洛不待医生过来，就立起了身。及医生走到他身旁，他就哭了起来。医生向他注视。

“他就是这位病人的儿子，今天早晨从乡下来的。”看护妇说。

医生把一只手搭在少年肩上，向病人俯伏了检查脉搏，手摸头额，又向看护妇问了经过状况。

“也没有什么特别变化，仍照前调理他就是了。”医生对看护妇说。

“我父亲怎样？”少年鼓了勇气，含着泪问。

医生又将手放在少年肩上：

“不要担心！脸上发了丹毒了。虽是很厉害，但还有希望。请你当心服侍他！有你在旁边，真是再好没有了。”

“但是，我和他说话，他一些不明白呢。”少年呼吸急迫地说。

“就会明白吧，如果到了明天。总之，病是应该有救的，请不要伤心！”

医生安慰他说。

西西洛还有话想问，只是说不出来，医生就走了。

从此，西西洛就一心服侍他爸爸的病了。别的原不会做，或是替病人整顿枕被，或是时常用手去摸病体，或是赶去苍蝇，或是呻吟的时候，去看病人的脸上，看护妇送汤药来时就取了调匙代为灌喂。病人时时张眼看西西洛，可是好像仍不明白，不过每次注视他的时间渐渐地长了些，西西洛用手帕遮住了眼睛，哭泣的时候，病人总是凝视着他的。

这样过去了一天，到了晚上，西西洛拿两只椅子在病室的一角拼着当床睡了。天亮，就起来看护。这天病人的眼色，好像已有些省人事了，西西洛说种种安慰的话给病人听，病人在眼中似乎露出感谢的神情来。有一次，竟把嘴唇微动，好像要说什么话，暂时昏睡了去，忽又张开眼来找寻看护他的人。医生来看过两次，说觉得好了些了。傍晚，西西洛把茶杯拿近病人嘴边去的时候，那唇间已露出微微的笑影。于是西西洛自己也高兴了些，和病人说种种的话。把母亲的事情、姊妹们的事情，以及平日盼望爸爸回国的情形等都说给他听，又用了深情的言语，劝慰病人。病人懂吗？不懂吗？这样自己疑怪的时候也有，但总继续地和他说。病人虽不懂西西洛所说的话，似乎因喜听西西洛的带着深情含着眼泪的声音，所以总是侧耳听着。

第二日，第三日，第四日，都这样过去了，病人的病势才觉得好了一些，忽而又变坏起来，反复不定。西西洛尽了心力服侍，看护妇虽每日两次送面包或干酪来，也只略微吃些就算，除了病人以外，什么都如不见不闻。像病人之中突然有危笃的人了，看护妇深夜跑来，访病的亲友聚在一处痛哭等一切病院中惨痛的情景，在他也竟不留意。每日每时，他只一心对着爸爸的病，无论是轻微的呻吟，或是病人的眼色略有变化，他都会心悸起来。有时觉得略有希望，可以安心，有时又觉得难免失望，如冷水浇心，左右使他陷入烦闷。

到了第五日，病人忽然沉笃起来了，去问医生，医生也摇着头，表示难望有救，西西洛倒在椅下啜泣。可以使人宽心的是病人病虽转重，似乎神志已清了许多。他热心地看着西西洛，且露出欢悦的脸色来，不论药物饮食，别人喂他都不肯吃，除了西西洛。有时口唇也会动，似乎想说什么。西西洛当病人如此时，就去扳住他的手，很快活地这样说：

“爸爸！好好地，就快痊愈了！就要回到母亲那里去了！快了！好好地！”

这日下午四点钟光景，西西洛依旧在那里独自流泪，忽然听见室外有脚步声。“阿姐，再会！”同时又听见这样的话声。这话声使西西洛惊跳了起来，暂时勉强地把已在喉头的叫声抑住。

这时，一个手里缠着绷带的人走进室中来，后面有一个看护妇跟着送他。西西洛立在那里，发出尖锐的叫声。那人回头一看见西西洛，也叫了起来：

“西西洛！”一面箭也似的飞近拢去。

西西洛倒伏在他父亲的腕上，情不自禁地啜泣。

看护妇都围集拢来，大家惊怪。西西洛仍是泣着。父亲吻了儿子几次，又注视了那病人。

“呀！西西洛！这是哪里说起！你错到了别人那里了！母亲来信说已差西西洛到病院来了，等了你好久不来，我不知怎样地担忧啊！啊！西西洛！你几时来的？为什么会有这样的错误？我已经痊愈了，母亲好吗？孔赛德拉呢？小宝宝呢？都怎样？我现在正出院哩！大家回去吧！啊，天啊！谁知道竟有这样的事！”

西西洛想说家里的情形，可是竟说不出话。

“啊！快活！快活！我曾病得很危险了呢！”父亲说了不断地吻着儿子，可是儿子只是立着不动。

“去吧！到夜还可赶到家里呢。”说着，要想拉了儿子走，西西洛回视那病人。

“怎么？你不回去吗？”父亲奇怪地催促着。

西西洛又回顾病人，病人也张大了眼注视着西西洛。这时，西西洛不觉从心坎里流出这样的话来。

“不是，爸爸！请等我一等，我不能回去！那个爸爸啊！我在这里住了五天了！将他当作爸爸了的。我可怜他，你看他在那样地看着我啊！什么都是我喂他吃的。他没有我，是不成的。他病得很危险，请等待我一会儿，我无论如何，今天是不能回去的，明天回去吧，等我一等。我不能弃了他走，你看，他在那样地看我呢！他不知是什么地方人，我走了，他就要独自一个人死在这里了！爸爸！暂时请让我再留在这里吧！”

“好个勇敢的孩子！”周围的人都齐声说。

父亲一时决定不下，看看儿子，又去看看那病人。问周围的人：“这人是谁？”

“也是个同你一样的乡间人，新从外国回来，恰和你同日进院的。送到病院来的时候，已什么都不知道，话也不会说了。家里的人大概都在远处，他将你的儿子当着自己的儿子呢。”

病人仍是看着西西洛。

“那么，你留在这里吧。”父亲向他儿子说。

“也不必留长久了呢。”看护妇低声地说。

“留着吧！你真亲切！我先回去，好叫母亲放心。这两块钱给你作零用。那么，再会！”说毕，吻了儿子的额，就出去了。

西西洛回到病床旁边，病人似乎就安心了。西西洛仍旧从事看护，哭是已经不哭了，热心与忍耐仍不减于从前。递药呀，整理枕被呀，把手去抚摸呀，用言语安慰他呀，从日到夜，一直陪侍在旁。到了次日，病人渐渐危笃，呻吟苦闷，热度骤然增加。傍晚医生来诊，说今夜恐怕难过。西西洛越加注意，眼不离病人；病人也只管看着西西洛，时时动着嘴唇，像要说什么话。眼色有时也很和善，只是眼瞳渐渐缩小而且昏暗起来了。西西洛那夜彻夜服侍他，天将明的时候，看护妇来，一见病人的光景，急忙跑去。过了一会儿，助手就带了看护妇来。

“已在断气了。”助手说。

西西洛去握病人的手，病人张开眼向西西洛看了一看，就把眼闭了。

这时，西西洛觉得病人在紧握他的手，喊叫着说：“他紧握着我的呢！”

助手俯身下去观察病人，不久即又仰起。

看护妇从壁上把耶稣的十字架像取来。

“死了！”西西洛叫着说。

“回去吧，你的事完了。你这样的人是有神保护的，将来应得幸福，快回去吧！”助手说。

看护妇把窗上养着的堇花取下交给西西洛：

“没有可以送你的东西，请拿了这花去当作病院的纪念吧！”

“谢谢！”西西洛一手接了花，一手拭眼。“但是，我要走远路呢，花要枯掉的。”说着将花分开了散在病床四周：

“把这留下当作纪念吧！谢谢，阿姐！谢谢，先生！”

又向着死者：“再会！……”正出口时，忽然想到如何称呼他。踌躇了一会，那五日来叫惯了的称呼，不觉就脱口而出：

“再会！爸爸！”说着取了衣包，忍住了疲劳，倦倦地慢慢地出去。天已亮了。

已经发生的故事[①]

◇ 陈村

陈村（1954—），当代作家。著有长篇小说《鲜花和》、《陈村文集》（四卷）等。

小女天天，一年级小学生也。穿是校服，戴是红领巾，俨然有种职业的风采，看得我煞是欢喜。可是，开学没几天就发觉不对头了。天天读书，我也读书，读三十几年前学的知识。女儿见我读得认真，便倚在我的身上，倒像是她在陪我。她去吃瓜，她开电视，她一头扑在床上，说是累死烦死了。最叫她动心的是楼下传来的孩子的打闹声，她必趴在窗台上看个究竟。我这边明日就要交稿，电话已来催过第三遍，编辑老爷届时必然按响门铃，难道装聋作哑不成？今晚上还不知能不能睡上觉哪。我说天天，这不是爸爸的事情，小学生能不做功课吗？天天说，这不是已经发生了吗？是啊，已经发生了，再不给我坐下，老子说打就要打的。天天坐下。我想，打孩子总是说说罢了，不到山穷水尽，不要动手。于是耐耐性子，好说歹说，骗她将她的功课做完。

天天终于操起笔了。然而，脑袋像轰炸机一样，一头扎了下来。我说天天，把你的小脑袋抬起来，头，头，头抬起来！再不抬起来……我以一分钟两次的频率叫唤。一个爹当到这个分上，味道就很差了。想到古人的“头悬梁”。我后悔没有一开始就用极端的手段，让天天养成一辈子也忘不了的好习惯。现在只好委屈嗓子了。

---

① 选自《陈村亲情美文》，陈村著，广东人民出版社1999年版。

儿童的电视总是在吃饭的时候开始。天天可能忘记刚默完的生字，决不会忘记电视开始的时间。她连动画片前那几分钟的广告也不愿放弃。她能背出一百条广告并灵活运用。电视机在她的侧后方，原来是为了不叫她多看，现在她的头总是扭着。要是有谁不懂什么叫做“魅力”，只要看到这个镜头立即会无师自通。

女儿的可爱在于无论干什么都要父亲参与。或者你看着我看，或者你和我一起看。我的电脑前有块小镜子，要是忘了放，她会给我放好的。给我监视着，时不时要听我的教训，对她反倒是件乐事，真叫人百思不得其解。我实在非常不想管她，不想当她的拐杖。不管的结果是老师的告状。每次到学校总要听到叫一个父亲丧气的话，时间一长，我也乖了，抢先向老师告状。老师见我可怜，就同情起我来。

假如还有一点点时间的话，我们也是要玩一玩的。我的一个朋友和儿子在家里玩斗牛，老子是牛，儿子是斗牛士，低着头冲过来，让他发泄多余的精力。为左邻右舍的生活质量考虑，我舍弃了斗牛。我们最经常的游戏是过于文雅的游戏棒。天天在学校压抑了一天，回来又听了无数的数落，现在是可以有点赖皮的。我常常向她贡献自己的鼻子，让她总算有点可以高兴的事情。要是总不被我刮，她也会有点难受，自动将鼻子伸过来，我便刮出许多的花样。天气好的时候，我们也上街，慢慢地走。门外不远是非常有名的淮海路，一片灯火。为了不叫天天一天两次走过淮海路，我曾费尽心机给她换了个小学。现在，我们来了。我们在商店里胡乱走着。天天要买吃的。好吧，吃吧。让那个当爹的人也吃一点。我们边吃边走。我们的身前身后都是自己的影子。偶然有个小孩跟着爸爸或妈妈，天天总要看看她，目不转睛。她也看看天天。他们都跟着自己的大人走了。

回到家，最后的功课是洗脸刷牙，然后是一声“晚安”。我如释重负，开始我的工作。我的电脑上贴着一张粘纸，上面是一句永远不会错的话：作业没完成。我点上烟，打开机器，楼上忽然传来天天的动静。于是，我立即又想到自己是一名光荣的父亲。

贝多芬的遗嘱[1]

◇ 罗曼·罗兰

罗曼·罗兰（1866—1944），法国思想家、文学家、批判现实主意作家、音乐评论家和社会活动家。

给我的兄弟卡尔和约翰：

你们这些人，把我当成了一个心怀怨恨的人，把我看成了一个疯狂的、愤世嫉俗的人。你们真是冤枉了我！你们并不知道藏在那些外表之下的贝多芬是个什么样子。

从童年开始，我就有一种慈悲为怀的道德情操。我老是想要去完成一件伟大的事业。可是，你们认真地想一想，这六年以来，我的健康状况是多么令人担忧啊！那个可恶的没有头脑的庸医不但没有治好我的病，反而加剧了我的病情。我整天企盼着我的病情会有所好转，但是，我一次次地被蒙骗，直到医生的骗局被戳穿的时候，我才明白我的病情是多么严重。虽然我的病不是没有一点痊愈的可能，但是，那要等上多久才能够痊

① 选自《名人传》，（法）罗曼·罗兰著，于海等译，上海人民美术出版社2008年版。

鲁特维克·范·贝多芬（1770—1827），德国作曲家、钢琴家、指挥家，被尊称为乐圣。

愈啊！

本来我天性活泼开朗，能够很好地适应各种社会交际，但是，命运啊！不幸的命运却硬逼着我和人类分离开来，让我过着孤独的生活。我想要冲破这一切，但是，每当我这样做时，我的残疾总是阻挡住我。当我听别人说话的时候，我不能够对人家说："请你再大声一点说话，因为我是一个聋子，听不见你的话！"我没有这个勇气让别人知道我的残疾。可是，上帝啊！我的残疾竟然出在我的听觉上。要知道在以前，我的听觉比任何人的都要灵敏。可是，现在它竟然出了毛病，而我却还在干着音乐这个行当，这让我怎么能够忍受得了啊！不！我决不能让人家知道我的听觉出了毛病。

所以，如果你们看到我独处一室或者显得十分孤僻的时候，请你们谅解，因为我心里是非常愿意和人们交流的，但是，我听不到别人说话，我害怕别人知道我的残疾。我成功地掩饰着我的残疾，但是，为此我被很多人误解，人们怀疑我是一个高傲的人，不愿与人交流的人，一个古怪、孤僻的人。可是，我是多么地想和人们交流啊！我想从美妙的谈话中获得安慰，获得快乐，可是，我办不到。我完全与世隔绝了，完全孤独了。由于职业的缘故，我常常需要在一些公开场合中露面，但是，越是在这个时候，我越是不能轻易地露面。我唯恐人家发现我的残疾。我被放逐到这个世界上，可我又不得不逃避与人交往，我终日过着一种流亡者的生活。

因此，我最近六个月到乡下去住。我的医生劝我好好保护我的听觉，我知道他说这话只不过是想讨好我而已，他对我的病没有一点帮助。可是，我还是忍不住想要和人交往。但当我身边的人都听见了远处的笛声或者听到了牧童的歌唱，而我什么也听不见的时候，我是何等的羞辱啊！为此，我痛苦不堪，陷入了绝望之中，甚至想到了自杀。可是，我没有去死，是艺术最终留住了我的生命。我想在还没有把我的艺术使命完成之前，我还不能离开这个世界。于是，我就开始忍耐这种悲惨的生活。尽管，身体的一点变化都有可能损坏我的健康，我还是要坚持下去，直到死神最终割断我的生命线为止。我才仅仅二十八岁，可是，我似乎已经看透了一切，这对我是何等地不容易啊！

可是，上帝了解我的心，上帝知道我是多么地热爱人类，多么地想要做善事啊！假如有一天，有哪个不幸的人知道了曾经有一个与他同样不幸的人不怕千难万险，竭尽全力想要成为一个伟大的艺术家的话，希望我的经历能够激励他去勇敢地超越他的磨难。

而至于你们，我亲爱的兄弟，倘若在我死后斯器托教授还活在人世的话，请把我的病情详细地告诉他，并且再附上这封信给他，请以我的名义请求他向社会解释我的过去，希望在我死后，社会能够消除对我的误解。

我死后会有一些财产留给你们继承，你们把它公平分配吧。在我死后，你们要和睦相处，相亲相爱，同甘共苦才是。你们曾经给我造成的伤害，我早就原谅了你们。卡尔，我特别感谢你对我的忠诚。我衷心地祝福你们都有更加幸福的生活，不要像我这样充满了烦恼。用最美好的道德情操教育你们的孩子，永远要记住这一点：使人得到幸福的是美德而不是金钱。这是我的经验之谈。在患难中支持我的是道德，使我没有自杀的，除了艺术之外也是道德。

永别了，我的兄弟们！你们好好地相亲相爱吧！

我要感谢我所有的朋友，尤其是要感谢利奇诺斯基亲王和斯密托教授，我希望你们能够妥善保存利奇诺斯基亲王的乐器，不要为这件乐器而有什么争执。如果你们需要把它卖掉，那就卖掉吧！我也不会责怪你们的。

虽然我命运多劫，但是，我还是想要把我各方面的才能都展现出来；如果死神在这之前就降临的话，我还真有些不甘心。不过，死神的来临对我来说也未尝不是一种解脱。所以，死神愿意什么时候来就什么时候来吧，我都将勇敢地迎接它。

永别了，我亲爱的兄弟们！在我的有生之年，我时时刻刻都在思念你们，都在想让你们获得幸福。所以，在我死后，请不要把我忘记！祝你们幸福！

鲁特维克·范·贝多芬
1802年10月6日于艾利冈斯泰托

《订婚》　　麦绥莱勒（1960）

鞋子结婚了，他们渴望相依相守，只要在一起，生命里就不需再有别的企盼。

婚姻是什么？是爱情的升华？是爱情的坟墓？有人说婚姻影响着人一生90%的幸福，它需要理智、审慎、责任……

家是什么？有人说是乐园，有人说家是港湾，无论是富丽堂皇还是简陋清贫，“天下没有比家更好的地方”。

第四章

执子之手，与子偕老

鞋子的故事[①]

◇ 皮埃尔·格里帕里

皮埃尔·格里帕里（1925—），法国儿童文学作家，著有《比波王子的故事》、《疯女人梅里库尔的故事》等。

从前，有一双鞋，他们结婚了！右鞋是丈夫，他叫尼古拉。左鞋是妻子，她叫蒂娜。他们住在一只漂亮的纸板盒里，被软软的纸裹着，他们觉得住在盒子里实在是太幸福了，并且希望能够一直这样。

但是，在一个晴朗的早晨，售货员把他们从盒子里拿了出来，给一位夫人试穿。那位夫人穿上鞋走了几步。觉得挺合适，就说："我买下了。""要给您包装一下吗？"售货员亲切地问。"不用了，我穿着回家。"

夫人付了钱，穿着新鞋回家了。

就这样，尼古拉和蒂娜走了一整天，彼此谁也没有见到谁，只有在晚上，他们才在阴暗的壁橱里会面。

"是你吗，蒂娜？"

"是，是我，尼古拉。"

"多幸福啊！我差点以为要失掉你了。"

"我也这样认为，这一天你在哪里呀？"

"我？我在右脚上呀。"

"我在左脚上。"

"我懂了，"尼古拉说道，"每当你在前面的时候，我总在后面，而当你在后面的时候，我在前面。就这样，我们总见不到。"

---

① 选自《绿色法国童话》，（法）皮埃尔·格里帕里等著，王泉根主编，上海人民美术出版社2006年版。

“那么。这样的生活每天都要重复吗？”蒂娜不解地问。

“嗯，怕是会这样的！”

“那多可怕呀！一整天不能看到你，我的小尼古拉，我永远也不会习惯！”

“听着，”尼古拉忽然说，“我有一个主意：你想，我总是在右面，而你总在左面，那么，每一次当我向前走时，我向你这边偏一偏，这样，我们就能问好了，好吗？”

“好的！”

第二天一整天，尼古拉就这样做了。但是夫人却因为穿了这双鞋而不能好好地走上三步路。她的右脚总是钩住左脚后跟，每一次，夫人总要摔倒在地上。夫人觉得很奇怪，于是她便去看医生。

“医生，我不知道我是怎么了，我总是自己绊倒自己。”

“您自己绊倒自己？”医生惊讶地问。

“是的，医生。几乎每走一步，我的右脚就要钩住左脚后跟，弄得我摔倒。”

“这很严重，如果再这样下去，就要砍掉右脚了。拿着，这是药方，您要付两千法郎的就诊费。请明天再来看吧！”

当天晚上，在壁橱里，蒂娜问尼古拉：

“你听见医生的话了吗？”

鞋子注定是相亲相爱的一对。

“我听到了。”

“多可怕呀！如果夫人的右脚砍去了，那就要把你扔掉，那样，我们就将永远分离了。我们应该快想办法呀！”

“对。但是有什么办法呢？”

“听着，我有一个主意：既然我在左边，那么明天就由我在向前走时向右偏一偏，好吗？”

“好的。”

就这样，第二天一整天，都是由左脚钩右脚后跟。可怜的夫人又摔倒在地上，她越来越觉得奇怪，于是又去看医生。

“医生，我的右脚的病好些了，可现在，是我的左脚要钩我的右脚后跟。”

“啊，这可是越来越厉害了。”医生说，“如果再这样下去，就要砍掉您的双脚了。拿着，这是药方，您必须付两万法郎的药费。再给我三千法郎的就诊费。最重要的是：不要忘了明天再来一次。”

当天晚上，尼古拉又问蒂娜：

“你听见了吗？”

“我听见了。”

“如果砍掉夫人双脚的话，那我们会怎么样呢？”

“哦，我可不敢想。”

“但是，我爱你，蒂娜！”

“我也是，我也爱你，尼古拉。”

“我永远也不愿离开你。”

“我也是。”

他们就这样在黑暗中说着。根本没有料到他们的主人正穿着拖鞋在过道里散步，因为医生的话使她无法入睡。路过壁橱时，她听到了这个谈话，这是一位非常善良的夫人，她什么都懂了。

“原来是这样。”她想，“不是我病了，而是我的鞋子在相爱。多可爱啊！”

夫人把用两万法郎买来的药当成垃圾扔进了一个盒子。第二天，她对女仆说：“你看见这双鞋了吗？我再也不穿了，但是我要留着他们。给他们好好地上油！或许你会发现他们总是吵吵闹闹的，但永远也不要将他们分开。”

可当女仆一个人时，她想：“夫人准是疯了，留着这双鞋，可又不穿！在半个月内，当你把这件事忘记之后，我去把鞋偷出来！”

半个月过去了。女仆偷了鞋并穿在脚上。但当她穿着这双鞋在黑暗中下楼时，她开始自己绊倒自己。尼古拉和蒂娜要拥抱，“砰”，女仆又一次坐在平台的地板上，满头的灰尘，一条螺旋形的土豆皮挂在她的额头上，就像鬈发。

“这鞋简直是巫婆，我再也不穿了。我把它送给我的侄女，那个女酒鬼去吧！”

就这样过了很久，不幸的是女酒鬼走路时总是一脚深一脚浅。

一天晚上。蒂娜对尼古拉说："我觉得我的鞋底越来越薄，也许快要破了。"

"千万别这样。"尼古拉着急地说，"如果主人把我们扔掉，那我们又要分离了。"

事实上，八天以后，蒂娜的鞋底穿洞了。女酒鬼买来了新鞋，把尼古拉和蒂娜扔在黑暗中的一只盒子里。

"我们将会怎么样呢？"尼古拉问。

"我不知道。"蒂娜回答他，"我只知道我永远不离开你。"

"靠近我。"尼古拉说，"用你的纽襻拉住我，这样，我们就不会分离了。"

他们就这样一起被扔在了垃圾桶里，一块儿被清洁工的卡车带走，又一同被遗弃在一块空地上。他们待在那里，直到有一天，一个小男孩和一个小女孩发现了他们。

"看，一双鞋，他们还挽着手呢！"

"他们一定是结婚了。"小女孩说。

"那么，既然他们结婚了，"小男孩说，"那就应该去度蜜月呀！"

小男孩拿起鞋，把他们钉在木板上，一个挨一个。他带着这些东西来到河边，让木板顺着流水流走，流向大海。

当木板漂得越来越远时，小女孩挥动手帕呼喊道：

"再见，鞋子们，一路顺风！"

就这样，尼古拉和蒂娜不再为他们的生命企望什么，开始了蜜月旅行。

爱的真谛[①]

◇ 启功

启功（1912—2005），当代著名的教育家、国学大师、古典文献学家、文物鉴定家和书画家。

一

结婚四十年　从来无吵闹，
白头老夫妻　相爱如年少。
先母抚孤儿　备历辛与苦，
得妇喜常言　似我亲生女。
相依四十年　半贫半多病，
虽然两个人　只有一条命。
我饭美且精　你衣缝又补，
我挣钱买书　你甘心吃苦。
今日你先死　此事坏亦好，
免得我死时　把你急坏了。
枯骨八宝山　孤魂小乘巷（注：启功原住家），
你再待两年　咱们一处葬。

二

老妻病塌苦呻吟，寸截回肠粉碎心。
四十二年轻易过，如今始得惜分阴。
为我亲缝缎袄新，尚嫌丝絮不周身。

---

① 选自《启功韵语》，启功著，北京师范大学出版社2009年版，本篇为节选。题目为编者所拟。

备他小殓搜箱箧，惊见衷衣补绽匀。
病床盼得表姑来，叮咛执手托几回。
为我殷勤劝元白，教他不要太悲哀。
君今撒手一身轻，剩我拖泥带水行。
不管灵魂有无有，此心终不负双星。
梦里分明笑语长，醒来号哭痛卧床。
鳏鱼岂爱常开眼，为怕深宵出睡乡。
狐死犹闻正首丘，孤身垂老付飘流。
茫茫何地寻先垅，枯骨荒原到处投。

三

妇病已经难保　气弱如丝微袅
执我手腕低言　把你折腾瘦了
把你折腾瘦了　看你实在可怜
快去好好休息　又愿在我身边
只有内心一颗　每日尖刀碎割
难逢司命天神　恳求我死他活。

启功与夫人章宝琛栉风沐雨，相濡以沫，共历坎坷四十多年，老伴去世以后，启功的哀痛难于言表，他长久地沉浸在无尽的哀思之中，写下了如泣如诉，令人肝肠寸断的《痛心篇二十首》，以极朴素的语言，表达了他与老伴之间生死相依的深厚感情。妻子病逝后启功先生终生未再娶。

告荃猷①（节选）

◇ 王世襄

王世襄（1914—2009），号畅安，生于北京，著名文物专家、学者、文物鉴赏家、收藏家。兴趣广泛，喜爱古诗词，曾从事音乐、绘画、家具、古琴、竹刻、传统工艺、民间游艺等多方面的研究，均有论述。

癸未十月初五日，既二千又三年十月二十九日以后作。不计工拙，随作随录，以当面告，亦有足欣慰者，非尽苦思哀悼也。

一

出行二人同提一筐，行人见白头偕老，每有羡意。惜终有先行者，提筐双弯梁，并行各挈一，待置两六间，生死永相匹。

二

年年叶落时，提筐同拣拾。今年叶又黄，未落已掩泣。

三

我病累君病，我愈君不起。知君不我怨，我痛无时已。

---

① 选自《锦灰三堆》，王世襄著，生活·读书·新知三联书店，2005年版。原文十四首，本篇为节选。

四

君刻大树图，我赋大树歌。相濡复相助，岁月期尚多。一朝先我去，余生待若何。

五

昨夜见君来，谈笑皆自若，言甫就医归，病痊可勿药。梦醒喜成悲，涕泪枕边落。何如不复醒，梦里常欢乐。

六

平日游园，每命即兴作小诗，屡诺而无以报命，日久遂不复询及。一旦君去，乃大悔恨。回忆游踪，仅赋日坛公园三十韵。

旧宅芳嘉园，备受宵小侮，城东卜新居，屈指七寒暑。喜近朝日坛，园林足容与。

二老提一筐，游人羡佳侣。初春赏辛夷，紫云绚如许。十日逾花期，纷纷飘白羽。

知君耽写生，我为备笔楮。绕遍牡丹池，白描亦媚妩，花叶各提名，不亚洛阳谱。

南行近坛垣，翠柏矗三五，九龙已千年，余寿亦步武。干皴类蛇行，瘿突见虎怒。

至此每暂留，试评孰奇古。或为听画眉，欢鸣间细语，巧值双鹊来，上下翻飞舞。

神道贯东西，北侧花争吐，一丛不知名，半蕊曾同数。小憩悬铃下，阴浓不觉午。

袁荃猷、王世襄夫妇相濡以沫、患难与共近六十年。两人志同道合，袁荃猷承担了王世襄历年编写的四十多种著作的制图和编校工作。袁荃猷善抚古琴且造诣极高。她每次抚琴时，王世襄都在旁为其服务，并自称“琴奴”。2003年秋天，袁荃猷因病故去。《告荃猷》是袁荃猷去世后，王世襄写给老伴的一些文字，质朴平淡的字里行间蕴含着撼人心魄的力量，催人泪下，感人至深。

情话悦移时，言归又延伫。行时转身看，爱此团栾树。回忆方移居，腰背未伛偻。

绕园两三匝，余勇尚可贾。携手登阜丘，叠石不能阻，竟忘人易老，生死难自主。

悔负君命题，赋诗记园圃，钝滞致因循，念及倍凄楚。重来人前踪，都是伤心处。

今日纵有诗，有诗复何补！逐句读与君，句句思君苦。君若听不明，梦里再倾抒。

九

君曾一再言，平生有二好，访古摹饰文，游山写石貌。一资助著书，制图兼编校，伏案年复年，勤劳致衰耗。二好愿未酬，我痛难偿报。

十二

晴和策杖行，轮椅推相随。老境得如此，当属世所希。

……

十四

五十八年多祸患，苦中有乐更难忘。西山待我来归日，共赏朝霞与夕阳。

再忆萧珊[1]

◇ 巴金

这是巴金在夫人萧珊去世十二年后的又一篇怀念萧珊的文字。

巴金（1904—2005），原名李尧棠，字芾甘，著名作家。他的《激流三部曲》（《家》《春》《秋》）、《爱情三部曲》（《雾》《雨》《电》）《寒夜》、《憩园》、《第四病室》等文学作品，是中国文学的丰碑。

昨夜梦见萧珊，她拉住我的手，说："你怎么成了这个样子？"我安慰她："我不要紧。"她哭起来。我心里难过，就醒了。

病房里有淡淡的灯光，每夜临睡前陪伴我的儿子或者女婿总是把一盏开着的台灯放在我的床脚。夜并不静，附近通宵施工，似乎在搅拌混凝土。此外我还听见知了的叫声。在数九的冬天哪里来的蝉叫？原来是我的耳鸣。

这一夜我儿子值班，他静静地睡在靠墙放的帆布床上。过了好一阵子，他翻了一个身。我醒着，我在追寻萧珊的哭声。耳朵倒叫得更响了。

我终于轻轻地唤出了萧珊的名字："蕴珍。"我闭上眼睛，房间马上变换了。

在我们家中，楼下寝室里，她睡在我旁边另一张床上，小声嘱咐我："你有什么委屈，不要瞒我，千万不能吞在肚里啊！"……

---

① 选自《世界华文散文精品·巴金卷》，李辉等编，广州出版社2001年版。

萧珊是巴金生命中唯一的爱侣，她原本是巴金的读者，十八岁时写信给巴金而与他相识。那年是1936年，巴金正好三十二岁。为了事业，他们谈了八年恋爱，巴金四十岁才结婚。婚后在长达二十八年的共同生活里，巴金与萧珊相亲相爱，他们从未吵过一次架、红过一次脸。

在中山医院的病房里，我站在床前，她含泪地望着我说："我不愿离开你。没有我，谁来照顾你啊？"……

在中山医院的太平间，担架上一个带人形的白布包，我弯下身子接连拍着，无声地哭唤："蕴珍，我在这里，我在这里……"

我用铺盖蒙住脸。我真想大叫两声。我快要给憋死了。"我到哪里去找她？！"我连声追问自己。于是我又回到了华东医院的病房。耳边仍是早已习惯的耳鸣。

她离开我十二年了。十二年，多么长的日日夜夜！每次我回到家门口，眼前就出现一张笑脸，一个亲切的声音向我迎来，可是走进院子，却只见一些高高矮矮的没有花的绿树。上了台阶，我环顾四周，她最后一次离家的情景还历历在目：她穿得整整齐齐，有些急躁，有点伤感，又似乎充满希望，走到门口还回头张望……仿佛车子才开走不久，大门刚刚关上。

不，她不是从这两扇绿色大铁门出去的。以前门铃也没有这样悦耳的声音。十二年前更不会有开门进来的挎书包的小姑娘。……为什么偏偏她的面影不能在这里再现？为什么不让她看见活泼可爱的小端端？

我仿佛还站在台阶上等待车子的驶近，等待一个人回来。这样长的等待！十二年了！甚至在梦里我也听不见她那清脆的笑声。我记得的只是孩子们捧着她的骨灰盒回家的情景。这骨灰盒起初给放在楼下我的寝室内床前五斗橱上。后来，"文革"收场，封闭了十年的楼上她的睡房启封，我又同骨灰盒一起搬上二楼，她仍然伴着我度过无数的长夜。我摆脱不了那些做不完的梦。总是那一双泪汪汪的眼睛！总是那一副前额皱成"川"字的愁颜！总是那无限关心的叮咛劝告！好像我有满腹的委屈瞒住她，好像我摔倒在泥淖中不能自拔，好像我又给打翻在地让人踏上一脚。……每夜，每夜，我都听见床前骨灰盒里她的小声呼唤，她的低声哭泣。

怎么我今天还做这样的梦？怎么我现在还甩不掉那种种精神的枷锁？……

悲伤没有用。我必须结束那一切梦景。我应当振作起来，即使是最后的一次。骨灰盒还放在我的家中，亲爱的面容还印在我的心上，她不会离开我，也从未离开我。做了十年的“牛鬼”，我并不感到孤单。我还有勇气迈步走向我的最终目标——死亡，我的遗物将献给国家，我的骨灰将同她的骨灰搅拌在一起，洒在园中，给花树做肥料。

……闹钟响了。听见铃声，我疲倦地睁大眼睛，应当起床了。床头小柜上的闹钟是我从家里带来的。我按照冬季的作息时间：六点半起身。儿子帮忙我穿好衣服，扶我下床。他不知道前一夜我做了些什么梦，醒了多少次。

感天动地夫妻情[①]

◇ 陈思和

陈思和（1954—），当代著名学者、教授、博士生导师。

1997年10月8日，普通的一天，中午当我走进先生家的时候，看见任敏师母独自坐在饭厅的一张靠背椅子上，一脸的疲倦，颜色灰黄。后来回想起来，当时真有一丝不祥的征兆掠过心头，但我轻易放过了。在先生家吃午饭，饭桌上问起先生的健康状况，先生还朗声笑着说，“我最近胃口不好，任敏倒是身体不错，东西也吃得多一些了。”师母在一边笑笑，也没有表示特别的赞同。饭后，我与先生先离开饭桌，师母似乎站不起来，用手掌在桌面上支撑了一下，有点吃力的样子。第二次的不祥之兆在瞬间滑过我的心里。

大约半个小时左右，我们在客厅里聊天，先生从房间里出来说，师母头痛，我们连忙走进去，看见师母趴在床边的书桌上，浑身颤抖，嘴角留着口水。我们立刻叫了救护车，把师母送进第一人民医院。诊断为中风。

第一次抢救很顺利，半个月以后师母出院了。可是谁也没有想到，病人回家只坐了一顿饭的工夫，又糊涂过去了。接着是第二次送进医院，师母再也没有清醒过。

半年过去了，师母的病日重一日，不仅完全没有知

① 选自《一个甲子的风雨人情：笔会60年·珍藏版》，文汇报笔会编辑部编，文汇出版社2006年版。

觉，而且因为肺部感染而整日发出凄惨的长啸，一条走廊里布满了不安的声音，只要踏出电梯，啸声就扑面而，来仿佛是命运之门被嘀嘀地敲响。师母住的病房是个重病房，每一次有病人去了，都会引起人们的不安联想。医生也不止一次地暗示病人家属，应该充分意识到情况的严重性。当时我和我的妻子、还有我的学生们，都日夜在医院里轮流照顾病人，对于师母的严重状况早有了准备，唯一使我们担心的是先生的承受能力。谁都知道老人夫妇是如何的相依为命从苦难中走过来，先生已经八十二岁，他会怎样来面对命运之神的无情到来？先生每天在家里等待着师母康复的消息，遇到人第一句话就问：老太太好点嘛？他毫无医学知识和病情观念，只听进别人安慰他的话，却听不进一句危险的警告。当别人告诉他病人很危险很危险，他总是摇摇头，说，“会好的，你们要当心噢。”于是，别人本来想说的话都咽回去了。

师母除了脑中风外，又感染了肺炎，大量的痰涌在喉头，呼吸极为困难，进食完全是靠输液和鼻饲。一人身上插了许多管子，医生是司空见惯，但旁人看了心惊胆战。还是在观察室里，每天用药五百多，钱到领药，旁观者都啧啧叹息，不知是可怜病人还是惋惜那水样流出去的钱。我知道师母当年因先生一案所累，西迁青海任教员，退休回上海后，当地教育局连退休薪金也数年不寄来，遑论医药保险。先生已经退休，微薄的收入仅够日常开销，哪里经得起如此折腾？旁边的好心人突然多了起来，当然不是捐款，而是闲言碎语：人到如此，何必再花冤枉钱？这样的意思，甚至在医务人员的私下谈话里也有所流露。这种时候，只要对病人的信心有一丝动摇，治疗就很难坚持下去。在这个世界上有多少条人命是被认为不值得用更多的钱去换的。但唯有先生，他丝毫也不动摇。家里所有的积蓄都用上了，正好某出版社雪中送炭地汇来一笔稿费，大约有万把元，他看也不看就交到学生手里，说赶快送到医院去。他还亲自找治疗医生，动感情地说：“我和任敏，来上海时手里只有几个铜板，一卷铺盖，现在是有一个像样子的家了，我大不了再拿几个铜板回老家去住。”我想，先生从来就不是一个只说空话的人，他心里早就做好了回老家的打算，才这么豁出去了。

终于有一天，师母高烧不退，时有抽搐，医生已经发出了危险的警告，意思是过不了今夜了，快让病人家属再来看一眼吧。我有点慌，也有点紧张，连忙安排学生去接先生到医院来。先生来了，他一手拄着拐棍，一手紧紧握着师母的手，大声叫着：“任敏！任敏！”他看着毫无反应的师母的脸，认真地说：“任敏啊，以前别人整我们，我们没有办法，现在好了，我们一定不能被自己打倒！你要好起来。”真奇怪啊，从住院以来从来没有反应的病中师母突然泪似喷泉，流得满面都是。第二天清晨，我赶去医院，见病房门口全是人，心里暗暗叫不好，可是跑过去一看，是另一张床上的老人悄悄离世，而师母却度过了难关。

有一次，只有我和先生相对而坐的时候，我忍不住劝先生想开一些，我自作聪明地举了陈从周先生的例子。当年从周先生葬亡妻归来，先生曾去吊唁，从周先生对先生说，此刻的感觉与“文革”中从干校回家一样，一身轻松了。先生听出了我的意思，他沉吟良久，徐徐而说：“人总是会走这条路的，我当然知道。不过能治就一定要治，尽可能抢救，我怕我一松劲，大家就不尽心了。”原来先生心里完全明白啊。我近日常常想起中国有一句古老的话，叫做一寸光阴一寸金，那是教人勉学的意思，但我真实地感觉到另一重意思：人的生命，也是这样一寸寸地买回来的，而这买生命的“金”，不仅是金钱的金，它还是唯人所有的像金子一样的心，黄金的心。

先生面对任敏师母的病，一定想过很多很多。如果说世上真有所谓的患难夫妻，那么，他们当是非常恰配的一个例子。抗战初期，在日本攻读社会学的先生放弃学业回国参加抗战，一度流落西安古城，因为懂日语，被一个驻扎在黄河边上的国民党工兵部队招聘去翻译日文技术资料，师母正在西安商业专科学校会计系念书，由喜读抗日的文艺杂志《七月》；进而被人介绍认识了在《七月》上经常发表创作的先生，他们因爱而结合，而同居在黄河边上。他们没有办过任何社会法律认可的手续，也没有双方家庭的财富和对方的地位作保证，师母只说了一句话，她这人苦吃得起，就是气受不起，所以生活在一起，吃苦不怕，只要不受气就行。先生说他一辈子都遵守这个承诺，可是他没有想到，她以后跟着他吃的苦，竟是那么的大。他们新婚不久，军队里有人怀疑这对浪漫青年的加入是别有企图，怀疑他们是共产党派来的，要秘密逮捕先生，幸好有人通风报信，于是先生带着师母夤夜逃亡。先生晚年所著的回忆录《狱里狱外》一书里，记载着这么一个细节：

> 这一夜天特别黑，真是伸手不见五指，我们不敢走大路，就翻山逃命。一路都是荒山巨石，我走在前面，慢慢地往前摸，爬过一块大石，就轻轻喊任敏，她沿着声音走过来。就这样整整逃了一夜，才脱了危险。

我想，有过这样经历的人是很难忘怀这一切的，先生那低沉的“任敏、任敏”的叫唤声，一定伴随了师母坎坷的一生。就是这一声，吃得起苦的师母付出了多大的代价——1955年先生因胡风冤案牵连入狱，师母也跟着被捕审查、接着发配青海、第二次被捕入狱，整整几年都挣扎在饥饿线上。直到自然灾害时期，她被释放出来，当时她的生活道路可以有多种的选择，但师母毫不犹豫地选择回先生的山西老家，与姑翁生活在一起，代替狱中丈夫尽孝道，为两个老人送了终。所以，那昏沉沉游荡在阴阳界的师母之魂，分明是听到了先生的叫唤，她又返回来了呀！

《狱里狱外》还有一段记载：

> 任敏这许多年受的委屈和苦难，我关在监狱里一点也不知道。1963年10月，我突然收到了一个包裹，包裹的布是家乡织的土布，里面只有一双黑面圆口的布鞋，鞋里放着四颗红枣，四颗核桃，是我们家乡求吉利的习俗。虽然一个字也没有，但我心里明白，任敏还活着，她已经回到了我的家乡了。这件事使我在监狱里激动了很久很久。

这些枣子和核桃的意象，也一定是伴随了先生坎坷的后半生。当师母病倒以后，先生特地找出珍藏多年的书信和日记，精心挑选出他与师母在“文革”后期到平反前后的通信，以及“文革”后等待平反期间的日记，编成厚厚的一本《解冻时节》出版。出版社把校样寄来时，先生亲自拿到医院里，对着昏迷不醒的师母不停地说，“看吧，你写的信，你写的文章，我们都保留下来了……”师母又一次泪流满面。

就这样，当钱花到无钱可花、药用到无药可用、梦做到无梦可做的时候，任敏师母奇迹般地闯过了生死大关，回到了自己的家里。她依然是昏睡不醒，但能够吃东西，能够被搀扶着走下地来。她回到了先生的身边，安心地昏睡着，到现在已经是第三个年头了。

这下子忙坏了高龄的先生，他请来了侄女管理他的家，又请了保姆专门负责照料病人。他听说病人每天吃四种水果：苹果、香蕉、橘子和猕猴桃，对身体有好处，就亲自去购买，亲自来监督师母吃下去，再加上按家乡风俗制作的小米、大枣、核桃、麦片等各种食物煮成的粥，每天不断地喂养着病人。先生亲自照料着这一切，每到晚上，他看着师母已经把一天安排的食物都吃下去了，他伸手摸摸师母的额头，一切都正常了，他才放心地睡下去。有一次，师母因感染，在长海医院里住了几天，治愈后学生们送她回家，先生站在门口，用手抚摸着师母的额头，嘴里唠叨着，“任敏不用怕了，咱们回家了。”是的，在这个世界上，师母只有在先生的身边才会不感到害怕，而只有师母在先生的身边，先生才是最放心的。

但是，善良的愿望仍然是要落实到具体的经济问题，我这里还要谈到先生的困窘的生活状况。先生早在上世纪的50年代为复旦中文系建立了现代文学教研室，成为这一学科的学术带头人。80年代复出以后，他又以精湛的外国文学造诣开拓了复旦大学的比较文学学科，成为全国最早的研究中外文学关系领域的博士生导师。他从五十年代起教书育人，培养了一代又一代的学术人才。这且不说也罢，但就在他最需要经济上支持的时候，他的退休工资只有一千元左右，没有其他的津贴。这当然不是贾先生个人的遭遇，一般高校里的退休的老教授大约处境差不多，可是对一个没有子女补贴，又要负担重病在身的老妻的人来说，生活状况也未免特别艰难了一些。但这些也不说罢了。我想写写先生的，不是他的实际生活面临的困难，而是先生面对这样困难的态度和大气。

贾植芳先生，他在被师母的病拖得山穷水尽的时候，已经是八十几岁的老人了，但是他没有向任何人，包括他的学生，如同他亲生子女一样的学生，吐露过一句关于经济困难的意思。反之，从那时候起，他不声不响地整理起自己的旧稿、日记、书信、回忆录，以及写作各类长短文章。他每天伏案，著述不已。这几年来，他的著作一本接着一本地出版，回忆录《狱里狱外》的修订版（2001年）、纪实体的文献资料《解冻时节》（2000年）、散文集《雕虫杂技》（1998年）、《不能忘却的纪念》（2001年）、自选集《历史的背面》（1998年）、书信集《写给学生》（2000年）、《贾植芳致胡风书札》（影印本，2001年）以及重新修订出版的翻译《契诃夫手记》（2000年）。最近，他又有一部散文集《余年新墨》即将问世。这就是贾植芳先生在这短短四年里的工作。

我把先生的著述放在这么一种环境里论述，绝对没有忽视这些著述的学术价值和文学价值，正相反，凡读过《狱里狱外》、《解冻时节》的读者不会忘记这两部书所传递的历史真实信息的重要意义。有些书，用不着商业操作和传媒渲染，它会让一代代读者为之感动和珍爱，贾先生的书就是这样的书。我也绝对没有把这些书的出版看作是出于纯粹的经济动机，事实上我明明知道其中有几种书的出版作者是拿不到一分稿酬的。但是，我还是要在经济动机上高声赞美贾植芳先生，历来为有志气的文人所不屑一顾的著书都为稻粱谋的行为，在当代文人贾植芳先生身上却焕发出崇高的道德和气节。他一生多灾难，多坎坷，这已经是他的历史了，但现在，就在他八十多岁的衰朽晚年，他仍然用自己的独立特行的思想和艰辛劳动，塑造着一个硬硬朗朗的老知识分子的自我形象。

但是我知道，先生的愿望还远不止这些。有一次，杨浦区区委书记去看望先生，问他有什么困难，先生毫不迟疑地回答，能不能让任敏再醒过来，好好再过一阵子？

这也是我们所有人的愿望。

与妻书[①]

◇ 林觉民

林觉民（1887—1911），字意洞，福建省闽侯县（现在福州市）人，黄花岗七十二烈士之一。《与妻书》是作者参加孙中山领导的广州起义前写给妻子的绝笔书。

意映卿卿如晤，吾今以此书与汝永别矣！吾作此书时，尚是世中一人；汝看此书时，吾已成为阴间一鬼。吾作此书，泪珠和笔墨齐下，不能竟书而欲搁笔，又恐汝不察吾衷，谓吾忍舍汝而死，谓吾不知汝之不欲吾死也，故遂忍悲为汝言之。

吾至爱汝，即此爱汝一念，使吾勇就死也。吾自遇汝以来，常愿天下有情人都成眷属；然遍地腥云，满街狼犬，称心快意，几家能彀？司马春衫，吾不能学太上之忘情也。语云：仁者“老吾老，以及人之老；幼吾幼，以及人之幼”。吾充吾爱汝之心，助天下人爱其所爱，所以敢先汝而死，不顾汝也。汝体吾此心，于啼泣之余，亦以天下人为念，当亦乐牺牲吾身与汝身之福利，为天下人谋永福也。汝其勿悲！

汝忆否？四五年前某夕，吾尝语曰：“与使吾先死也，无宁汝先而死。”汝初闻言而怒，后经吾婉解，虽不谓吾言为是，而亦无词相答。吾之意盖谓以汝之弱，必不能禁失吾之悲，吾先死留苦与汝，吾心不忍，故宁请汝先死，吾担悲也。嗟夫！谁知吾卒先汝而死乎？

吾真真不能忘汝也！回忆后街之屋，入门穿廊，过前后厅，又三四折，有小厅，厅旁一室，为吾与汝双栖之

① 选自《人一生要读的60封家书》，陈焕铖主编，中国和平出版社2006年版。

所。初婚三四个月，适冬之望日前后，窗外疏梅筛月影，依稀掩映；吾与汝并肩携手，低低切切，何事不语？何情不诉？及今思之，空余泪痕。又回忆六七年前，吾之逃家复归也，汝泣告我："望今后有远行，必以告妾，妾愿随君行。"吾亦既许汝矣。前十余日回家，即欲乘便以此行之事语汝，及与汝相对，又不能启口，且以汝之有身也，更恐不胜悲，故唯日日呼酒买醉。嗟夫！当时余心之悲，盖不能以寸管形容之。

吾诚愿以汝相守以死，第以今日事势观之，天灾可以死，盗贼可以死，瓜分之日可以死，奸官污吏虐民可以死，吾辈处今日之中国，国中无地无时不可以死，到那时使吾眼睁睁看汝死，或使汝眼睁睁看我死，吾能之乎？抑汝能之乎？即可不死，而离散不相见，徒使两地眼成穿而骨化石，试问古来几曾见破镜能重圆？则较死为苦也，将奈之何？今日吾与汝幸双健。天下人不当死而死与不愿离而离者，不可数计，钟情如我辈者，能忍之乎？此吾所以敢率性就死不顾汝也。吾今死无余憾，国事成不成自有同志者在。依新已五岁，转眼成人，汝其善抚之，使之肖我。汝腹中之物，吾疑其女也，女必像汝，吾心甚慰。或又是男，则亦教其以父志为志，则我死后尚有二意洞在也。甚幸，甚幸！吾家后日当甚贫，贫无所苦，清静过日而已。

吾今与汝无言矣。吾居九泉之下遥闻汝哭声，当哭相和也。吾平日不信有鬼，今则又望其真有。今人又言心电感应有道，吾亦望其言是实，则吾之死，吾灵尚依依旁汝也，汝不必以无侣悲。

吾平生未尝以吾所志语汝，是吾不是处；然语之，又恐汝日日为吾担忧。吾牺牲百死而不辞，而使汝担忧，的的非吾所忍。吾爱汝至，所以为汝谋者唯恐未尽。汝幸而偶我，又何不幸而生今日中国！吾幸而得汝，又何不幸而生今日之中国！卒不忍独善其身。嗟夫！巾短情长，所未尽者，尚有万千，汝可以模拟得之。吾今不能见汝矣！汝不能舍吾，其时时于梦中得我乎！一恸！

辛未三月念六夜四鼓，意洞手书。

家中诸母皆通文，有不解处，望请其指教，当尽吾意为幸。

婚姻是一件很重要的事情[①]

◇ 米奇·阿尔博姆

米奇·阿尔博姆（1959—），美国著名专栏作家、电台主持。著有纪实作品《相约星期二》，小说《你在天堂里遇见的五个人》、《一日重生》等。

……

婚姻。几乎所有我认识的人都对婚姻感到困惑。有的不知怎样走进去，有的不知怎样走出来。我们这一代人似乎想挣脱某种义务的束缚，把婚姻视作泥潭中的鳄鱼。我常常出席别人的婚礼，向新婚夫妇贺喜祝福。然而几年以后，当那位新郎与另一位他称作朋友的年轻女子同坐在饭店里时，我只会稍感惊讶而已。"你知道，我已经和某某分居了……"他会对你如是说。

我们为什么会遇到难题？我问了莫里。当我等了七年后才向詹宁求婚时，我暗自在想，是不是我们这一代人要比我们的前辈更加谨慎，或者更加自私？

"咳，我为你们这一代人感到遗憾，"莫里说。"在这个社会，人与人之间产生一种爱的关系是十分重要的，因为我们文化中的很大一部分并没有给予你这种东西。可是现在这些可怜的年轻人，要么过于自私而无法和别人建立真诚的恋爱关系，要么轻率地走进婚姻殿堂，然后六个月后又匆匆地逃了出来。他们并不清楚要从伴侣那儿得到什么。他们连自己也无法认清——又如何去认识他们要嫁娶的人呢？"

---

① 选自《相约星期二》，（美）阿尔博姆著，吴洪译，上海译文出版社1998年版。题目为编者所加。

他叹了口气。莫里当教授的那会儿曾接受过许多不幸恋人的咨询。“这很令人悲哀，因为一个爱人对你的生活是非常重要的。你会意识到这一点，尤其当你处于我的境地时。朋友对你也很重要，但当你咳得无法入睡，得有人整夜坐着陪伴你、安慰你、帮助你时，朋友就无能为力了。”

在学校里相识的夏洛特和莫里结婚已有四十四年了。我在观察他们在一起的生活：她提醒他吃药，进来按摩一下他的颈部，或和他谈论他们的儿子。他们像一个队里的队员，彼此只需一个眼神就能心领神会。夏洛特和莫里不同，她性格比较内向，但我知道莫里非常尊重她。我们谈话时他常常说，“夏洛特要是知道我在谈论这事会不高兴的。”于是便结束了这个话题。这是莫里唯一克制自己情感世界的时候。

“我对婚姻有这样一个体会，”他对我说。“你通过婚姻可以得到检验。你认识了自己，也认识了对方，知道了你们彼此是否合得来。”

“有没有一条标准可以用来衡量婚姻的成功与否？”

莫里笑了。“事情没有那么简单的，米奇。”

“我知道。”

“不过，”他说，“爱情和婚姻还是有章可循的：如果你不尊重对方，你们的关系就会有麻烦；如果你不懂怎样妥协，你们的关系就会有麻烦；如果你们

列夫·托尔斯泰说过：“幸福的家庭都是一样的，不幸的家庭却各有各的不幸。”幸福的家庭都拥有以下几样东西：童心、浪漫、亲昵、幽默、沟通、欣赏……

彼此不能开诚布公地交流，你们的关系就会有麻烦；如果你们没有共同的价值观，你们同样会有麻烦。你们必须有相同的价值观。

“而这一价值观里最重要的，米奇。”

“是什么？”

“你们对婚姻的重要性的信念。”

他擤了一下鼻子，然后闭上了眼睛。

“我个人认为，”他叹了口气说，“婚姻是一件很重要的事情，如果你没去尝试，你就会失去很多很多。”

他用一句诗来结束了这个话题：“相爱或者死亡。”他十分虔诚地相信这句箴言。

论婚姻[①]

◇ 弗朗西斯·培根

弗朗西斯·培根（1561—1626），英国教育家、思想家。代表作有《人生论》、《培根随笔》、《论人类的知识》等。

成了家的人，可以说对命运之神付出了抵押品。因为家庭难免拖累事业，而无论这种事业的性质如何。

所以最能为公众献身人，应当是不被家室所累的人。因为只有这种人，才能够把他的全部爱情和财产，都奉献给唯一的情人——公众。而那种有家室的人，恐怕宁愿把最好的东西留给自己的后代。

有的人在结婚后仍然愿意过独身生活。因为他们不喜欢家庭，把妻子儿女看作经济上的累赘。还有一些富人甚至以无子嗣为自豪。也许他们是担心，一旦有了子女就瓜分现有的财产吧。有一种人过独身生活是为了保持自由，以避免受约束于对家庭承担的义务和责任。但这种人，可能会认为腰带和鞋带，也难免是一种束缚呢！

实际上，独身者也许可以成为最好的朋友，最好的主人，最好的仆人，但很难成为最好的公民。因为他们随时可以迁逃，所以差不多一切流窜犯都是无家者。

作为献身宗教的僧侣，是有理由保持独身的。否则他们的慈悲就先布施于家人而不是供奉于上帝了。作为法官与律师，是否独身关系并不大。因为只要他们身边

① 选自《人生论》，（英）培根著，何新译，陕西师范大学出版社2003年版。

有一个坏的幕僚，其进谗言的能力就足以抵上五个妻子。作为军人，有家室则是好事，这正可以在战场上激发他们的责任感和勇气。这一点可以从土耳其的事例中得到反证——那里的风俗不重视婚姻和家庭，结果他们士兵的斗志很差。

对家庭的责任心不仅是人类的一种约束，也是一种训练。那种独身的人，虽然在用起来似很慷慨，但实际上往往是心肠很硬的，因为他们不懂得对他人的爱。一种好的风俗，能教化出情感坚贞的男子汉，例如像尤利西斯（Ulysses）[①]那样，他曾抵制美丽女神的诱惑，而保持了对妻子的忠贞。

一个独身的女人常常是骄横的。因为她需要显示，她的贞节似乎是自愿保持的。

如果一个女人为丈夫的聪明优秀而自豪，那么这就是使她忠贞不渝的最好保证。但如果一个女人发现她的丈夫是妒忌多疑的，那么她将绝不会认为他是聪明的。

在人生中，妻子是青年时代的情人，中年时代的伴侣，暮年时代的守护。所以在人的一生中，只要有合适的对象，任何时候结婚都是有道理的。但也有一位古代哲人，对于人应当在何时结婚这个问题是这样说的：“年纪少时还不应当，年纪大时已不必要。”[②]美满的婚姻是难得一遇的。常可见到许多不出色的丈夫却有一位美丽的妻子。这莫非是因为这种丈夫由于具有不多的优点而更值得被珍视吗？也许因为伴随这种丈夫，将可以考验一个妇人的忍耐精神吧？如果这种婚姻出自一个女人的自愿选择，甚至是不顾亲友的劝告而选择的，那么就让她自己去品尝这枚果实的滋味吧。

---

① 尤利西斯（Ulysses）：荷马史诗中的英雄。是远征特洛伊的希腊军团首领之一，足智多谋。曾被困于海岛上，为仙女克立普索所爱，许以长生不老。但他念夫妻之情，拒绝了仙女而回到了妻子身边。

② 指希腊哲学家泰勒斯（Thales）。卒于前546年，终生独身。此话出自普鲁塔克《论文集》（Symposiac）问答篇第六章。亦见于蒙田《散文集》。

家的闲话[1]

◇ 陈村

面对白纸

面对白纸，我问“你是谁”，接着又问“我是谁”。我一个字一个字地写给你看，也写给我看。这样的问问写写，十分愉快，愉快得像是一个游戏。你在寻找我，而我在寻找你和我。你找我其实为了找你自己。

游戏就从这样的绕口令开始。

我们共有一份白纸。那是我们相互追逐或规避的广场。

一间屋子

我们从家开始。

小小的孩子就知道家，自己的家和别人的家。家是一个又古又老的概念。可是，只有等我们一节一节长大，才知道家首先是一间屋子（至少一间）。屋子由墙和门窗构成。

有墙，是为了确定一个方位，以便区别内与外。有门，是说有人要进来。此门可进可出，是说进来的还要出去，出去的还会进来。有窗，是说即便进来了也想看看墙外的天地。

---

① 选自《陈村亲情美文》，陈村著，广东人民出版社1999年版。

所以，家的这间屋子总是封闭的，也是漏光漏气的，还漏人。

四海为家

我常在家中做四海为家的梦。

于是，家便成了四海。

门与窗

窗是最浪漫的。

窗透光通气，将人的目光引伸到远方。假如光是月光，气是清气，目光又恰巧落到美丽或伤感的（或又美丽又伤感的）什么地方，那是一定要做诗的。即使现在不兴做诗，也是要唱唱流行歌的。唱完是不是轻叹一声？

看着门，人总有点紧张：出去还是进来？它如同“生还是死”的命题，句式的类同就叫人沉重。看着窗可就潇洒多了，分明无意出去却做着出去的遐想。分明没什么进了来，却生出迎接的幻想。敲门叫人警觉，敲窗叫人心动。手指扣在玻璃上的声音，无疑比扣门板动听，哪怕是老僧所敲的月下之门。

有谁会从窗口进来呢？谢天谢地，除了贼。但是既然做贼，倒是用不着扣门敲窗的。敲窗之贼是偷心来的贼，应了电影中那不朽的惊喜：我是你的同谋！

古来有“墙头马上”的戏。墙是院墙，离闺房尚远，没了院子，窗台就成了墙头。后来房子渐造渐高，翻窗成了不可想象的事，窗前那莫须有的浪漫不免大大减色。

难怪，人们常常懒得去擦那窗玻璃。

窗栅

窗前装上了铁栅，是怕人出去还是怕人进来？

窗栅最大的好处是世界从此变成一格一格的。要是阳光进屋，阳光也一格一格。阳光投在人的身上，身体也一格一格。一格一格的东西比较容易把握，容易消化。我们可以在家中放心做一个主人。

窗帘

窗户是特殊的墙。窗帘是特殊的窗。

窗帘是家的大幕。戏总在幕后演出。

要是这天恰巧缺了窗帘，那是说露天剧场遇上了大雨。这种情形中，演员往往心神不宁。

现在有许多金属的百叶窗帘，家像有许多眼皮，一开一合。如果没说错，眼皮后面很可能是一双眼睛，一双有很多很多眼皮的眼睛。

整洁的家

家要是太整洁了，我便会情不自禁地疑惑，觉得进入了收费厕所。

墙

墙外是什么？

墙是我们想象力的开端。

在都市，我们总是沿着墙行走。我们总是在墙边活动，在两堵墙之间，在四堵墙之中，上下还有两块不是墙的墙。连我们的影子也经常不可避免地留在墙上。我们习惯了墙的存在，

墙的无所不在。在没有墙的地方，我们怅然若失。

那时，我们视大地为墙，太阳从墙后上升。

而天，是一堵更大的墙。

地

我们在家中看不见地，只看见地板、地毯或别的建筑材料。在很少的时

候，我们看见了真正的地——土地，那时，我们将怜悯房子的主人。

然而，地是永远重要的，哪怕立锥之地。大地上的一切，都是地里长出来的。

我们不希望家中的地里再长点什么出来。我们祈祷大地沉默。我们心里总有点发虚，生怕它打个哈欠什么的。

地毯

地毯并不是地板上长出来的毛毛。

地毯是室内的草坪，让我们像羊一样走在草上，不必浇水。

天花板

墙是供人看的，所以要挂字画饰物，要色彩与质地的讲究。除了宗教场所的拱顶，头上的天花板是留给自己的。

于是，天花板上最少装饰。

脚享受地，身体和眼睛享受墙，头顶享受天花板。我爱懒懒地躺着，我是一名天花板爱好者。由于很少有躺到别人床上的荣幸，通常只能欣赏自己家的那个顶。逆光下，泥工即兴涂抹的痕迹异常生动。它吟唱，奔腾，出神入化，鬼斧神功，大气磅礴。像天一样的天花板呀！墙面的刻意装饰顿时可怜起来。叭儿狗面对一匹狼怎会不可怜呢？

光从上面泻下来，太阳般地普照我们。灯光下，家中的一切有着太多的功利和意义，实在得排斥所有的想象。可以救救我们的只有这天花板了。依据这个心理，教堂的神老爱蹲在那高高的顶上。

卫生间

只有在这里，我们才真正回到了自己。

这是本世纪最通俗最深刻的悲剧。

锁

我曾想写一个故事。一个人，得到了新居，高高兴兴地装修，虔诚地装锁，一切进行得非常完美。他站在门外，这里看看那里瞧瞧有点得意。

不料，一阵风将门吹上了。他没带钥匙。这时他才可以真正放心，这锁实在是非常的牢靠。

锁的故事太多了。

灰尘

灰尘是物体的头皮屑。灰尘是隐身人，装聋作哑半痴不呆地散步，随后均匀地附在另一物体的头皮上。

灰尘无处不在。

灰尘积多了，叫做尘土。无论你是什么，日后必归于尘土。这是上帝规定的。

我抓起一把尘土，摊在掌心细细分辨。它们其貌不扬，难分彼此。一旦成灰，就无所谓形状色彩精华糟粕。灰尘面前人人平等。我看着自己的手，想，这是以后的灰尘在托着现在的灰尘。只有时间的作用，没有命运的例外。

因为无一例外，所以不必悲伤。乘风而起，随风飘荡，无所不在，一无所求。所谓的神话大概是指这尘吧。用我家乡的话读，神和尘的读音是一样的。这难道是巧合？

什么地方

关于家的最后也是最大的一个问题是：家在什么地方？

我们为此而安居，而迁徙，而焦灼，而疑惑，而费尽心机，而一无所有，而家破人亡。

中国人将此称为“风水”。

家，甜蜜的家[①]

◇ 约翰·霍华德·佩恩

约翰·霍华德·佩恩

（1791—1852）美国演员、剧作家及诗人。

虽然我们可以漫游在乐园和宫殿之中，
可是天下没有比家更好的地方，
即便它是这样简陋普通；
天意似乎要我们成为那一方神圣，
你找遍天涯也决不会遇到那种地方。
家，家，甜蜜，甜蜜的家！
天下没有比家更好的地方，
哦，天下没有比家更好的地方！
即便是离乡背井，
那豪华壮丽的景象也不会使我眼花缭乱，
哦，还我低矮的茅屋！
唤来鸟儿的欢鸣，
比什么都宝贵的是恢复心境的安宁！
家，家，甜蜜，甜蜜的家！
天下没有比家更好的地方，
哦，天下没有比家更好的地方！
凝望天上的明月，踏着沉寂的荒野，
我感到我母亲此刻正思念她的孩子，
她正站在我们的小屋门前，

① 选自《美国读本》，（美）戴安娜·拉维奇编，陈凯等译，国际文化出版公司2005年版。

透过葡萄藤仰望那轮明月,
而葡萄的香气却不会使我欢乐。
家, 家, 甜蜜, 甜蜜的家!
天下没有比家更好的地方,
哦, 天下没有比家更好的地方!
多么甜蜜啊, 坐下看着慈父的笑脸,
让母亲的抚摸给我安慰消遣,
就让别人以漫游在新乐园里为乐吧,
但是给我, 哦, 给我家的欢乐。
家, 家, 甜蜜, 甜蜜的家!
天下没有比家更好的地方,
哦, 天下没有比家更好的地方!
我已操劳过度, 我要回到你身边;
你的微笑给我最亲切的安抚;
我再也不离开那小屋到处漫游;
天下没有比家更好的地方,
即便它是这样普通简陋。
家, 家, 甜蜜, 甜蜜的家!
天下没有比家更好的地方,
哦, 天下没有比家更好的地方!

相约星期二[①]

——谈论家庭

◇ 米奇·阿尔博姆

……

“好吧，我的朋友，”他说，“今天我们谈什么？”

谈家庭怎么样？

“家庭，”他思考了一会儿。“嗯，你已经看见了我的家庭，都在我的周围。”

他点头示意我看书架上的那些照片，有莫里小时候同他祖母的合影，有莫里年轻时同他弟弟大卫的合影，还有他和妻子夏洛特以及两个儿子的合影。大儿子罗布在东京当记者，小儿子乔恩是波士顿的电脑专家。

“我觉得，鉴于我们在这几个星期里所谈的内容，家庭问题变得尤为重要了。”他说。

“事实上，如果没有家庭，人们便失去了可以支撑的根基。我得病后对这一点更有体会。如果你得不到来自家庭的支持、爱抚、照顾和关心，你拥有的东西便少得可怜。爱是至高无上的，正如我们的大诗人奥登说的那样，‘相爱或者死亡’。”

“相爱或者死亡。”我把它写了下来。奥登说过这话？

“相爱或者死亡，”莫里说，“说得真好，说得太对

---

① 选自《相约星期二》，（美）阿尔博姆著，吴洪译，上海译文出版社1998年版。

了。没有了爱，我们便成了折断翅膀的小鸟。

“假设我离了婚，或一个人生活，或没有孩子。这疾病——我所经受的这种疾病——就会更加难以忍受。我不敢肯定我是否应付得了它。当然，会有人来探望的，朋友，同事。但他们和不会离去的家人是不一样的。这跟有一个始终关心着你、和你形影不离的人不是一回事。

“这就是家庭的部分涵义，不仅仅是爱，而且还告诉别人有人守护着你。这是我母亲去世时我最想得到的——我称它为‘心理安全’——知道有一个家在守护着你。只有家庭能给予你这种感觉。金钱办不到。名望办不到。”

他看了我一眼。

“工作也办不到。”他又加了一句。

生育后代是列在我目录上的问题之一——一个在生活中必须尽早予以考虑的问题。我对莫里谈了我们这一代人在生育孩子上的矛盾心理，我们视孩子为自己事业上的绊脚石，觉得他们在迫使我们干那些本不愿干的“家长”活儿。我承认我也有这样的情绪。

然而，当我望着莫里时，我不禁在想，如果我处于他的境遇，将不久于人世，但我没有家庭，没有孩子，我能承受得了那种空虚感吗？莫里培养了两个富有爱心的儿子。他们像父亲一样勇于表露感情。要是莫里有这个愿望的话，他们会放下工作，分分秒秒地陪在父亲的身边，伴他走完最后几个月的旅程。但这不是莫里的意愿。

“别停止你们的生活，”他对他们说。“不然的话，被病魔毁掉的不是我一个，而是三个。”

因此，尽管他将不久于人世，他对孩子们的世界仍表示出极大的尊敬和自豪。当他们父子三个坐在一起时，常常会有瀑布般的感情宣泄，亲吻，打趣，相拥在床边，几只手握在一块。

“每当有人问我要不要生孩子时，我从不告诉他们该怎么做。”莫里望着大儿子的照片说。“我只说，‘在生孩子这件事上是没有经验可循的。’就是这么回事。也没有任何东西能替代它。你和朋友无法做这事，你和情人也无法做这事。如果你想体验怎样对另一个人承担责任，想学会如何全身心地去爱的话，那么你就应该有孩子。”

“那么你想不想再有孩子？”我问。

我扫了一眼那张照片。罗布亲吻着莫里的前额，莫里闭着眼睛在笑 “想不想再有孩子？” 他显得有些惊讶地说。“米奇，我是决不会错过这份经历的，即使……”

他喉咙哽咽了一下，他把照片放在大腿上。

“即使要付出沉痛的代价。” 他说。

因为你将要离开他们。

“因为我不久就要离他们而去了。”

他合上嘴，闭上了眼睛，我看见他的第一颗泪珠顺着脸颊淌了下来。

……

爱的契约[①]

◇ 威尔·斯坦顿

威尔·斯坦顿，美国作家。

威尔·斯坦顿和玛吉结婚的时候，经济上很拮据，暂且不说买汽车和房子，就连玛吉的结婚戒指还是威尔·斯坦顿分期付款购置的。可是如今却大不相同了，人们结婚不但讲排场摆阔气，而且还聘请顾问，签订夫妇契约。听说有些学校还要开设什么婚姻指导课呢！

威尔·斯坦顿真希望他和玛吉也能领受一下这方面的教益。这倒并不是说他们的夫妻生活不和睦。不，绝非如此！要知道，他们在婚前就有了一个共同点——玛吉和他都不爱吃油煎饼。瞧，这不是天生的一对？然而他们结合的基础仅此而已。

威尔·斯坦顿想，签订一种契约也许会使他们的家庭生活走上正轨。于是，威尔·斯坦顿和玛吉谈谈。

"玛吉，"威尔·斯坦顿说，"婚姻对人的一生至关重要。可是我们结婚的时候……"

"你在胡扯些什么？"她不由得一愣，手里的东西掉了下来。

"瞧，香蕉皮都掉在地上了。"威尔·斯坦顿有意岔开她的话题，"垃圾筒都满了。要是你及时去倒，就不会有这种事了。"

"四个孩子，十间房间，你关心的却只是香蕉皮。"

---

① 选自《读者文摘（精辟版Ⅲ）：天使走过人间》，东方笑编，陕西师范大学出版社2006年版。

她生气地说。

威尔·斯坦顿从口袋里掏出一本名为《婚姻指南》的手册，“这本书是我从药房里买来的。”没等威尔·斯坦顿说完，玛吉已拎起垃圾筒赌气地往外走去。没关系，结婚教会威尔·斯坦顿最大的秘决就是忍耐，忍耐就是成功。她回到屋里后，威尔·斯坦顿接着说：“这里有一份夫妇契约的样本，是由一个名叫莫里森和罗沙的夫妇签订的，它适用于任何夫妇。”

玛吉显然对这个话题感兴趣，“讲下去。”她催促道。

威尔·斯坦顿打开书念道：“第一，分析每对夫妇过去的生活——是否有遗传病或精神病史，是否有吸毒嗜好和犯罪历史，是否有……”

“别说了，我不想听下去。”她失望地说，“只有傻瓜地会和这种人结婚。”

“当然，”威尔·斯坦顿解释说：“这并不是说莫里森和罗沙也有这类事情。但是，了解情人的过去总要比蒙在鼓里一无所知好得多。这样蜜月结束后，即使碰上令人难堪的事情，你也不会感到束手无策。”

“这些对于我们来说已经为时过晚了。”

“怎么会为时过晚呢？一切可以从头开始。要是我们现在也签订一份契约的话……”

“签订什么？”玛吉吃惊地问。

“签订契——约。”威尔·斯坦顿故意拖长了音调。

“为什么？”玛吉疑惑地问。

“因为契约有着一种不可抗拒的约束力。另外，它还能合理地分配我们之间的责任和权力。”威尔·斯坦顿停顿了一下，建议说：“让我们也签订一份契约吧！比如每逢单年由你决定到哪儿去度假，双年则由我说了算。”

“要是轮到我做主时，正碰上手头上没钱，那我们不是只能呆在家里了吗？”她反问。

“不错，但这只不过是一种特殊情况。”威尔·斯坦顿说，“另外，契约也不是一成不变的，我们可以酌情处理嘛。”

“如果契约可以随意改变，那它还有什么用处呢？”玛吉反驳说。

“言之有理。”威尔·斯坦顿说，“想不到你还知道这些基本常识。”

“如果你也懂得这些常识，就不会提出签订什么契约了。”

“要知道，女人经常喜欢谈论平等和自由。一张契约至少可以解决这方面的问题。”威尔·斯坦顿辩解说。

“你不懂，亲爱的，”玛吉两眼盯着威尔·斯坦顿的脸，激动地说，“平等对于女人来说无关紧要，关键在于男人是否值得她们爱。要是一个女人真心爱上了一个男人，她就会做一切事情来使他快活。这绝不是那张该死的契约所起的作用，而是她自己心甘情愿这样做。”说完她转身走进隔壁的厨房。

没想到玛吉懂得这么多的道理。威尔·斯坦顿终于认输了。

“要喝咖啡吗？亲爱的，我刚煮了一壶。”玛吉探出半个身子温柔地问道。

“咖啡？太好了。”威尔·斯坦顿转过身看见她嘴里咀嚼着什么，“你在吃啥？”

“油煎饼，想尝尝吗？”她笑着问。

“我的天啊！我和玛吉共同生活了十七年，难道她还不知道我讨厌油煎饼吗？她自己也是一看到油煎饼就会呕吐的，这到底是怎么回事？”威尔·斯坦顿走进厨房。

“玛吉，你喜欢吃油煎饼？”威尔·斯坦顿不解地问。

“是啊，怎么啦？”她神秘地眨了眨眼。

“记得我们第一次约会，我给你要了一杯咖啡，问你是否要油煎饼，你拒绝了，说是你不喜欢。”

“是的，你记得不错。”她爽快地说，“可是当时你口袋里只有五角钱，还是向别人借的。”

“可油煎饼只需要一角钱呀！”

“别打肿脸充胖子，那样回家的车钱就没啦。”说着，她不住地大笑起来。

这下威尔·斯坦顿哑口无言了，“哎——”他窘迫地长叹了一声。

接着，玛吉诙谐地说：“莫里森和罗沙的契约可能是一纸空文。今后我们生活中也许会遇到许多的问题，因为罗沙肯定不曾替莫里森考虑过是否有回家的车钱这类事。”她停顿了一下，意味深长地说，“爱的契约不是签订在纸上的，它只能体现在情人相互体谅和关怀之中。”

这时威尔·斯坦顿才恍然大悟。玛吉真是个好妻子，谁能像她那样初恋时就如此了解和体贴我啊！威尔·斯坦顿坐在她身边，贪婪地吃着热腾腾的油煎饼，嘿，味道还真不错哩！

过了一会儿，威尔·斯坦顿也从包里拿出两只油煎饼——早晨他瞒着玛吉买的，递给她一只说：“我以前不吃油煎饼，但我可以从头学起！”

“相吸”到“相依”①

◇ 董桥

董桥（1942—），当代著名学者。

一

美国哥伦比亚大学迈可·R·利波维奇（Dr. MichaelR. liebowitz）的新论著叫做《爱情的神秘变化过程》（The Chemstry of Love）。这本书里有一个观点非常浅白也非常重要。利波维奇说：“相吸（Attration）跟相依（Attachment）是不同的。相吸和相依是爱的不同层面。相依是一种深厚温暖的感情，既能予人以平静之感，又能教人萌欣慰之情。”

利波维奇说：“人类代代相传的先决条件是：第一，成年男女必会异性相吸，交成配偶；第二，配偶的儿女必须受到保护，让他们度过无知的成长阶段而生存下去。相依之情不仅足以长时期维系母亲与婴儿的关系，也可以使父亲置身其间，连成一体。”可惜，我们大家都把相吸和相依这两种“爱”混为一谈，弄得纠缠不清，彼此痛苦。两性从相吸发展到相依的过程是漫长的；在这个发展过程中，两性关系要保持“花前月下的柔情蜜意”（Romantic）并不容易。在感情升华为相依的过程中，情人应该有彼此容忍或迁就的涵养；这个时候，相吸时期的激情早该过去了。这不是冷酷的现实，而是自然的现象。况且，“相依”一点不冷淡，反而很温馨，利

① 选自《文化眉批》，董桥著，新世纪出版社1998年版。

波维奇说："在我们的文化意识形态里，我们要求男女之爱永远徘徊在花前月下。"这是人类婚姻生活的痛苦根源。

二

亨利·戴维·索罗说："爱情无可救药，唯一的良药就是越爱越深。""深"字一点不深；"深厚温暖的感情"就是深。

易言之，是"相依"。

易言之，不是"相吸"。

三

米尔本太太是英国乡下家庭主妇。第二次世界大战期间，她的儿子艾伦入伍到前线参战，她和丈夫杰克留在家里过着烽火中的普通老百姓生活，天天一面照常作息，一面苦苦等候儿子从前线寄回来的家书。米尔本太太从儿子入伍那天开始写日记，天天写，写到战争结束儿子回家那天。她的日记后来编成一本三百七十四页的书，书名叫《米尔本太太日记：1939年至1945年一位英国妇女的日思录》。有一次，艾伦好久没有音讯，前方传来的消息说，他那支部队给德军歼灭了，大概凶多吉少。米尔本太太跟丈夫杰克不肯绝望也不敢奢望。直到有一天——"7月16日星期二。……大约五点三十分，我拖着沉重的步伐带着小狗到田野散步。走了好一段路，突然听到杰克在叫我，回头看到他站在老远的树篱前向我招手。'不会是关于艾伦的电报吧！'我不敢往下想，很快就跟杰克在田野中间会合。"国防部来电话说收到一通电报：艾伦现在是德军的战俘。"他说，'谢谢天！'我们紧紧抱在一起，欣喜不可名状。他到底还活着，不是战死……"

四

小说家必利吉德（V. S. Pritchett）1980年八十岁生日写了一篇文章叫《与世纪同年》（As Old as the Century），文中有一段这样写他夫人：

“……可是只要我把烟斗弄干净，坐下来展纸提笔，我就不再发牢骚了。我十岁就受文字魔力的驱唤。伏案四小时，什么时间观念都没有了，只觉得几分钟而已；我太太叫我下楼去吃好吃的中饭。她整个早上都在打字机前誊写我前一天写的东西，笑我拼音差劲，认不出我的蝇头小字还要自己加些别的字；她早知道文章打出来之后我一定又要改来改去，非要重打两三次不可；她也是个事事求尽善尽美的人。我们合作愉快；她的记性比我强；我照她的批评改文章。她总是客客气气打发掉那些打电话找我的人，还有那些势利鬼，老以为我活着就是为了读他们的论文和著作，老要我写书评，要我接受访问，发表演讲，替他们当咨询人。她还要经常应付那些不速之客，这些都是作家生活的克星。她比我年轻，比我有魄力……”

五

比萧邦大六岁的乔治桑追求萧邦的时候对朋友说：

“他好像很怕见人，不知道他怕的是什么？”

萧邦搬去跟乔治桑和她儿女住。萧邦整天写曲练琴，做完一天的工作之后才对乔治桑发抒牢骚。乔治桑说：

“他找我谈话，像当年莫里耶找女仆人谈话一样。”

恋情淡得不能再淡了。乔治桑说：

“我的眼睛终于睁开来了。我再也不让我的肉体和鲜血成为薄幸和邪恶的牧场。”

萧邦和乔治桑最后一次见面两个人都已经没有话说了：

“好吗？”

“好。”

婚姻[①]

◇ 杰拉尔德·布瑞南

杰拉尔德·布瑞南，英国学者、作家。著有《枯季思絮》一书，探讨了有关人生、爱情和婚姻的关系。

美满婚姻所需要的特质远比爱情需要的紧要得多。它们涉及到人的品格个性的每一个方面，这样，在肉体的魅力渐渐消失之后，这一婚姻仍能同过去一样稳定、丰富。

按照拉罗什富科所言，生活中，婚姻有合适的却无十全十美的。在他那个时代，婚姻的确立并非始于相爱，而是爱情慢慢滋生于婚姻之后。今天，先是爱情，当然，不管此时情感多么热烈、多么迷恋，也不一定预兆今后婚姻的稳定性。

婚姻的伟大之处，在于它能使一个人即使独自一人时也不会觉得孤独。

婚姻呈现稳定的状态，在发展过程中不断获得自己的燃料，自身由此而补充、更新。

幸福的婚姻里，妻子是气候，丈夫是风景。

---

① 选自《人文精神读本·生活》，黎尚主编，中央编译出版社2006年版。

婚姻的伟大之处，就在于能够使一个人即便独自一人时，也不会觉得孤单。

婚后的爱情是一条溪流，在流淌一段时间后，便潜入地面，在地底下流淌。地下有东西存在，但谁也不知道是什么。只有植物的生长表明那里仍然流淌着水。

她的双手冻得发肿，紧搓一起，这动作让他顿生怜悯之情。他同情的不是她，而是这双搓在一起的长有冻疮的手。啊，他永远也不能把她抛下了。

在丈夫或妻子死后，活下的那位会渐渐感到悔恨，更多的不是因为说过的话或干过的事，而是因为爱情的失败。

侵蚀婚姻的病菌好比破坏树木的霉变。这病菌便是出现在情感中的忧郁或怨恨，如果不将之捕获，它就会在整个系统蔓延开去，毒害每一个细微的思绪。极为琐碎的事情都能诱发它，随着时间推移，日积月累，一连串的牢骚便接踵而至。要解决好这个问题，唯一的办法就是大吵一顿。吵架时一切都抖露出来说个清清楚楚，结果便是和解，上床睡觉。

她心里开始清楚知道了他的谈话是什么样的。和他谈话就像在读周周的报纸。

结婚是两个人的一种安排，开始时各自得到对方的最佳点，可结局呢，却常常得到对方的最差点。婚姻像一列火车。只有发生事故时它才会脱轨。

微不足道的事情也能毁掉一个婚姻。譬如，一位喜欢睡觉开窗户，另一位则喜欢关窗户，这种事就能导致破裂。

开始相互厌烦的中年夫妻，可以发现如果他们养上一条狗，两人的关系就能更密切一些。或者，最好养两条，一人一条。经济不富裕是稳定婚姻的首要条件之一。两口子没有财力来分开。接着，孩子长大后，两人又产生对孤独的恐惧。

婚后的女人想找人交谈，却又怕陷入可能发生的爱情之中。于是，她们便找那些前来粉刷房间的、擦洗窗户的，或者节假日偶然相遇的陌生人，因为这些交谈不会有什么危险。

一对夫妻有位女朋友或女亲戚，这种情况下，最讨厌的一点，是她想卷进维系两口子的情感潮流的涨潮和落潮之中。她从不明白正在发生什么，因为她以自己的道德评判来施加于他们身上。她对他好吗？他关心她吗？诸如此类。她忘记有被虐待狂和虐待狂、有魅力和怨恨贯穿于最物质性的关系之中，正是这种细如游丝的东西，可能比许多精心编织的粗绳索还要结实得多。事实上婚姻是保护得最好的秘密，谁要想介入或喜欢偏袒一方，只要一产生这种试图，他们便会发现自己被冷落了。

虚假的爱情不会被藐视。尽管女人是为自己而需要有人爱，尽管年过半百的男人有人爱主要是因为看中他们的银行存款，他们仍会觉得更安全。一般来说，他们的谨慎是不会落空的。

有时，夫妻间有一方指责对方对自己有隐瞒甚至说谎，这种时候，他只不过要由自己来训斥别人。实际上，他自己早就变得不轻易道出真情和保守秘密了。

对某些男人来说，婚姻是自私的摇篮，他们舒舒服服地生活在这个摇篮里，一方面对嫁给他们的女人了如指掌，另一方面自己却可以随心所欲。“亲爱的，这汤味道太差了。”

西班牙的新娘，有充分的理由比英国的新娘在性生活方面感到满足，并且毫无自卑的感觉。不管如何，她们绝不会让人难受，因为她们不会是莎士比亚笔下的女人或塞尚画中的姑娘。

某些人只是在客人面前才对丈夫或妻子评头论足。说话时，他们总带着开玩笑的口吻，然而，在他们的言语背后，常常含有某种感觉。

主张女权主义的姑娘，发誓自己要保持独立。她说，没有男人能将她强行变为一个家庭奴隶，也不可能阻碍她成为一个艺术家或作家。可是，随即她结了婚。婚姻产生的快乐将她征服了，于是，她乐于准备去逛商店、做饭、缝缝补补、替丈夫打打字，所谓当画家、当作家的经历被搁置一旁，最后忘得一干二净。情况之所以如此，是因为爱情对女性来说，比对男性有更强烈、更深刻的影响。她们满足于此，履行关心丈夫、照料家庭和孩子的职责，而对男人而言，这些不过是他们实际生活的背景。他们真正的生活是在家庭之外的工作之中。为什么已婚女性现在在艺术上只占据着次要的位置，这便是一个基本原因。

浮生六记[①]（节选）

◇ 沈复

沈复（1763—1825），字三白，清代文学家。

余幼聘金沙于氏，八龄而夭。娶陈氏。陈名芸，字淑珍，舅氏心余先生女也，生而颖慧，学语时，口授《琵琶行》，即能成诵。四龄失怙，母金氏，弟克昌，家徒壁立。芸既长，娴女红，三口仰其十指供给，克昌从师，修脯无缺。一日，于书簏中得《琵琶行》，挨字而认，始识字。刺绣之暇，渐通吟咏，有“秋侵人影瘦，霜染菊花肥”之句。余年一十三，随母归宁，两小无嫌，得见所作，虽叹其才思隽秀，窃恐其福泽不深，然心注不能释，告母曰：“若为儿择妇，非淑姊不娶。”母亦爱其柔和，即脱金约指缔姻焉。此乾隆乙未七月十六日也。

是中冬，值其堂姊出阁，余又随母往。芸与余同齿而长余十月，自幼姊弟相呼，故仍呼之曰淑姊。时但见满室鲜衣，芸独通体素淡，仅新其鞋而已。见其绣制精巧，询为己作，始知其慧心不仅在笔墨也。其形削肩长项，瘦不露骨，眉弯目秀，顾盼神飞，唯两齿微露，似非佳相。一种缠绵之态，令人之意也消。索观诗稿，有仅一联，或三四句，多未成篇者，询其故，笑曰：“无师之作，愿得知己堪师者敲成之耳。”余戏题其签曰“锦囊佳句”。不知夭寿之机此已伏矣。是夜送亲城外，返已漏三下，腹饥索饵，婢妪以枣脯进，余嫌其甜。芸暗牵余袖，

① 选自《人文精神读本·生活》，黎尚主编，中央编译出版社2006年版。

随至其室，见藏有暖粥并小菜焉，余欣然举箸。忽闻芸堂兄玉衡呼曰：“淑妹速来！”芸急闭门曰：“已疲乏，将卧矣。”玉衡挤身而入，见余将吃粥，乃笑睨芸曰：“顷我索粥，汝曰‘尽矣’，乃藏此专待汝婿耶？”芸大窘避去，上下哗笑之。余亦负气，挈老仆先归。自吃粥被嘲，再往，芸即避匿，余知其恐贻人笑也。

至乾隆庚子正月二十二日花烛之夕，见瘦怯身材依然如昔，头巾既揭，相视嫣然。合卺后，并肩夜膳，余暗于案下握其腕，暖尖滑腻，胸中不觉怦怦作跳。让之食，适逢斋期，已数年矣。暗计吃斋之初，正余出痘之期，因笑调曰：“今我光鲜无恙，姊可从此开戒否？”芸笑之以目，点之以首。

廿四日为余姊于归，廿三国忌不能作乐，故廿二之夜即为余婉款嫁。芸出堂陷宴，余在洞房与伴娘对酌，拇战辄北，大醉而卧，醒则芸正晓妆未竟也。是日亲朋络绎，上灯后始作乐。廿四子正，余作新舅送嫁，丑末归来，业已灯残人静，悄然入室，伴妪盹于床下，芸卸妆尚未卧，高烧银烛，低垂粉颈，不知观何书而出神若此，因抚其肩曰：“姊连日辛苦，何犹孜孜不倦耶？”芸忙回首起立曰：“顷正欲卧，开橱得此书，不觉阅之忘倦。《西厢》之名闻之熟矣，今始得见，莫不愧才子之名，但未免形容尖薄耳。”余笑曰：“唯其才子，笔墨方能尖薄。”伴妪在旁促卧，令其闭门先去。遂与比肩调笑，恍同密友重逢。戏探其怀，亦怦怦作跳，因俯其耳曰：“姊何心春乃尔耶？”芸回眸微笑。便觉一缕情丝摇人魂魄，拥之入帐，不知东方之既白。

《浮生六记》是作者的自传体作品，共六卷。每卷皆有小题，依次是《闺房记乐》《闲情记趣》《坎坷记愁》《浪游记快》《中山记历》《养生记道》。现在仅存前五记。本文就出自《闺房记乐》一卷。

芸作新妇，初甚缄默，终日无怒容，与之言，微笑而已。事上以敬，处下以和，井井然未尝稍失。每见朝暾上窗，即披衣急起，如有人呼促者然。余笑曰：“今非吃粥比矣，何尚畏人嘲耶？”芸曰：“曩之藏粥待君，传为话柄，今非畏嘲，恐堂上道新娘懒惰耳。”余虽恋其卧而德其正，因亦随之早起。自此耳鬓相磨，亲同形影，爱恋之情有不可以言语形容者。

论婚姻[①]

◇ 莫罗阿

莫罗阿（1885—1967），法国作家。著有《服尔得传》、《人生五大问题》、《恋爱与牺牲》等。

在巴奴越（Panurge）向邦太葛吕哀（Pantagruel）征询关于结婚的意见的一章中，邦太葛吕哀答道："既然你掷了骰子，你已经下了命令，下了坚固的决心，那么，再也不要多说，只去实行便是。"

"是啊，"巴奴越说，"但没有获得你的忠告和同意之前，我不愿实行。"

"我表示同意，"邦太葛吕哀答道，"而且我劝你这样做。"

"可是，"巴奴越说，"如果你知道最好还是保留我的现状，不要翻什么新花样，我更爱不要结婚。"

"那么，你便不要结婚，"邦太葛吕哀答道。

"是啊，但是，"巴奴越说，"这样你要我终生孤独没有伴侣么？你知道苏罗门（Solomon）经典上说：孤独的人是不幸的。单身的男子永远没有像结婚的人所享到的那种幸福。"

"那么天啊！你结婚便是。"邦太葛吕哀答道。

"但。"巴奴越说，"如果病了，不能履行婚姻的义务时，我的妻，不耐烦我的憔悴，看上了别人，不但不来救我的急难，反而嘲笑我遭遇灾祸，（那不是更

① 选自《恋爱与牺牲》，（法）莫罗阿著，傅雷译，安徽文艺出版社1998年版。

糟！）窃盗我的东西，好似我常常看到的那样，岂不使我完了么？”

“那么你不要结婚便是。”邦太葛吕哀回答。

“是啊，”巴奴越说，“但我将永没有嫡亲的儿女，为我希望要永远承继我的姓氏和爵位的，为我希望要传给他们遗产和利益的。”

“那么天啊，你结婚便是。”邦太葛吕哀回答。

在雪莱的时代，有如拉勒莱的时代一样，男子极难把愿欲、自由不羁的情操，和那永久的结合——婚姻——融和一起。雪莱曾写过：“法律自命能统御情欲的不规则的动作：它以为能令我们的意志抑制我们天性中不由自主的感情。然而，爱情必然跟踪着魅惑与美貌的感觉；它受着阻抑时便死灭了；爱情真正的原素只是自由。它与服从、嫉妒、恐惧，都是不两立的。它是最精纯的最完满的。沉浸在爱情中的人，是在互相信赖的而且毫无保留的平等中生活着的。”

可是人们怎样选择他终生偕老的对手呢？先要问人们选择不选择呢？在原始社会中，婚姻往往由俘虏或购买以定。强有力的或富有的男人选择，女子被选择。在19世纪时的法国，大多数的婚姻是被安排的，安排的人有时是教士们，有时是职业的媒人，有时是书吏，最多是双方的家庭。这些婚姻，其中许多是幸福的。桑太耶那（Santayana）[①]说：“爱情并不如它本身所想象的那么苛求，十分之九的爱情是由爱人自己造成的，十分之一才靠那被爱的对象。”如果因了种种偶然之故，一个求爱者所认为独一无二的对象从未出现，那么，差不多近似的爱情也会在别一个对象身上感到。热烈的爱情常会改变人物的真面目。过于狂热的爱人对于婚姻期望太奢，以致往往失望。美国是恋爱婚姻最多的国家，可亦是重复不已的离婚最盛的国家。

巴尔扎克在《两个少妇的回忆录》中描写两种婚姻的典型，这描写只要把它所用的字汇与风格改换一下，那么在今日还是真确的。两个女主人中的一个，勒南代表理智，她在给女友的信中写道：“婚姻产生人生，爱情只产生快乐。快乐消灭了，婚姻依旧存在；且更诞生了比男女结合更可宝贵的价值。故欲获得美满的婚姻，只须具有那种对于人类的缺点加以宽恕的友谊便够。”勒南，虽然嫁

---

① 桑太耶那：现代美国哲学家。

了一个年纪比她大而她并不爱的丈夫，终于变得极端幸福。反之，她的女友鲁意丝虽然是由恋爱而结婚的，却因过度的嫉妒，把她的婚姻生活弄得十分不幸，并以嫉妒而致丈夫于死地，随后自己亦不得善果。巴尔扎克的论见是：如果你联合健康、聪明、类似的家世、趣味、环境，那么只要一对夫妇是年轻康健的，爱情自会诞生。“这样，曼斐都番尔[①]说，你可在每个女人身上看到海伦[②]。”

“吸引”这含义浮泛的名辞，能使大家怀有多少希望。“美”是一个相对的概念。“它存在于每个赏识‘美’的人的心目中。”某个男子，某个女子，认为某个对手是美的，别人却认为丑陋不堪。灵智的与道德的魅力可以加增一个线条并不如何匀正的女子的妩媚。性的协和并不附带于美，而往往是预感到的。末了，还有真实的爱情，常突然把主动者与被动者同时变得极美。一个热恋的人，本能地会在他天然的优点之外，增加许多后天的魅力。鸟儿歌唱，有如恋人写情诗。孔雀开屏，有如男子在身上装饰奇妙的形与色。一个网球名手，一个游泳家，自有他的魅力。只是，体力之于我们，远不及往昔那么重要，因为它已不复是对于女子的一种安全保障。住院医生或外交官的会试，代替了以前的竞武角力。女子亦采用新的吸引方法了。如果我看到一个素来不喜科学的少女，突然对于生物学感到特别兴趣时，我一定想她受着生物学者的鼓动。我们亦看到一个少女的读物往往随着她的倾向而转变，这是很好的。再没有比精神与感觉的同时觉醒更自然更健全的了。

但一种吸引力，即使兼有肉体的与灵智的两方面，还是不足造成美满的婚姻。是理智的婚姻呢抑爱情的婚姻？这倒无关重要。一件婚姻的成功，其主要条件是：在订婚期内，必须有真诚的意志，以缔结永恒的夫妇。我们的前辈以金钱结合的婚姻所以难得是真正的婚姻的缘故，因为男子订婚时想着他所娶的是奁资，不是永久的妻子，“如果他使我厌烦，我可以爱别的。”以欲愿缔结的婚姻，若在未婚夫妇心中当作是一种尝试的经验，那么亦会发生同样的危险。

“每个人应当自己默誓，应当把起伏不定的吸引力永远固定。”“我和她或他终生缔结了；我已选定了；今后我的目的不复是寻访使我欢喜的人，而是要使我选定的人欢喜。”想到这种木已成舟的念头，固然觉得可怕，但唯有这木已成

① 曼斐都番尔：《浮士德》剧中人物。

② 海伦：希腊神话中的美女，在譬喻中不啻吾国之西施。

舟的定案才能造成婚姻啊。如果誓约不是绝对的，夫妇即极少幸福的机会，因为他们在第一次遇到的阻碍上和共同生活的无可避免的困难上，即有决裂的危险。

共同生活的困难常使配偶感到极度的惊异。主要原因是两性之间在思想上在生活方式上天然是冲突的。在我们这时代，大家太容易漠视这些根本的异点。女子差不多和男子作同样的研究；她们执行男人的职业，往往成绩很好；在许多国家中，她们也有选举权，这是很公道的。这种男女间的平等，虽然发生极好的效果，可是男人们不应当因之忘记女人终究是女人。

婚姻本身（除了少数幸或不幸的例外）是无所谓好坏的。成败全在于你。只有你自己才能答复你的问句，因为你在何种精神状态中预备结婚，只有你自己知道。“婚姻不是一件定局的事，而是待你去做的事。”

如果你对于结婚抱着像买什么奖券的念头：“谁知道？我也许会赢得头彩，独得幸运……”那是白费的。实在倒应该取着艺术家创作一件作品时那样的思想才对。丈夫与妻子都当对自己说：“这是一部并非要写作而是要生活其中的小说。我知道我将接受两种性格的异点，但我要成功，我也定会成功。”

假如在结婚之初没有这种意志，便不成为真正的婚姻。基督旧教的教训说，结婚的誓约在于当事人双方的约束，而并非在予教士的祝福；这是很好的思想。如果一个男人或女人和你说：“我要结婚了……什么？才得试一试……如果失败，也就算了，总可有安慰的办法或者是离婚。”那你切勿迟疑，应得劝他不必结婚。因为这不是一件婚姻啊。即是具有坚强的意志，热烈的情绪，小心翼翼的谨慎，还是谁也不敢确有成功的把握，尤其因为这件事业的成功不只关系一人之故。但如果开始的时候没有信心，则必失败无疑。

婚姻不但是待你去做，且应继续不断把它重造的一件事。无论何时，一对夫妇不能懒散地说：“这一局是赢得了，且休息吧。”人生的偶然，常有掀动波澜的可能。且看大战曾破坏掉多少太平无事的夫妇。且看两性在成年期间所能遭遇的危险。所以要每天重造才能成就最美满的婚姻。

当然，这里所谓每天的重造，并不是指无穷的解释，互相的分析与忏悔。关于这种危险，曼尔蒂（Meredith）与夏杜纳（Chardonne）说得很对：“过分深刻的互相分析，会引致无穷尽的争论。”故“重造”当是更简单更幽密的事。一个真正的女人不一定能懂得但能猜透这些区别，这些危险，这种烦闷。她本能地加以补救。男子也知道，在某些情形中，一瞥，一笑，比冗长的说明更为有益。但不论用什么方法，总得永远重造。人间没有一样东西能在遗忘弃置中久存的，房屋被弃置时会坍毁，布帛被弃置时会腐朽，友谊被弃置时会淡薄，快乐被弃置时会消散，爱情被弃置时亦会溶解。应当随时葺理屋顶，解释误会才好。否则仇恨会慢慢积聚起来，蕴藏在心魂深处的情操，会变成毒害夫妇生活的恶薮。一旦因了细微的口角，脓肠便会溃发，使夫妇中每个分子发现他自己在别一个人心中的形象而感到害怕。

因此，应当真诚，但也得有礼。在幸福的婚姻中，每个人应尊重对方的趣味与爱好。以为两个人可有同样的思想，同样的判断，同样的欲愿，是最荒唐的念头。这是不可能的，也是要不得的。我们说过，在蜜月时期，爱人们往往因了幻想的热情的幸福，要相信两个人一切都相似，终于各人的天性无可避免地显露出来。故阿仑曾言："如果要婚姻成为夫妇的安乐窝，必得要使友谊慢慢代替爱情。"代替么？不，比这更复杂。在真正幸福的婚姻中，友谊必得与爱情融和一起。友谊的坦白在此会发生一种宽恕和温柔的区别。两个人得承认他们在精神上，灵智上是不相似的，但他们愉快地接受这一点，而且两人都觉得这倒是使心灵上互相得益的良机。对于努力解决人间纠纷的男子，有一个细腻、聪明、幽密、温柔的女性在他身旁，帮助他了解他所不大明白的女性思想，实在是一支最大的助力。

所谓愿欲，虽然是爱情的根源，在此却不能成为问题。在这等结合中，低级的需要升华了。肉体的快乐，因了精神而变成超过肉体快乐远甚的某种境界的维持者。对于真正结合一致的夫妇，青春的消逝不复是不幸。白首偕老的甜蜜的情绪令人忘记了年华老去的痛苦。

拉·洛希夫谷（LaRochefaucauld）[①]曾有一句名言，说："尽有完满的婚姻，决无美妙的婚姻。"我却希望本文能指出人们尽可想象有美妙的。但最美妙的决不是最容易的。两个人既然都受意气、错误、疾病等等的支配，足以改变甚至弄坏他们的性情，共同生活又怎么会永远没有困难呢？没有冲突的婚姻，几与没有政潮的政府同样不可想象。只是当爱情排解了最初几次的争执之后，当感情

---

① 拉·洛希夫谷：法国17世纪名作家。

把初期的忿怒化为温柔的、嬉戏似的宽容之后，也许夫妇间的风波将易于平复。

归结起来是：婚姻绝非如浪漫底克的人们[①]所想象的那样；而是建筑于一种本能之上的制度，且其成功的条件不独要有肉体的吸引力，且也得要有意志、耐心、相互的接受及容忍。由此才能形成美妙的坚固的情感，爱情、友谊、性感、尊敬等等的融和，唯有这方为真正的婚姻。

① 浪漫底克的人们：热情的富于幻想的人。

这是一些苦心孤诣、呕心沥血的家书，从衣食住行到恋爱婚姻，从言行举止到为人处事，父母们以自己丰富的人生阅历和对人生的深刻思考，渊博深广的学识修养，引导孩子们认识真实复杂的大千世界，帮助他们勇敢直面人生，用智慧解决生命中可能存在的种种矛盾和困难……

第五章

给我的孩子们

我要做一只木碗

◇ 叶圣陶

叶圣陶（1894—1988），著名作家、教育家、编辑家。著有童话《稻草人》、《小白船》等。

从前有一个老头，他跟儿子和儿媳妇住在一起。他眼睛花了，耳朵聋了，走起路来东倒西歪，膝头老发抖，即使不拿什么东西，两只手也抖个不停。吃饭的时候拿了一碗汤，常常把汤洒在桌布上、衣服上，却一口也没喝着。

他的儿子和儿媳妇看老头那样吃饭，就觉得讨厌。他们在屏风背后放一把椅子，让他一个人在那里吃；又特地挑了一只破瓷碗，给他盛饭。老头常常悲哀地发呆，眼眶里含着泪水却不叫一声苦。

有一天吃饭的时候，老头大概想起了从前的情景，一阵悲哀使他的手抖得更厉害，手里的那只破瓷碗掉在地上打碎了。年轻的儿媳妇骂他太不当心，连一只碗都拿不住。老头也不回话，只是深深地叹气。儿媳妇花两个铜子买了一只木碗给老头盛饭，因为木碗不容易打碎。

过了几天，儿子和儿媳妇看见他们四岁的孩子坐在地上用小刀口抠木块。

“我的孩子，”他们问，“你在做一张小桌子，还是一辆小马车？”

孩子干得很专心，头也不抬回答说：“不，我要做一只木碗，等我长大了，好给爸爸妈妈盛饭吃。”

夫妻两个对看了好一会儿，心头说不出地难过，彼此都哭了。他们把老头从屏风背后请回到桌子旁边。从此以后，老头又跟儿子和儿媳妇还有孙子一起吃饭了。

给我的孩子们[1]

◇ 丰子恺

丰子恺（1898—1975），我国现代著名画家、文学家、美术和音乐教育家。

我的孩子们！我憧憬于你们的生活，每天不止一次！我想委曲地说出来，使你们自己晓得。可惜到你们懂得我的话的意思的时候，你们将不复是可以使我憧憬的人了。这是何等可悲哀的事啊！

瞻瞻！你尤其可佩服。你是身心全部公开的真人，你甚么事体都像拼命地用全副精力去对付。小小的失意，像花生米翻落地了，自己嚼了舌头了，小猫不肯吃糕了，你都要哭得嘴唇翻白，昏去一两分钟。外婆普陀去烧香买回来给你的泥人，你何等鞠躬尽瘁地抱他，喂他；有一天你自己失手把他打破了，你的号哭的悲哀，比大人们的破产、失恋、broken heart、丧考妣、全军覆没的悲哀都要真切。两把芭蕉扇做的脚踏车，麻雀牌堆成的火车、汽车，你何等认真地看待，挺直了嗓子叫"汪——，""咕咕咕……"，来代替汽油。宝姊姊讲故事给你听，说到"月亮姊姊挂下一只篮来，宝姊姊坐在篮里吊了上去，瞻瞻在下面看"的时候，你何等激昂地同她争，说："瞻瞻要上去，宝姊姊在下面看！"甚至哭到漫姑面前去求审判。我每次剃了头，你真心地疑我变了和尚，好几时不要我抱。最是今年夏天，你坐在我膝上发见了我腋下的长毛，当作黄鼠狼的时候，你何等伤

① 选自《子恺画集》代序，文学周报社1925年版。

心，你立刻从我身上爬下去，起初眼瞪瞪地对我端相，继而大失所望地号哭，看看，哭哭，如同对被判定了死罪的亲友一样。你要我抱你到车站里去，多多益善地要买香蕉，满满地擒了两手回来，回到门口时你已经熟睡在我的肩上，手里的香蕉不知落在哪里去了。这是何等可佩服的真率、自然与热情！大人间的所谓“沉默”、“含蓄”、“深刻”的美德，比起你来，全是不自然的、病的、伪的！

你们每天做火车、做汽车、办酒、请菩萨、堆六面画，唱歌、全是自动的，创造创作的生活。大人们的呼号“归自然！”“生活的艺术化！”“劳动的艺术化！”在你们面前真是出丑得很了！依样画几笔画，写几篇文的人称为艺术家、创作家，对你们更要愧死！

你们的创作力，比大人真是强盛得多哩：瞻瞻！你的身体不及椅子的一半，却常常要搬动它，与它一同翻倒在地上；你又要把一杯茶横转来藏在抽斗里，要皮球停在壁上，要拉住火车的尾巴，要月亮出来，要天停止下雨。在这等小小的事件中，明明表示着你们的弱小的体力与智力不足以应付强盛的创作欲、表现欲的驱使，因而遭逢失败。然而你们是不受大自然的支配，不受人类社会的束缚的创造者，所以你的遭逢失败，例如火车尾巴拉不住，月亮呼不出来的时候，你们决不承认是事实的不可能，总以为是爹爹妈妈不肯帮你们办到，同不许你们弄自鸣钟同例，所以愤愤地哭了，你们的世界何等广大！

你们一定想：终天无聊地伏在案上弄笔的爸爸，终天闷闷地坐在窗下弄引线的妈妈，是何等无气性的奇怪的动物！你们所视为奇怪动物的我与你们的母亲，有时确实难为了你们，摧残了你们，回想起来，真是不安心得很！

阿宝！有一晚你拿软软的新鞋子，和自己脚上脱下来的鞋子，给凳子的脚穿了，刬袜立在地上，得意地叫“阿宝两只脚，凳子四只脚”的时候，你母亲喊着：“龌龊了袜子！”立刻擒你到藤榻上，动手毁坏你的创作。当你蹲在榻上注视你母亲动手毁坏的时候，你的小心里一定感到“母亲这种人，何等杀风景而野蛮”罢！

瞻瞻！有一天开明书店送了几册新出版的毛边的《音乐入门》来。我用小刀把书页一张一张地裁开来，你侧着头，站在桌边默默地看。后来我从学校回来，你已经在我的书架上拿了一本连史纸印的中国装的《楚辞》，把它裁破了十几页，得意地对我说：“爸爸！瞻瞻也会裁了！”瞻瞻！这在你原是何等成功的欢喜，何等得意的作品！却被我一个惊骇的“哼！”字喊得你哭了。那时候你也一定抱怨“爸爸何等不明”罢!

软软!你常常要弄我的长锋羊毫,我看见了总是无情地夺脱你。现在你一定轻视我,想道:“你终于要我画你的画集的封面!”

最不安心的,是有时我还要拉一个你们所最怕的陆露沙医生来,教他用他的大手来摸你们的肚子,甚至用刀来在你们臂上割几下,还要教妈妈和漫姑擒住了你们的手脚,捏住了你们的鼻子,把很苦的水灌到你们的嘴里去。这在你们一定认为是太无人道的野蛮举动罢!

孩子们!你们果真抱怨我,我倒欢喜;到你们的抱怨变为感激的时候,我的悲哀来了!

我在世间,永没有逢到像你们这样出肺肝相示的人。世间的人群结合,永没有像你们样的彻底地真实而纯洁。最是我到上海去干了无聊的所谓“事”回来,或者去同不相干的人们做了叫做“上课”的一种把戏回来,你们在门口或车站旁等我的时候,我心中何等惭愧又欢喜!惭愧我为甚么去做这等无聊的事,欢喜我又得暂时放怀一切地加入你们的真生活的团体。

但是,你们的黄金时代有限,现实终于要暴露的。这是我经验过来的情形,也是大人们谁也经验过的情形。我眼看见儿时的伴侣中的英雄、好汉,一个个退缩、顺从、妥协、屈服起来,到像绵羊的地步。我自己也是如此。“后之视今,亦犹今之视昔”,你们不久也要走这条路呢!

我的孩子们!憧憬于你们的生活的我,痴心要为你们永远挽留这黄金时代在这册子里。然这真不过像“蜘蛛网落花”,略微保留一点春的痕迹而已。且到你们懂得我这片心情的时候,你们早已不是这样的人,我的画在世间已无可印证了!这是何等可悲哀的事啊!

郑板桥家书

◇ 郑板桥

郑板桥（1693—1765），原名郑燮，字克柔，号板桥，江苏兴化人，清代著名的书画家、文学家，“扬州八怪”之一。

潍县署中寄舍弟墨第一书

读书以过目成诵为能，最是不济事。眼中了了，心下匆匆，方寸无多，往来应接不暇，如看场中美色，一眼即过，与我何与也。千古过目成诵，孰有如孔子者乎？读《易》至韦编三绝，不知翻阅过几千百遍来，微言精义，愈探愈出，愈研愈入，愈往而不知其所穷。虽生知安行之圣，不废困勉下学之功也。东坡读书不用两遍，然其在翰林读《阿房宫赋》至四鼓，老吏史苦之，坡洒然不倦。岂以一过即记，遂了其事乎！唯虞世南、张睢阳、张方平，平生书不再读，迄无佳文。且过辄成诵，又有无所不诵之陋。即如《史记》百三十篇中，以《项羽本纪》为最，而《项羽本纪》中，又以钜鹿之战、鸿门之宴、垓下之会为最。反覆诵观，可欣可泣，在此数段耳。若一部《史记》，篇篇都读，字字都记，岂非没分晓的钝汉！更有小说家言，各种传奇恶曲，及打油诗词，亦复寓目不忘，如破烂厨柜，臭油坏酱悉贮其中，其龌龊亦耐不得。

潍县署中与舍弟墨第二书

余五十二岁始得一子，岂有不爱之理！然爱之必以其道，虽嬉戏顽耍，务令忠厚悱恻，毋为刻急也。平生最不喜笼中养鸟，我图娱悦，彼在囚牢，何情何理，而必屈物之性以适吾性乎！至于发系蜻蜓，线缚螃蟹，为小儿顽具，不过一时片刻便摺拉而死。夫天地生物，化育劬劳，一蚁一虫，皆本阴阳五行之气姻蕴而出。上帝亦心心爱念。而万物之性人为贵，吾辈竟不能体天之心以为心，万物将何所托命乎？蛇蚖蜈蚣豺狼虎豹，虫之最毒者也，然天既生之，我何得而杀之？若必欲尽杀，天地又何必生？亦唯驱之使远，避之使不相害而已。蜘蛛结网，于人何罪，或谓其夜间咒月，令人墙倾壁倒，遂击杀无遗。此等说话，出于何经何典，而遂以此残物之命，可乎哉？可乎哉？

郑板桥为清代名士，其诗、书、画世称“三绝”。

我不在家，儿子便是你管束。要须长其忠厚之情，驱其残忍之性，不得以为犹子而姑纵惜也。家人儿女，总是天地间一般人，当一般爱惜，也不可使吾儿凌虐他。凡鱼飧果饼，宜均分散给，大家欢嬉跳跃。若吾儿坐食好物，令家人子远立而望，不得一沾唇齿；其父母见而怜之，无可如何，呼之使去，岂非割心剜肉乎！夫读书中举中进士作官，此是小事，第一要明理作个好人。可将此书读与郭嫂、饶嫂听，使二妇人知爱子之道在此不在彼也。

潍县寄舍弟墨第三书

富贵人家延师傅教子弟，至勤至切，而立学有成者，多出于附从贫贱之家，而己之子弟不与焉。不数年间，变富贵为贫贱：有寄人门下者、有饿莩乞丐者。或仅守厥家，不失温饱，而目不识丁。或百中之一亦有发达者，其为文章，必不能沉著痛快，刻骨镂心，为世所传诵。岂非富贵足以愚人，而贫贱足以立志而浚慧乎！我虽微官，吾儿便是富贵子弟，其成其败，吾已置之不论；但得附从佳子弟有成，亦吾所大愿也。至于延师傅，待同学，不可不慎。吾儿六岁，年最小，其同学长者当称为某先生，次亦称为某兄，不得直呼其名。纸笔墨砚，吾家所有，宜不时散给诸众同学。每见贫家之子，寡妇之儿，求十数钱，买川连纸钉仿字簿，而十日不得者，当察其故而无意中与之。至阴雨不能即归，辄留饭；薄暮，以旧鞋与穿而去。彼父母之爱子，虽无佳好衣服，必制新鞋袜来上学堂，一遭泥泞，复制为难矣。夫择师为难，敬师为要。择师不得不审，既择定矣，便当尊之敬之，何得复寻其短？吾人一涉宦途，既不能自课其子弟。其所延师，不过一方之秀，未必海内名流。或暗笔其非，或明指其误，为师者既不自安，而教法不能尽心；子弟复持藐忽心而不力于学，此最是受病处。不如就师之所长，且训吾子弟不逮。如必不可从，少待来年，更请他师；而年内之礼节尊崇，必不可废。

又有五言绝句四首，小儿顺口好读，令吾儿且读且唱，月下坐门槛上，唱与二太太、两母亲、叔叔、婶娘听，便好骗果子吃也。

二月卖新丝，五月粜新谷；医得眼前疮，剜却心头肉。

耘苗日正午，汗滴禾下土；认知盘中餐，粒粒皆辛苦。

昨日入城市，归来泪满巾；遍身罗绮者，不是养蚕人。

九九八十一，穷汉受罪毕；才得放脚眠，蚊虫虼蚤出。

潍县寄舍弟墨第四书

凡人读书，原拿不定发达。然即不发达，要不可以不读书，主意便拿定也。科名不来，学问在我，原不是折本的买卖。愚兄而今已发达矣，人亦共称愚兄为关头读书矣，究竟自问胸中担得出几卷书来？不过挪移借贷，改窜添补，便尔钓名欺世。人有负于书耳，书亦何负于人哉！昔有人问沈近思侍郎，如何是救贫的良法？沈曰：读书。其人以为迂阔。其实不迂阔也。东投西窜，费时失业，徒丧其品，而卒归于无济，何如优游书史中，不求获而得力在眉睫间乎！信此言，则富贵，不信，则贫贱，亦在人之有识与有决并有忍耳。

潍县署中与舍弟第五书

无论时文、古文、诗歌、词赋，皆谓之文章。今人鄙薄时文，几欲摒诸笔墨之外，何太甚也？将毋丑其貌而不鉴其深乎！愚谓本朝文章，当以方百川制艺为第一，侯朝宗古文次之；其他歌诗辞赋，扯东补西，拖张拽李，皆拾古人之唾余，不能贯串，以无真气故也。百川时文精粹湛深，抽心苗，发奥旨，绘物态，状人情，千回百折而卒造乎浅近。朝宗古文标新领异，指画目前，绝不受古人羁绁；然语不遒，气不深，终让百川一席。忆予幼时，行匣中唯徐天池《四声猿》、方百川制艺二种，读之数十年，未能得力，亦不撒手，相与终焉而已。世人读《牡丹亭》而不读《四声猿》，何故？文章以沉着痛快为最，《左》、《史》、《庄》、《骚》、杜诗、韩文是也。间有一二不尽之言，言外之意，以少少许胜多多许者，是他一枝一节好处，非六君子本色。而世间纤小之夫，专以此为能，谓文章不可说破，不宜道尽，遂訾人为刺刺不休。夫所谓刺刺不休者，无益之言，道三不着两耳。至若敷陈帝王之事业，歌咏百姓之勤苦，剖晰圣贤之精义，描摹英杰之风猷，岂一言两语所能了事？岂言外有言、味外取味者，所能秉笔而快书乎？吾知其必目昏心乱，颠倒拖沓，无所措其手足也。王、孟诗原有实落不可磨灭处，只因务为修洁，到不得李、杜沉雄。司空表圣自以为得味外味，又下于王、孟一二等。至今之小夫，不及王、孟、司空万万，专以意外言外，自文其陋，可笑也。若绝句诗、小令词，则必以意外言外取胜矣。

“宵寐匪祯，札闼洪庥。”以此訾人，是欧公正当处，然亦有浅易之病。“逸马杀犬于道”，是欧公简炼处，然《五代史》亦有太简之病。高密单进士焜曰：“不是好议古人，无非求其至是。”写字作画是雅事，亦是俗事。大丈夫不能立功天地，字养生民，而以区区笔墨供人玩好，非俗事而何？东坡居士刻刻以天地万物为心，以其余闲作为枯木竹石，不害也。若王摩诘、赵子昂辈，不过唐、宋间两画师耳！试看其平生诗文，可曾一句道着民间痛痒？设以房、杜、姚、宋在前，韩、范、富、欧阳在后，而以二子厕乎其间，吾不知其居何等而立何地矣！门馆才情，游客伎俩，只合剪树枝、造亭榭、辨古玩、斗茗茶，为扫除小吏作头目而已，何足数哉！何足数哉！愚兄少而无业，长而无成，老而穷窘，不得已亦借此笔墨为糊口觅食之资，其实可羞可贱。愿吾弟发愤自雄，勿蹈乃兄故辙也。古人云：“诸葛君真名士。”名士二字，是诸葛才当受得起。近日写字作画，满街都是名士，岂不令诸葛怀羞，高人齿冷？

诫子书

◇ 诸葛亮

诸葛亮（181—234），字孔明，号卧龙。三国时杰出政治家、军事家、战略家、散文家、外交家。著名著述有《隆中对》、《前出师表》、《后出师表》等。

夫君子之行，静以修身，俭以养德。非淡泊无以明志，非宁静无以致远。夫学须静也，才须学也。非学无以广才，非静无以成学。淫慢则不能研精，险躁则不能理性。年与时驰，意与日去，遂成枯落，多不接世。悲守穷庐，将复何及！

译文为：

有道德修养的人，是这样修行的：以静下心反省来使自己尽善尽美，以俭朴来培养自己高尚的品德。不清心寡欲就不能使自己的志向明确坚定，不心定气静就不能为实现远大理想而长期刻苦努力。要学得真知必须使身心处于宁静之中，要增长才能必须在不断学习中积累；不下苦功学习就不能增长自己的才干；没有坚定不移的意志就不能使学业成功。纵欲放荡、消极怠慢就不

《诫子书》是诸葛亮五十四岁临终前写给八岁儿子诸葛瞻的一封家书，后来成为后世历代学子修身立志的名篇。

能勉励心志使精神振奋；冒险草率、急躁不安就不能陶冶性情使操守高尚。如果年华与岁月虚度，志愿随时日消磨，最终就会像枯枝落叶般一天天衰败下去。这样的人不会为社会所用而有益于社会，只能悲伤地困守在自己的穷家败舍里，到那时再懊悔就来不及了。

与子书[①]

◇ 左宗棠

左宗棠（1812—1885），字季高。晚清重臣，军事家、政治家、著名湘军将领，洋务派首领。

孝威孝宽知之：

我于廿八日开船，是夜泊三汊矶，廿九日泊湘阴县城外，三十日即过湖抵岳州。南风甚正，舟行甚速，可毋念也。

我此次北行，非其素志，尔等虽小，当亦略知一二。世局如何，家事如何，均不必为尔等言之；唯时刻难忘者，尔等近年读书无甚进境，气质毫未变化，恐日复一日，将求为寻常子弟而不可得，空负我一片期望之心耳。夜间思及，辄不成眠，今复为尔等言之。尔等能领受与否，则我不能强之，然固不能已于言也。

读书要目到、口到、心到。尔读书不看清字画偏旁，不辨明句读，不记清首尾，是目不到也。喉舌唇牙齿五音并不清晰伶俐，朦胧含糊，听不明白，或多几字，或少几字，只图混过，就是口不到也。经传精义奥旨。初学固不能通，至于大略粗解，原易明白，稍肯用心体会，一字求一字下落，一句求一句道理，一事求一事原委，虚字审其神气，实字测其义理，自然渐有所悟。一时思索不得，即请先生解说；一时尚未融释，即将上下文或别章别部义理相近者反复推寻，务期了然于心，了然于口，始

---

① 选自《国文百八课》，夏丏尊，叶绍钧编，生活·读书·新知三联书店2008年版。

可放手。总要将此心运在字里行间，时复思释，乃为心到。

今尔等读书总是混过日子，身在案前，耳目不知用到何处，心中胡思乱想，全无收敛归著之时，悠悠忽忽，日复一日，好似读书是答应人家工夫，是欺哄人家掩饰人家耳目的勾当！昨日所不知不能者，今日仍是不知不能；去年所不知不能者，今年仍是不知不能！

孝威今十五，孝宽今年十四，转眼就长大成人矣。从前所知所能者究竟能比乡村子弟之佳者否？试自忖之。

读书做人，先要立志。想古来圣贤豪杰是我者般年纪时是何气象？是何学问？是何才干？我现在哪一件可以比他？想父母命我读书，延师训课，是何意愿，是何意思？我哪一件可以对父母？看同时一辈人，父母常背后夸赞者，是何好样？斥詈者，是何坏样？好样要学，坏样断不可学。心中要想个明白，立定主意，念念要学好，事事要学好；自己坏样，一概猛省猛改，断不许少有回护，断不可因循苟且，务期与古时圣贤豪杰少小时志气一般，方可慰父母之心，免被他人耻笑。

志患不立，尤患不坚；偶然听一段好话，听一件好事亦知歆动羡慕，当时亦说我要与他一样；不过几日几时，此念就不知如何销歇去了！此是尔志不坚，还由不能立志之故；如果一心向上，有何事业不能做成？

陶桓公有云：“大禹惜寸阴，吾辈当惜分阴。”古人用心之勤如此。韩文公云：“业精于勤而荒于嬉。”凡事皆然，不仅读书；而读书更要勤苦。何也？百工技艺及医学农学均是一件事，道理尚易通晓；至吾儒读书，天地民物莫非己任，宇宙古今事理均须融澈于心，然后施为有本。

人生读书之日最是难得。尔等有成与否，就在此数年上见分晓。若仍如从前悠忽过日再数年依然故我，还能冒读书名色，充读书人否？思之！思之！

孝威气质轻浮，心思不能沉下；年逾成童，而童心未化，视听言动，无非一种轻扬浮躁之气；屡经谕责，毫不知改。孝宽气质昏惰，外蠢内傲，又贪嬉戏，毫无一点好处；开卷便昏昏欲睡，全不提醒振作；一至偷闲玩要，便觉分外精神；年已十四，而诗文不知何物，字画又鬼劣不堪；见人好处，不知自愧；真不知将来作何等人物！我在家时常训督，未见悔改；今我出门，想起尔等顽钝不成材料光景，心中片刻不能放下。尔等如有人心，想尔父此段苦心，亦知自愧自恨，求痛改前非以慰我否？

左宗棠的《与子书》不像是家书，更像是写给广大青年学子们看的。勉励青年们立志需坚，珍惜光阴。

亲朋中子弟佳者颇少，我不在家，尔等在塾读书，不必应酬交接，“外受傅训，入奉母仪”可也。

读书用功最要专一无间断。今年以我北行之故，亲朋子侄来家送我，先生又以送考耽误功课，闻二月初三四始能上馆，所谓“一年之计在于春”者又去月余矣。若夏秋有科考，则忙忙碌碌，又过一年，如何是好！

今特谕尔：

自二月初一日起，将每日功课，按月各写一小本寄京一次，便我查阅；如先生是日未在馆，亦即注明，使我知之。

屋前街道，屋后菜园，不准擅出行走；如奉母命出外，亦须速出速归。出必告，反必面，断不可任意往来！

同学之友，如果诚实发愤，无妄言妄动，固宜引为同类；倘或不然，则同斋割席，勿与亲昵为要！

家中书籍，勿轻易借人，恐有损失；如必须借看者，每借去，则黏一条于书架，注明某日某人借去某书，以便随时向取。

庚申正月三十日

曾国藩家书（节选）

◇ 曾国藩

曾国藩（1811—1872），号涤生，谥文正，晚清重臣，湘军的创立者和统帅者。清朝军事家、理学家、政治家、书法家，文学家。

曾国藩认为持家教子主要应注意以下十事：

一、勤理家事，严明家规。

二、尽孝悌，除骄逸。

三、以习劳苦为第一要义。

四、居家之道，不可有余财。

五、联姻“不必定富室名门”。

六、家事忌奢华，尚俭。

七、治家八字：考、宝、早、扫、书、疏、鱼、猪。

八、亲戚交往宜重情轻物。

九、不可厌倦家常琐事。

十、择良师以求教。

此篇是曾国藩临终前为儿子纪泽写下的遗训，亦被后人称为《诫子书》。

一曰慎独则心安。自修之道，莫难于养心；养心之难，又在慎独。能慎独，则内省不疚，可以对天地质鬼神。人无一内愧之事，则天君泰然，此心常快足宽平，是人生第一自强之道，第一寻乐之方，守身之先务也。

二曰主敬则身强。内而专静统一，外而整齐严肃，敬之工夫也；出门如见大宾，使民为承大祭，敬之气象也；修己以安百姓，笃恭而天下平，敬之效验也。聪明睿智，皆由此出。庄敬日强，安肆日偷。若人无众寡，事无大小，一一恭敬，不敢懈慢，则身体之强健，又何疑乎？

三曰求仁则人悦。凡人之生，皆得天地之理以成性，得天地之气以成形，我与民物，其大本乃同出一源。若但知私己而不知仁民爱物，是于大本一源之道已悖而失之矣。至于尊官厚禄，高居人上，则有拯民溺救民饥之责。读书学古，粗知大义，即有觉后知觉后觉之责。孔门教人，莫大于求仁，而其最初者，莫要于欲立立人、欲达达人数语。立人达人之人，人有不悦而归之者乎？

四曰习劳则神钦。人一日所着之衣所进之食，与日所行之事所用之力相称，则旁人韪之，鬼神许之，以为彼自食其力也。若农夫织妇终岁勤动，以成数石之粟数尺之布，而富贵之家终岁逸乐，不营一业，而食必珍馐，衣必锦绣。酣豢高眠，一呼百诺，此天下最不平之事，鬼神所不许也，其能久乎？古之圣君贤相，盖无时不以勤劳自励。为一身计，则必操习技艺，磨练筋骨，困知勉行，操心危虑，而后可以增智能而长才识。为天下计，则必己饥己溺，一夫不获，引为余辜。大禹、墨子皆极俭以奉身而极勤以救民。勤则寿，逸则夭，勤则有材而见用，逸则无劳而见弃，勤则博济斯民而神祇钦仰，逸则无补于人而神鬼不歆。

译文为：

第一，一个人独处时思想、言语、行为谨慎就能在处世时做到心安理得，心平气和。修身养性做人做学问的道理，最难的就是养心，养心中最难的，就是做到在一个人独处时思想、言语、行为谨慎。能够做到在一个人独处时思想、言语、行为谨慎，就可以问心无愧，就可以对得起天地良心和鬼神的质问。如果一个人在独处时没有做过一件问心有愧的事，那么他就会觉得十分安稳，自己的心情也常常会快乐满足宽慰平安，（做到在一个人独处时思想、言语、行为谨慎）是人生中最好的自强不息的道路和寻找快乐的方法，也是做到守身如玉的基础。

第二，主观上对人对事对物态度恭敬就能使身心强健。内心专一宁静浑然一体，外表衣着整齐态度严谨，这是对人对事对物态度恭敬的方法；一出门就像要去拜访一个尊贵的客人，就像普通老百姓在祭祀祖先时所表现出来的那种恭敬的样子，这是对人对事对物态度恭敬的气氛。想要凭借自己掌握的知识来安抚老百姓，必须做到一丝不苟，这样，老百姓才会信服，这是对人对事对物态度恭敬的效果。聪明的人和机智的人，因为他们都能够做到对人对事对物态度恭敬，所以总能够给别人留下一个美好的印象。主观上对人对事对物态度庄重严谨恭敬，就会一天比一天壮大自己，主观上对人对事对物态度傲慢无礼肆意妄为，就会一天比一天消亡自己。如果能做到无论对一个人还是一群人、无论对小事还是大事都态度恭敬，不敢有一丝一毫松懈怠慢的意思，那么自己身体和内心的强健，还用值得怀疑吗？

第三，讲究仁爱就能使人心悦诚服。天底下人的生命，都是得到了天和地的机理才成就自我性格的，都是得到了天和地的气息才成就自我形象的，我和普通老百姓相比，对于生命生生不息的意义其实都是相同的。假如我只知道自私自利而不知道对老百姓讲究仁爱对事物加倍爱惜，那么就是违背甚至抛弃了生命生生不息的意义。至于那些享有丰厚俸禄的高官，高高地位于众人之上，就应该承担起拯救老百姓于溺水之时和饥饿之中的责任。读古书学古人的思想，大概知道了古书中的意思，就应该有大力推行古书中自己已经领悟到的古人正确思想的责任。孔子的儒家学派教育子弟，大都要求子弟要讲究仁爱，而讲究仁爱最根本的，就是要想成就自己首先就要成就他人，要想富贵自己首先就要富贵他人。能够成就他人富贵他人的人，人们哪会有不心悦诚服地归顺于他的呢？

第四，努力工作、辛勤劳动就能得到神明的钦佩。一个人每一天所穿的衣服、所吃的食物，能做到与他白天所做的事情所用的力气相匹配的，就会得到身边人的认可和鬼神的赞许，这是因为他是在靠自己的本事吃饭。假如普通人家男耕女织，一年到头地辛劳，才有了几担谷和几匹布的收入，而富贵人家的老爷少爷却一年到头安逸淫乐，不做一件事情，而吃的都是山珍海味，穿的都是锦罗绸缎。喝醉了酒以后就像猪一样呼呼大睡，醒来后他一叫唤就有下人们对他唯唯喏喏，这是天底下最不公平的事情，连鬼神看见了都不会允许他（富贵人家）这样胡作非为，难道富贵人家就可以长期这样安逸淫乐享福吗？古代圣明的帝王和贤良的大臣，没有一个无时无刻不是把勤奋工作作为座右铭来激励自己的。如果从个人安身立命的角度来说，就应该努力操练和学习技术本领，积极煅练自己的体魄，感觉到自己知识太少时就加倍努力去学习，时时刻刻做到居安思危，这样才能够做到通过增长自己的学识来增长自己的才干。而从为天底下老百姓着想的角度来说，就应该做到让普天下的百姓都吃饱饭、穿暖衣，不再处于水深火热之中，让他们都接受教育，不再像水边的蒿草一样没有自己的主见，这些都是我们应该背负的责任。大禹、墨子大都提倡对于个人生活应该非常节俭，而对于工作应该非常努力，辛勤劳动以使自己丰衣足食。勤苦劳动的人长寿，安逸享受的人短寿，勤劳的人因为经常参加社会劳动，学有才干而能够派上用场，安逸享受的人因为从不参加社会劳动，毫无才干而被社会淘汰，一个人努力工作辛勤劳动就能为社会创造财富给别人带来好处从而得到神明对他行为的钦佩与敬仰，一个人贪图安逸享乐就不能为社会创造财富不能给别人带来好处从而受到鬼神对他行为的厌恶。

萧乾家书[①]

◇ 萧乾

萧乾（1910—1999），著名的翻译家、作家。主要著译作有《梦之谷》、《人生百味》、《尤利西斯》等。

桐儿：

读你的信，感觉出你在生活、工作、艺术等方面，都有些困境。第一，我告你，我一生多次曾陷入困境。要懂得：在困境中，光苦恼是没有用处，更没有好处的。必须思考、探索，冲出困境。第二，关于生活，我提不出什么建议。离得太远，从信中，我知道你也不愿多说、详说。其实，说了，我们多半也帮不上什么忙。在爱情上，你是多情痴情的，然而我认为，尽管我说过许多次，你并没接受G与我的惨痛教训。杨宪益同戴乃迭马上要过金婚了。我并不从种族角度反对国际婚姻，但我认为，文化背景还是重要的。你与蒂娜合译过我的《珍珠米》。当苏从故宫、从三峡回来后，我觉得她像煞我那篇小说中的女孩子，对一切都只是说“可爱”。杨宪益的夫人戴乃迭是中国出生、在牛津大学学的是汉学。她热爱悠久的华夏文化，这是他们成功最重要的因素。几十年来，他们把中国多少部古今名著（《红楼梦》等）都译成英文并出版了，产生深远影响。爱荷华也许中国人太少，费城就没有东方人？所以这属于你本人的意向问题。我没有几年好活了，你还很长。得你自己考虑好。

我不知道你的个人创作与教学有无矛盾。倘若我

① 选自《父子角》，萧乾著，百花文艺出版社2001年版。

是个大学校长，我希望教美术的老师首先抓绘画基本功。这要同个人创作分开。至于个人创作，我们二人1983年在爱荷华争论过一次，从那以后，我不再提——并为你每次的成功（展览会、报刊评论）而欣慰。这次是你提起了易凯。他已告简妮，她去了，两年内生活绝无问题。说明他还是成功的。成功在何处？他拿出了中国画家的优势：西藏以及江南风景。每个人看画，动机也许不同。倘若我是个美国人，看中国画家，我要同时了解点中国：风景也好，风俗也好，反正那不同于美国的。假如你放弃这优势，也跟着西方画家描绘内心世界一些抽象的线条方块，那就另说了。翁家老三也利用了这个优势。1949年我决定不去英国的原因之一是：我认为如果我搞理化、电脑，都可以留在西方。然而搞文学艺术，离开了本土，很难有所成就。文采斐然的林语堂，能文能画的蒋弈，最终没有留下什么痕迹。反之，立足本国，会走向世界的。

你信中似乎涉及大学人事问题。我在《大公报》先后十五年，里头分胡派张派，但我凭本事吃饭，谁也不沾。“文革”最重要的经验教训是在无谓的纷争中，坚决当个逍遥派——不是无所事事的逍遥，而是抓紧自己的业务，勤练本事。所以学校停课的那个期间，我才要你关在家里画那些地图、历史图表，还和姐姐一道画了几百张幻灯片，编故事，以免荒废了光阴。如今，埋头把你的书教好，将画儿画好，不招谁惹谁，更不巴结谁打击谁。你会发现这个世界还是公正的。总之，你既已走上现在的路，不能再改，然而要走好。有烦恼（我也常有，你能设想得到），就听音乐。这是搞艺术的人特有的幸福，有个逃避所。

我一生的经验是先把职业搞得扎扎实实，生活问题可迎刃而解。如果在职业上失败，一切均是白搭。我这是地地道道的资产阶级个人奋斗主义。然而我从小就是这么奋斗过来的。你们总比我容易多了。我现正在写创作回忆录，已成三篇，拟写八篇。在《新文学史料》上连载。第一篇已刊出：《在十字架的阴影下》，写教会学校。有便人带给你。

爸

1992年3月10日

傅雷家书[①]（两则）

◇ 傅雷

傅雷（1908—1966），著名翻译家，文艺评论家。

1954年8月16日晚（给傅冲的信）

你素来有两个习惯：一是到别人家里，进了屋子，脱了大衣，却留着丝围巾；二是常常把手插在上衣口袋里，或是裤袋里。这两件都不合西洋的礼貌。围巾必须和大衣一同脱在衣帽间，不穿大衣时，也要除去围巾。手插在上衣袋里比插在裤袋里更无礼貌，切忌切忌！何况还要使衣服走样，你所来往的圈子特别是有教育的圈子，一举一动务须特别留意。对客气的人，或是师长，或是老年人，说话时手要垂直，人要立直。你这种规矩成了习惯，一辈子都有好处。

在饭桌上，两手不拿刀叉时，也要平放在桌面上，不能放在桌下，搁在自己腿上或膝盖上。你只要留心别的有教养的青年就可知道。刀叉尤其不要掉在盘下，叮叮当当的！

出台行礼或谢幕，面部表情要温和，切勿像过去那样太严肃。这与群众情绪大有关系，应及时注意。只要不急，心里放平静些，表情自然会和缓。

总而言之，你要学习的不仅仅在音乐，还要在举

① 选自《傅雷家书：节选导读本》，傅雷著，毛鑫、钱晓静编，中国对外翻译出版社2006年版。

动、态度、礼貌各方面吸收别人的长处，这些，我在留学的时代是极注意的；否则，我对你们也不会从小就管这管那，在各种manners礼节，仪态方面跟你们烦了。但望你不要嫌我烦琐，而要想到一切都是要使你更完满、更受人欢喜！

1962年3月8日（给傅敏的信）

……对恋爱的经验和文学艺术的研究，朋友中数十年悲欢离合的事迹和平时的观察思考，使我们在儿女的终身大事上能比别的父母更有参加意见的条件……

首先，态度和心情都要尽可能的冷静。否则观察不会准确。初期交往容易感情冲动，单凭印象，只看见对方的优点，看不出缺点，甚至夸大优点，美化缺点。便是与同性朋友相交也不免如此，对异性更是常有的事。许多青年男女婚前极好，而婚后逐渐相左，甚至反目，往往是这个原因。感情激动时期不仅会耳不聪，目不明，看不清对方；自己也会无意识地只表现好的方面，把缺点隐藏起来。保持冷静还有一个好处，就是不至于为了谈恋爱而荒废正业，或是影响功课或是浪费时间或是损害健康，或是遇到或大或小的波折时扰乱心情。

所谓冷静，不但是表面的行动，尤其内心和思想都要做到。当然这一点是很难。人总是人，感情上来，不容易控制，年轻人没有恋爱经验更难维持身心的平衡，同时与各人的气质有关。我生平总不能临事沉着，极容易激动，这是我的大缺点。幸而事后还能客观分析，周密思考，才不至于使当场的意气继续发展，闹得不可收拾。我告诉你这一点，让你知道如临时不能克制，过后必须由理智来控制大局：该纠正的就纠正，该向人道歉的就道歉，该收篷时就收篷。总而言之，以上二点归纳起来只是：感情必须由理智控制。要做到，必须下一番苦功在实际生活中长期锻炼。

我一生从来不曾有过“恋爱至上”的看法。“真理至上”、“道德至上”、“正义至上”这种种都应当作为立身的原则。恋爱不论在如何狂热的高潮阶段也不能侵犯这些原则。朋友也好，妻子也好，爱人也好，一遇到重大关头，与真理、道德、正义等等有关的问题，决不让步。

其次，人是最复杂的动物，观察绝不可简单化，而要耐心、细致、深入，经过相当的时间，各种不同的事故和场合。处处要把科学的客观精神和大慈大悲的同情心结合起来。对方的优点，要认清是不是真实可靠的，是不是你自己想象出来的，或者是夸大的。对方的缺点，要分出是否与本质有关。与本质有关的缺点，不能因为其他次要的优点而加以忽视。次要的缺点也得辨别是否能改，是否发展下去会影响品性或日常生活。人人都有缺点，谈恋爱的男女双方都是如此。问题不在于找一个全无缺点的对象，而是要找一个双方缺点都能各自认识，各自承认，愿意逐渐改，同时能彼此容忍的伴侣（此点很重要。有些缺点双方都能容忍；有些则不能容忍，日子一久即造成裂痕）。最好双方尽量自然，不要做作，各人都拿出真面目来，优缺点一齐让对方看到。必须彼此看到了优点，也看到了缺点，觉得都可以相忍相让，不会影响大局的时候，才谈得上进一步的了解；否则只能做一个普通的朋友。可是要完全看出彼此的优缺点，需要相当时间，也需要各种大大小小的事故来考验；绝对急不来！匿不能轻易下结论（不论是好的结论或坏的结论）！唯有极坦白，才能暴露自己；而暴露自己的缺点总是越早越好，越晚越糟！为了求恋爱成功而尽量隐藏自己的缺点的人其实是愚蠢的。当然，在恋爱中不知不觉表现出自己的光明面，不知不觉隐藏自己的缺点，不在此例。因为这是人的本能，而且也证明爱情能促使我们进步，往善与美的方向发展，正是爱情的伟大之处，也是古往今来的诗人歌颂爱情的主要原因。小说家常常提到，我们在生活中也一再经历：恋爱中的男女往往比平时聪明；读起书来也理解得快；心地也往往格外善良，为了自己幸福而也想使别人幸福，或者减少别人的苦难；同情心扩大就是爱情可贵的具体表现。事情主观上固盼望必成，客观方面仍须有万一不成的思想准备。为了避免失恋等等的痛苦，这一点"明智"我觉得一开头就应当充分掌握。最好勿把对方作过于肯定的想法，一切听凭自然演变。

总之，一切不能急，越是事关重要，越要心平气和，态度安详，从长考虑，细细观察，力求客观！感情冲上高峰很容易，无奈任何事物的高峰（或高潮）都只能维持一个短时间，要久而弥笃地维持长久的友谊可很难了……

除了优缺点，俩人性格脾气是否相投也是重要因素。刚柔、软硬、缓急的差别要能相互适应调剂。还有许多表现在举动、态度、言笑、声音……之间说不出也数不清的小习惯，在男女之间也有很大作用，要弄清这些就得冷眼旁观慢慢咂摸。所谓经得起考验乃是指有形无形的许许多多批评与自我批评（对人家一举一动所引起的反应即是无形的批评)。诗人常说爱情是盲目的,但不盲目的爱毕竟更健全更可靠。

傅雷在因翻译巴尔扎克作品方面的杰出贡献,被法国巴尔扎克研究会吸收为会员。他的全部译作,经家属编定,由安徽人民出版社编成《傅雷译文集》出版。

人生观世界观问题你都知道,不用我谈了。人的雅俗和胸襟气量倒是要非常注意的。据我的经验:雅俗与胸襟往往带先天性的,后天改造很少能把低的往高的水平上提;故交往期间应该注意对方是否有胜于自己的地方,将来可帮助我进步,而不至于反过来使我往后退。你自幼看惯家里的作风,想必不会忍受量窄心浅的性格。

以上谈的全是笼笼统统的原则问题……

长相身材虽不是主要考虑点,但在一个爱美的人也不能过于忽视。交友期间,尽量少送礼物,少花钱:一方面表明你的恋爱观念与物质关系极少牵连,另一方面也是考验对方。

给儿子的信[①]

◇ 查尔斯·斯宾塞·卓别林

1959年，卓别林的儿子新婚不到一年便离婚了。卓别林得知后，怀着慈父般的温暖之情，给儿子写了一封信。信中充满至亲的关怀、忠告和一个饱经生活忧患的人的哲理诤言。

查尔斯·斯宾塞·卓别林（1889—1977），英国著名电影艺术家。生于伦敦。五岁登台唱歌，后加入卡尔诺剧团表演哑剧。1913年进美国基斯通公司从影。自《夏尔洛和雨伞》起，一生主演八十余部影片，大都是自编、自导、自演、自己作曲。有电影喜剧大师之称，曾获奥斯卡荣誉奖。代表作有《淘金记》、《摩登时代》、《大独裁者》等。

许久没有给你写信，抱歉得很。想必你已听说我在写回忆录，它至少还要一年才能完稿，目前我整天忙于删改与抄写。

我收到过你妻子一封亲切感人的信，使我对她产生了很好的印象。你们俩不能生活在一起，那实在太遗憾了。你们有牢固的基础，还有一个美丽可爱的小女儿，她应该是你们之间紧密联系的纽带。

查理，随着时光的流逝，你会明白，有一个恬静舒适的归宿该是多么重要。这里我所指的是有一个你已多年了解的贴心人。你有一个如此美丽可爱的孩子，你一定要竭尽全力使她幸福地成长起来。在她的少年时代，除非父母和她生活在一起，否则再也没有什么能给她幸福和平安的了。

我年迈七十，对于我的孩子们，我想得很多。也想到了你，想到你所从事的事业。你千万不要虚度年华！

---

① 选自《卓别林》，张式成编著，辽海出版社1998年版。

你有才干，有骨气，有引人入胜的本领。我看过你的表演，知道你有多方面的才能。只是要严肃地对待它。

我不想把这封信写成一篇训诲性的东西，但我一听到你离婚的消息，感到十分伤心……

乌娜向你问好，孩子们也问你好。他们时常想念你，并为美丽的小侄女感到无比的骄傲。他们想知道你在干什么，为什么不到这儿来。孩子们正在成长：杰拉尔丁已十五岁，迈克尔快十四岁了，乔西快满十一岁，维基八岁，尤金六岁，简妮两岁，小婴儿才三天。

祝好！

你的父亲

致家人[1]

◇ 夏尔·戴高乐

这是1952年戴高乐将军写给家人的一封遗书，直到1970年，戴高乐去世后才开启。作者在信中交代了他的遗愿，字里行间体现了一位卓越领袖朴素的人生观。

夏尔·戴高乐（1890—1970），前法国总统，法国历史上伟大的民族英雄，世界反法西斯斗争中的杰出人物。

我希望在科龙贝教堂举行我的葬礼。如果我死于别处，我的遗体必运回家乡，不必举行任何公祭。

我的坟墓必须是我女儿安娜安葬的地方，日后我夫人也要安息在那里。墓碑上只写：夏尔·戴高乐（1890—）。

葬礼要由我的儿子、女儿和儿媳在我私人助手们的帮助下安排，仪式必须极其简单。我不希望举行国葬。不要总统、部长、议会代表团和公共团体参加。只有武装部队可以以武装部队的身份正式参加，但参加的人数不必很多。不要乐队吹奏，也不要军号。

不要在教堂或其他地方发表演讲。国会里不要致悼词。举行葬礼时，除我的家庭成员、我的解放功勋战友和科龙贝市议会成员以外，不要留别的位子。法国的男女同胞如果愿意的话，可以陪送我的遗体到达它的

① 选自《人一生要读的60封家书》，陈焕钺主编，中国和平出版社2006年版。

最后安息之地，以给我的身后遗名增光。但我希望要静默地把我的遗体送到墓地。

我声明，我事先拒绝接受给予我的任何称号、晋升、荣誉、表彰和勋章，不论是法国的还是外国的。授予我上述任何一项，将违背我的最后愿望。

致小摩根[1]

◇ 约翰·皮尔庞特·摩根

亲爱的小约翰：

我一向很少批评你，不曾在哪些方面限制过你，因为我不想把你束缚在我的模式之下。但是，最近发生的一些事，让我感到很担心，使我觉得有必要写这封信给你，就金钱方面的问题跟你交流一下。

这件事的起因是会计室曾请我承兑两三张清单，这件事使我深感疑惑。你那一笔巨额的招待费，像是招待了王公贵族似的，但在我的印象中，我们的客户里并没有什么王公贵族。那么，是客人要求你这么隆重地招待他们的呢，还是你自己染上了奢靡浪费的恶习？

在顾客或是朋友们的眼里，你是一个非常海派的人。适度的大方是应该的，我并不认为这是错误的。但是，太过于浪费，就有故意摆阔的味道了，我不认为这是一件好事。

金钱有两种用途：一是用来投资，赚取利润；一是用于享乐生活，无度挥霍。钱可以买来赏心悦目的家具，也可以买来一夜的酩酊大醉，而不必考虑明天的生活。我最担心的事情就是：不知道钱的正确用途，以为充阔佬、出手大方，就能博得其他人的好感。

约翰·皮尔庞特·摩根（1837　1912），后人俗称其老摩根。作为美国近代金融史上最著名的金融巨头，在他半退休时，几乎以个人之力拯救了1907年的美国金融危机。

① 选自《人一生要读的60封家书》，陈焕钺主编，中国和平出版社2006年版。

你一定知道第一印象的重要性。但是，去豪华饭店招待新客户，固然是体面而且很快乐，却不见得能让客户留下良好的第一印象，对于这一点，你是否认真考虑过呢？事实是，顾客已经实地参观了我们公司，也接受了一百美元的用餐招待，他们决定怎么做，心中早已有数了。你应该做的事情是充满自信地与他们谈生意，而不是把你的钱包（实际上也是我的钱包）掏空。

另外，你是否明白，你这种花钱如流水的奢靡态度，很可能使许多顾客对你敬而远之。因为他们会想，你手中的钱正是从他们身上赚走的，甚至还会怀疑你卖给他们的价钱是不是太高了？如此一来，他们不免考虑以后是否仍要和你做生意。而你为了和他们继续保持业务往来，必须付出加倍的努力，跟别人竞争。

让客户明白我们公司的财务实力雄厚固然重要，但是浪费金钱，却会被人认为是愚蠢的行为。企业家的工作就是利用现有的资金去创造更大的财富，而绝不是把财富无度地挥霍掉。一个奢靡挥霍的人，非但不会得到受益者的尊敬，反而会被他们在背后讥笑为傻瓜，而不愿与他交往。

在某种意义上讲，贫穷也可以成为人的一项资本，对此我深有体会。每当我追念过去，我会非常感谢上帝，他赐给我了这项你未曾有过的资产。

你一定想象不到，在我幼年时，家境是如何的清寒，有时过着三餐不继的日子。在我的故乡，也有一个富翁，他的生活很富裕，无论是住宅、轿车、服装，都是一流的品质。每当给慈善机构捐款时，他也总是捐钱最多。我决定详细观察他赚钱的方法，于是我听到了许多关于他的传闻：他是一个很难相处的老板，对员工要求非常严格，即使是十美元的利息，也要压榨得分毫不剩，因此许多人称他为“顽固而吝啬的富翁”。如今我回想起来，事实并非如此，这完全是由于别人嫉妒他的成功，而幻想如果自己一旦富有起来，决不会这么做，所以随便冠上那些恶意的评语。

在这个小镇，那个富翁犹如生活在玻璃缸里的金鱼，他的一举一动全部成为大家瞩目的焦点，与他有关的消息就是全镇人茶余饭后的话题。我曾见过那些在他背后把一件小事添油加醋、大肆渲染的人，却在教会里对他阿谀奉承，说他“气色很好”、“是一个成功的企业家”、“待人和蔼可亲”等等。但是，他从来不被这些虚伪的赞美所蒙蔽，他会以亲切的言词，同样赞美他们的帽子、胡子或准备的茶点。他很清楚这些人如何觊觎他的财产，如何在他背后散播一些无聊的话，但是他不把这些事情放在心上，在每个礼拜一上午，再回到工厂里，让机器转动，让钱财滚进他的口袋。

我的母亲常说这样的一句话："任意让小钱从身边溜走的人，一定留不住大钱。"现在想来，她的话非常有道理。我想对你说的是，金钱可能为你带来虚伪的朋友，他们围绕在你身边，不断给你灌迷汤，使你迷失了自己。我的那些朋友都是从小就结识的，他们的友谊绝对不是建筑在金钱上面的，况且他们本身也小有资产，所以你不必怀疑他们。主要是你，你从小生活在富裕的家庭里，身边的朋友，哪些人是真心对你，你必须仔细观察。

大家都喜欢和有钱的人交往，这是人之常情（至少大部分的人都是如此），也许是因为和有钱人交往，可以享受到他们不曾享受过的东西。你的朋友当中，一定不乏这种人吧。对于那些因为你的家境富裕，而想成为你的朋友的人，你必须提高警觉。

另一方面，有些正直的人，为了避免你怀疑他们的居心，而和你保持一点距离，只维持纯粹的友谊，你也千万不要忽略了他们。这些人通常都不会主动地发邀请函或招待券请你出席某次宴会，但是，看到你的出现，他们总是满心欢喜，亲切地和你寒暄问候。这种心理很微妙，也许他们是不愿意让别人误会他们故意和你沾亲带故。

你的父亲约翰·皮尔庞特·摩根

洛克菲勒家书[①]（两则）

◇ 约翰.D.洛克菲勒

约翰.D.洛克菲勒（1839—1937），美国第一家工业托拉斯企业的创建者，全球最伟大的慈善家和现代慈善业最大的组织者。

侮辱是一种动力

亲爱的约翰：

你与摩根先生谈判时的表现，令我和你母亲感到惊喜，我们没有想到你竟然有勇气同那个盛气凌人的华尔街最大的钱袋子对抗；而且，应对沉稳，言辞得体，不失教养，并彻底控制住了你的对手。感谢上帝，能让我们拥有你这样出色的孩子。

在信中你告诉我说，摩根先生待你粗鲁无礼，是有意想要侮辱你，我想你是对的。事实上，他是想报复我，让你代我受辱。

你知道，此次摩根提出要与我结盟，是担心我会对他构成威胁。我相信他并不情愿与我合作，因为他知道我和他是跑在两条路上的马车，彼此谁都不喜欢谁。我一见到他那副趾高气扬、傲慢无礼的样子就感到恶心。我想他一见到我肯定也有叫他不舒服的地方。

但摩根是位商界奇才，他知道我不把华尔街放在眼里，更不惧怕他对我的威胁，所以他要实现他的野心——统治美国钢铁行业，就必须与我合作，否则，等

---

① 选自《洛克菲勒留给儿子的38封信》，（美）约翰·D.洛克菲勒著，严硕译，中国妇女出版社2004年版。

待他的就将是一场你死我活的竞争。

善于思考与善于行动的人，都知道必须祛除傲慢与偏见，都知道永远不能让自己的个人偏见妨碍自己的成功，摩根先生就是这样的人。所以，尽管摩根先生不想同我打交道，但他还是问我，是否可以在标准石油公司总裁办公室与他会面。

洛克菲勒不但是个成功的商人，他还是一个心怀天下的慈善家。从他少年时领第一份薪水起，他就将其中的十分之一捐出去，这个习惯一只保持到他去世为止。

在谈判中能坚持到最后一刻的人一定会捞到好处，所以我告诉摩根："我已经退休了，如果你愿意，我很乐意在我家恭候你。"他果真来了，这对他而言显然是有些屈尊。但他做梦都不会想到，当他提出具体问题时我会说："很抱歉，摩根先生，我退休了，我想我的儿子约翰会很高兴同你谈那笔交易。"

只有傻瓜才看不出来，我这是在公然轻蔑摩根，但他很克制，告诉我希望你能到他在华尔街的办公室去谈。我答应了。

对他人的报复，就是对自己的攻击。摩尔先生似乎不懂得这个道理，结果为解心头怒火，反倒让你给控制住了。但不管怎么说，尽管摩根先生对我公然侮辱他耿耿于怀，但始终将眼睛盯在要达成的目标上，对此我颇为欣赏。

我的儿子，我们生长在追求尊严的社会，我知道对于一个热爱尊严的人来说，蒙受侮辱意味着什么。但在很多时候，不管你是谁，即使是美利坚合众国总统都无力阻止来自他人的侮辱。

那么，我们该怎么办呢？是在盛怒中反击，捍卫尊严呢？还是宽容相待，大度化之呢？还是用其他方式来回应呢？

你或许还记得，我一直珍藏着一张我中学同学的多人合照。那里面没有我，有的只是出身富裕家庭的孩子。几十年过去了，我依然珍藏着它，更珍藏了拍摄那张照片的情景。

那是一天下午，天气不错，老师告诉我们说，有一位摄影师跑来要拍学生上课时的情景照。我是照过相的，但很少，对一个穷苦家的孩子来说，照相是种奢侈。摄影师刚一出现，我便想象着要被摄入镜头的情景，多点微笑、多点自然，帅帅的，甚至开始想象如同报告喜讯一样回家告诉母亲："妈妈，我照相了！是摄影师拍的，棒极了！"

我用一双兴奋的眼睛注视着那位弯腰取景的摄影师，希望他早点把我拉进相机里。但我失望了。那个摄影师好像是个唯美主义者，他直起身，用手指着我，对我的老师说："你能让那位学生离开他的座位吗，他的穿戴实在是太寒酸了。"

我是个弱小还要听命于老师的学生，我无力抗争，我只能默默地站起身，为那些穿戴整齐的富家子弟制造美景。

在那一瞬间我感觉我的脸在发热。但我没有动怒，也没有自哀自怜，更没有暗怨我的父母为什么不让我穿得体面些，事实上他们为我能受到良好教育已经竭尽全力了。看着在那位摄影师调动下的拍摄场面，我在心底攥紧了双拳，向自己郑重发誓：总有一天，你会成为世界上最富有的人！让摄影师给你照相算得了什么！让世界上最著名的画家给你画像才是你的骄傲！

我的儿子，我那时的誓言已经变成了现实！在我眼里，侮辱一词的词义已经转换，它不再是剥掉我尊严的利刃，而是一股强大的动力，如同排山倒海，催我奋进，催我去追求一切美好的东西。如果说那个摄影师把一个穷孩子激励成了世界上最富有的人，似乎并不过分。

每个人都有享受掌声和喝彩的时候，那或者是在肯定我们的成就，或者是在肯定我们的品质、人格与道德；也有遭受攻击和侮辱的时候，除去恶意，我想我们之所以会遭受侮辱，是因为我们能力欠佳，这种能力可能与做人有关，也可能与做事有关，总之不构成他人的尊重。所以，我想说，蒙辱不是件坏事，如果你是一个知道冷静反思的人，或许就会认为侮辱是测量能力的标尺，我就是这样做的。

我知道任何轻微的侮辱都可能伤及尊严。但是，尊严不是天赐的，也不是别人给予的，是你自己缔造的。尊严是你自己享用的精神产品，每个人的尊严都属于他自己，你自己认为自己有尊严，你就有尊严。所以，如果有人伤害你的感情、你的尊严，你要不为所动。你不死守你的尊严，就没有人能伤害你。

我的儿子，你与你自己的关系是所有关系的开始，当你相信自己，并与自己和谐一致，你就是自己最忠实的伴侣。也只有如此，你才能做到宠辱不惊。

爱你的父亲

就要做第一

财富与目标成正比。

一个人不是在计划成功，就是在计划失败。

对我来说，第二名跟最后一名没有什么两样。

亲爱的约翰：

“没有野心的人不会成就大事。”这是我那位汽车大王朋友亨利·福特先生，昨天来看我是向我吐露的成功秘密。

我非常敬佩这个来自密西根富豪，他是一个执着而又坚毅的家伙。他几乎与我有着同样的经历，做过农活儿，当过学徒，与人合伙看办过工厂，通过奋斗最终成为了这个时代全美最富有的人之一。

在我看来，福特先生是一个新时代的缔造者，没有任何一个美国人能像他那样，完全改变了美国人的生活方式，看看大街上往来穿梭的汽车，你就知道我绝非在恭维他，他是汽车由奢侈品变为了几乎人人都能买得起的必需品。而他创造的奇迹也把他变成了亿万富翁。当然，他也让我的钱袋鼓起了许多。

人活着就要有目标或野心，否则，他就像一艘没有舵的船，永远漂流不定，只会到达失望、失败与丧气的海滩。福特先生的野心超过了他的身高，他要缔造一个人人都能享用汽车的世界。这似乎难以想象，但他成功了，他成了全球小汽车市场的主人，并为福特公司赚得了惊人的利润，用这个家伙的话说，“那不是在制造汽车，那简直是在印刷钞票”。我不难想象，既腰缠万贯，又享有“汽车大王”的盛誉，福特是怎样一个好心情。

福特创造的成就，证明了我的一个人生信条：财富与目标成正比。如果你胸怀大志、目标高远，你的财富之山就将垒向云霄，如果你只想得过且过，那你就只有做末流鼠辈的份儿了，甚至一事无成，即使财富离你近在咫尺，你只会获得很少的一点点而已。在福特成功之前，有很多汽车制造商都比他有实力得多，但他们当中破产的人也很多。

人被创造出来是有目的的，一个人不是在计划成功，就是在计划失败。这是我一生的心得。

我似乎从不缺少野心，从我很小的时候开始，要成为最富有的人，就一直是我冲动着的抱负与梦想。这对一个穷小子来说，好像有些过大。但我认为目标必须伟大才行，因为想要有成就，必须有刺激，伟大的目标能使你发挥全部的力量，也才会有刺激。失去刺激，也就等于没有了一股强大的力量推动你向前。不要做小计划，因为它不能激励心灵，我经常这样提醒自己。

当然，成为伟大的机会并不像湍急的尼加拉瓜大瀑布那样倾泻而下，而是慢慢的一次一滴。伟大与接近伟大之间的差异就是领悟到，如果你期望伟大，你必须每天朝着目标努力。

但对于一个穷小子而言，如何才能将这个伟大的梦想变成可触摸的现实呢？难道去靠努力为别人工作来实现它吗？这是个愚蠢的主意。

我相信为自己勤奋会致富，但不相信努力为别人工作就一定成功。在我住进百万富翁大街前，我就发现，很多穷人都是工作最努力的人。现实就是如此残酷，不管雇员努力与否，替老板工作而变得富有的人少之又少。替老板工作所得的薪金，只能在合理预期的情况下让雇员活下去，尽管雇员可能会赚到不少钱，但变得富有却很难。

我一直视"努力工作定会致富"为谎言，从不把为别人工作当作积累可观财富的上策，相反，我非常笃信为自己工作才能富有。我采取的一切行动都忠于我的伟大梦想和为实现这一梦想而不断达成的各个目标。

在我离开学校、寻找工作的时候，我就为自己设定了一个目标：要到一流的公司去，要成为一流的职员。因为一流的公司会给我一流的历练，塑造我一流的能力，让我长到一流的见识，还会让我赚到一笔丰厚的薪金——那是开创我未来事业的资本，而这一切无疑是我通往成功之路的最坚实的基石。

当然，在大公司做事，能让我以大公司的方式思考问题，这点很重要。所以，我仰慕大公司，我要去的是高知名度企业。

这注定要让我吃些苦头。我先到了一家银行，很不走运，被拒绝了；我又去了一家铁路公司，结果仍是悻悻而归。当时的天气似乎也要跟我作对，酷热难耐。但我不顾一切，继续不停地寻找。那段日子，寻找工作成了我唯一的职业，每天早上八点，尽我所能地把自己打扮一番，就离开住地开始新一轮的预约面试。一连几个星期，我把列入名单的公司跑了一遍，结果仍一无所获。

这看起来很糟，不是吗？但没人能阻止你前进的道路，阻碍你前进最大的人就是你自己，你是唯一永久能做下去的人。我告诫自己：如果你不想让别人偷走你的梦想，那你就在被挫折击倒后立即站起来。我没有沮丧、气馁，连续的挫折反而更坚定了我的决心。我又径直从头开始，一家一家的跑，有几家公司甚至让我跑了两三次。

上帝终未将我抛弃，这场不屈不挠的求职之旅终于在六个星期后的一个下午结束了，1855年9月26日，我被休伊特—塔特尔公司雇佣。

这一天似乎决定了我未来的一切。直到今天，每当我问起自己，要是没有得到那份工作会怎么样时，我常常会浑身颤抖不停。因为我知道那份工作都给我带来了什么，失去它我又将如何。所以，我一生都把9月26日当作“重生日”来庆祝，对这一天抱有的情感远胜过我的生日。

写到这里，我自己都被自己感动了。

人在功能上就像是一部脚踏车，除非你向上、向前朝着目标移动，否则你就会摇晃跌倒。三年后我带着超越常人的能力与自信，离开了休伊特–塔特尔公司，与克拉克先生合伙创办克拉克–洛克菲勒公司，开始了为自己工作的历史。

愚蠢的努力工作很可能在百般辛苦之后仍一无所获，但是，如果将替老板努力工作视为铸就有朝一日为自己效劳的阶梯，那无疑就是创造财富的开始。给自己当老板的感觉真是棒极了，简直无以言表。当然，我不能总沉浸在年方十八岁就跻身贸易代理商行列的得意之中，我告诫自己：“你的前程就系于一天天过去的日子，你的人生终点是全美首富，你距离那里还很远很远，你要继续为自己努力。

做最富有的人，是我努力的依据和鞭策自己的力量。在过去的几十年中，我一直是追求卓越的信徒，我最常激励自己的一句话就是：对我来说，第二名跟最后一名没有什么两样。如果你理解了它，你就会认为，我以无可争辩的王者身份统治了石油工业不足为奇。

我们每一个人都生活在希望之中，但我更多的是生活在目标的达成之中。我的人生目标就是要成为第一，这也是我设法定出并努力遵守的人生规则，我所付出的所有努力和行动，都忠于我的人生目标、人生规则。

上帝赋予我们聪明的头脑和坚强的肌肉，不是让我们成为失败者，而是让我们成为伟大的赢家的。二十年前的今天，联邦法院解散了我们那个欢乐的大家庭，但每当想起我创造的成就，我就兴奋不已。

伟大的人生就是征服卓越的过程，我们必须向这个目标前进，不怕痛苦，态度坚决，准备在漫长的道路上跌跤。

爱你的父亲

尼赫鲁家书[①]（节选）

◇ 贾瓦哈拉尔·尼赫鲁　英迪拉·甘地

阿尔莫拉区监狱（1935年7月19日）

贾瓦哈拉尔·尼赫鲁（1889—1964），印度独立后首任总理、圣雄甘地的忠实信徒，第三世界不结盟运动创始人之一。

英迪拉·甘地（1917—1984），尼赫鲁之女，曾任印度总理。

英迪亲爱的女儿：

我坐下来给你写信，薄薄的空邮笺一张又一张，企图在分隔我们了数千英里的距离上架设一座桥梁。希望我的信，能把隐藏在字里行间中的我的点点信息带给你，如果你用心寻找的话，会找到的；正如我，是在你信中的字里行间中，甚至在信之外，寻找你的。实际上，什么叫信？不完全是新闻的罗列，虽然包含新闻。人们所写的大多数信只是生老病死，婚姻及家庭琐事的记录。然而信远不只这些，它们是，也应该是，作者的部分人格，真正自我的活影子。它们还是，至少努力表现和反映，写信对方的某些人格，因为作者一心想着正在为之写信的那个人。这样，真正的一封信是两者——写信人和收信人——的奇怪而明显的混合体。如果是这样一封信的话，对于所牵涉的双方都是有相当价值的。

导致我对于信这么思考，是因为我听说我写的信没有到达你们手中。对于这个意料不到的不受欢迎的

① 选自《尼赫鲁家书》，（印）贾瓦哈拉尔·尼赫鲁，英迪拉·甘甘地著，宠新华译，河南人民出版社1993年版。

消息我是很痛苦的。马丹白拍来的电报告诉了我，我百思不得其解会有这样的事儿。想到妈咪和你盼望着我的信，一天一天地等待，结果一无所获，我痛心极了。再也没有比等待不会到来的东西更让人伤心的了。使人坐卧不安，生气，焦躁。你们一定很失望。而且送出的这些信有那么多的信息和祝福，就要飞越两个大陆到达你们手中，竟然不知所终，想到这我尤为难过。我几乎感到像身体受到了创伤。而后是颓伤。两周只能写一次信已经是不能再微弱的联结了，而如果连这个联结也中断呢?

想象不出我的信到底怎样了。每两周我按时发出一封。自从你们离开后，我没有给在印度的人写过一封信。每两个周我的信按地址寄给妈咪，并且附有给你的长信。并且特意注明由日内瓦的托姆斯。库克公司邮递，但最后一封是按马丹白的愿望转为柏林的美国运通传递的。无论在哪里，我都照例是按部就班；在狱中更是如此，因为我的生活限制在一套程序内。至于信，我是严格按照钟7点写的。不论你们收到还是没收到，都可以相信，我是在约定的日子发了信。你们还可以相信，没有收到信并不意味着我有什么变故，即使有什么变故，我也会写信或通过其他方式告诉你们。到目前为止我能查明的是，我的信在这里是准时发出的。我也向邮局发出了询问。因此有可能问题出在另一端。你们一直在搬动。有可能库克公司在你们走后把信发往维也纳和柏林了，虽然你们也曾指示过。这样的错误经常会发生。你们应该注意把地址留给每一个住过的旅馆……

再谈谈你的上一封信看到这个名字——阿德龙旅馆，我也有点惊讶。我原以为你们已在巴登威勒了呢。你们选择住这个旅馆我也有点吃惊，因为阿德龙被认为是柏林最贵的旅馆，一个华而不实的地方，一些新贵们为了招摇过市才经常光顾。这不是一个好的选择。这方面凯塞霍夫要好些。但这些都不足为虑，就普通房间来说，一两个人暂栖一时费用不会有太大的出入。真正的差别在套房，更重要的在用餐。我个人认为新到一个城市，找一家条件好又出名的旅馆总是安全的，即使贵一些。如果必要，可以在外面吃便宜的饭。如住得时间很长，则可以搬到较便宜的旅馆去。我很高兴知道你在妈咪走后，还在柏林停留几天，并且到处游览游览。我想让你有尽可能多的机会单独活动。

我不感到高兴的是你的身体。马丹白写信告诉我，医生认为你并没有根本的毛病。尚且过得去，但不是很好。一定不能总感到虚弱，头痛，或身体有经常的疼痛。一定要注意，不然的话你的身体发展和智力发展就会受到影响。、我自己对待病的态度恐怕是不能容忍型和攻击型的——即是，像我上封信（你竟然没收到！）给你写的那样——与印度普遍称病的态度截然相反。我不喜欢那样，几乎认为是不体面的，并不同情那些故意沉湎于其中的人。大概这是我年轻时的记录所致。在克服某些婴幼儿疾病之后，我的身体就很强健。在海罗、剑桥和伦敦的长期学习生活中，没有一天是因病而倒在床上。在海罗只有一次看医生，是因为踢足球时我的小腿被踢伤了。我对身体并没有特别的注意。只是过着正常的生活，看不起那些常常生病或者对于身体的毛病抱怨不止的人。（我在印度生活的一个折磨是人们津津乐道他们的病，而我全然无兴致。）因此对于指健康的身体我变得很自负，而且相信，想健康的人就一定能健康。照例是，想得病了，病才会来。在印度我数年来做了大量的体力和脑力工作，身体负担很重。必须说，我的身体运转还属正常。

然而在最近的四五年里，对于身体的这种自负和自信部分地离我而去了。自从患了胸膜炎后就是如此了。但我坚信，是我全面的健康状况和良好的生活习惯才使得这个病所占比重甚小。若换上另一个身体不健壮，或对疾病并不嫉恶如仇的人，这个病大概就严重了。即使现在我还自信能够控制它，并在未来一个长时期内使之维持正常。

我不希望你为自己身体一点小毛病过分担忧而成病态。这点疼痛算不了什么。但同时应该留意，以不使元气受损。医生会提出好建议，你应该听从他们的劝告。但我个人更强调健康的环境和健康的生活习惯。住在好的环境，食物相宜，做些健身运动等，并且全身心地投入智力和其他方面的追求，而不要对身体过多考虑。但一切不要过分——不要打疲劳战。

关于将来的学习，健康问题一定要考虑进去，这也是我想让你留在瑞士的原因之一。还有其他一些因素。对于大多数大学城我都不赞赏。德国不可能，虽然最好的教授在柏林。但现在我开始怀疑这个说法——最好的德国教授已不在德国，今天德国的整个教育气氛是压迫式的，令人窒息的，全部错误的。你提到罗马——不知道你为什么想到了它，因为没什么特别的论据支持它，而反对的论点却不少。然后是巴黎，值得称道处甚多，但我相信现在还必须排除它。我不喜欢把这座大城市选作教育中心，那些地方做其他事情的太多。我比较看重的一个因素是健康，巴黎不是一个特别健康的地方。目前我也没有考虑英国的大学，当然你以后是可以去的，因此只好在瑞士了。我特别不欣赏中产阶级，布尔乔亚，瑞士人庸俗的性格。自己本来普普通通，然而动辄什么都批评，百般挑剔！

我确信，目前，至少一年左右时间，你应留在瑞士，之后再看。我已没有了做长远打算的习惯。瑞士当然比邻近国家花费要高，然而对一个学生来说差别不大；而且在货币波动的情况下很难讲哪个国家费用更高。我赞成瑞士的另一个原因是因为海默琳女士……离她近一些，时时请教她会更好些。

瑞士有三所可能进的大学，日内瓦，洛桑和苏黎世。前两所法国特色浓一些，后一所德国味儿浓一些。你会发现与德国接壤的人民自然倾向苏黎世，而与法国邻近的人民则推崇日内瓦和洛桑。此事你最好听从海默琳女士的建议。在大陆转换学校总是可能的——这个惯例很好。

至于你要读的科目，目前我不宜指手划脚。纳努的建议不错，先进一所大学而后参加考试。但纪斯勒夫人的批评也有理由。加在身上的负担太重——又听课，又准备考试——况且又都是用新的语言。因此你现在一定不要担心考试甚至是正常的课程。你的首要工作是熟悉语言，增强体质。当然对这些事情，以及听课，或做其他工作都觉得游刃有余了，才去开始。也只有那时才可开始。记住，大陆的学生——不论是中学或大学——均比英格兰的学生辛苦得多。我不想让你过早投入那种单调的生活。把握时机，在投入前就先适应它。我并不热衷考试，从不相信真正的教育在于通过考试。当代世界里在某种程度上还得面对考试，但是千万不要把它偶像化。

因此目前不要担心考试。先悠哉悠哉，钻研语言。这样你准备住在哪里？当然可以在巴登威勒，在妈咪身边，与纪斯勒夫人切磋语言。从身体角度讲也是有利的。或者去海默琳那里。或者在这个地方住一段，在那个地方住一段。询问海默琳小姐以后，自己做决定。还有其他人可以做出建议——纳努和其他人——如果愿意的话，应该请教他们，但总之听从海默琳的建议是首要的。

我很高兴妈咪对于她的新陪伴纪斯勒夫人很满意。这名字似乎眼熟。记不得以前在哪里碰到过了。

姑姑告诉我海默琳女士给我写了一封信。我准备请姑姑给她复信。你碰到罗曼罗兰和他的妹妹时，代我向他们问候。

我经妈咪送给你一本书——J·F·贺拉宾[①]的《欧洲历史地图》。这本历史地图资料收集很好，会帮助你理解《概览》。贺拉宾还出版了一本很好的《时事地图》，建议你买到。书不贵，但对于理解当代问题帮助甚大。如果贺拉宾能够推出亚洲和美洲的类似地图册，就会覆盖了整个《概览》！

我已让乌帕德亚亚寄给你《概览》第一、二卷的修正表——错误不少，其中一些特别明显且引起歧义。你收到后在书中做些订正，很有价值。小毛病可以忽略不记。

贝蒂送给我一些拉佳在医院拍的照片。很好，尤其是你站立的那一张。可能她也寄给你了吧。为何不找一家像样的摄影馆照张相？我很希望看到一张你的好照片。

以后的信会寄到巴登威勒，汉斯·瓦尔德克，写妈咪的地址，直到再获悉其他变动为止。

希望黑森林郁郁葱葱的松林给你带去诸多益处——还有游泳。现在的巴登，正处于一年中的黄金季节。

前两三个夜晚是满月，月光的魔力把我诱出了小帐篷（依然住在帐篷）。我久久地观察着，月亮在云中捉着迷藏，一会儿匆匆而过，一会儿静立肃穆，偶尔从云缝中或边缘上朝我窥视。时而如此贴近，使人眼睛发亮；时而突然离去，悠远而朦胧，似乎蒙上了一层黑面纱。真是绝妙的游戏。在月光下，甚至连监狱丑陋的高墙也柔和了，失去了严厉。一切都是轻渺的，梦幻的——我想起几句流浪者或是游人的歌儿：

嗨！我的兄弟，你是睡还是醒；
多少个夏季随幸福的月亮来去匆匆？
月光下，绿草如茵，歌舞欢腾；
是否看到月亮正在尖草垛上慢慢爬升？

---

① 贾姆斯·弗郎西斯·贺拉宾：英国记者和插图画家，曾绘出地图系列。

我突然想起你，不知道你也是否在欣赏这月光，举头凝视这同一个古老的月亮？然而，多么傻的想法！这儿是夜间，巴登才是下午，太阳正光芒四射，月亮和星星还在幕后等待夜的降临。

满月带走了阿萨达[①]，斯拉瓦纳[②]开始了。典型的雨季月份。满月也送走了我在狱中的第十七个月份！

爱，

爱你的

爸甫

---

① 阿萨达：印度历法的第四个月份。

② 斯拉瓦纳：印度历法的第五个月份。

我们一家的大冒险①

◇ 贝拉克·奥巴马

奥巴马在当选总统即将上任之际，写了封公开信给两个尚未成年的女儿，为这两年里多数时间没能陪在她们身旁致上歉意，并为自己为何选择迈向白宫之路做了解释。这封信发表在美国《大观》杂志上，全文翻译如下：

贝拉克·奥巴马（1961—），美国现任总统。

亲爱的马莉娅和萨莎：

我知道这两年你们俩随我一路竞选都有过不少乐子，野餐、游行、逛州博览会，吃了各种或许我和你妈不该让你们吃的垃圾食物。然而我也知道，你们俩和你妈的日子，有时候并不惬意。新来的小狗虽然令你们兴奋，却无法弥补我们不在一起的所有时光。我明白这两年我错过的太多了，今天我要再向你们说说为何我决定带领我们一家走上这趟旅程。

当我还年轻的时候，我认为生活就该绕着我转：我如何在这世上得心应手，成功立业，得到我想要的。后来，你们俩进入了我的世界，带来的种种好奇、淘气和微笑，总能填满我的心，照亮我的日子。突然之间，我为自己谱写的伟大计划显得不再那么重要了。我很快便发

① 选自互联网http: //www.chnbloger.com/nver.htm

现，我在你们生命中看到的快乐，就是我自己生命中最大的快乐。而我也同时体会到，如果我不能确保你们此生能够拥有追求幸福和自我实现的一切机会，我自己的生命也没多大价值。总而言之，我的女儿，这就是我竞选总统的原因：我要让你们俩和这个国家的每一个孩子，都能拥有我想要给他们的东西。

我要让所有儿童都在能够发掘他们潜能的学校就读；这些学校要能挑战他们，激励他们，并灌输他们对身处的这个世界的好奇心。我要他们有机会上大学，哪怕他们的父母并不富有。而且我要他们能找到好的工作：薪酬高还附带健康保险的工作，让他们有时间陪孩子、并且能带着尊严退休的工作。

我要大家向发现的极限挑战，让你们在有生之年能够看见改善我们生活、使这个行星更干净、更安全的新科技和发明。我也要大家向自己的人际界限挑战，跨越使我们看不到对方长处的种族、地域、性别和宗教樊篱。

有时候为了保护我们的国家，我们不得不把青年男女派到战场或其他危险的地方，然而当我们这么做的时候，我要确保师出有名，我们尽了全力以和平方式化解与他人的争执，也想尽了一切办法保障男女官兵的安全。我要每个孩子都明白，这些勇敢的美国人在战场上捍卫的福祉是无法平白得到的：在享有作为这个国家公民的伟大特权之际，重责大任也随之而来。

这正是我在你们这年纪时，外婆想要教我的功课，她把独立宣言开头几行念给我听，告诉我有一些男女为了争取平等挺身而出，因为他们认为两个世纪前白纸黑字写下来的这些句子，不应只是空话。她让我了解到，美国所以伟大，不是因为它完美，而是因为我们可以不断让它变得更好，而让它更好的未竟工作，就落在我们每个人的身上。这是我们交给孩子们的责任，每过一代，美国就更接近我们的理想。

我希望你们俩都愿接下这个工作，看到不对的事要想办法改正，努力帮助别人获得你们有过的机会。这并非只因国家给了我们一家这么多，你们才当有所回馈，你们的确有这个义务，因为你们对自己负有义务。因为，唯有在把你的马车套在更大的东西上时，你才会明白自己真正的潜能有多大。这些是我想要让你们得到的东西：在一个梦想不受限制、无事不能成就的世界中长大，长成具慈悲心、坚持理想，能帮忙打造这样一个世界的女性。我要每个孩子都有和你们一样的机会，去学习、梦想、成长、发展。这就是我带领我们一家展开这趟大冒险的原因。

我深以你俩为荣，你们永远不会明白我有多爱你们，在我们准备一同在白宫开始新生活之际，我没有一天不为你们的忍耐、沉稳、明理和幽默而心存感激。

爱你们的老爹

论父母与子女[①]

◇ 莫罗阿

母子这一个社会，在人生中永为最美满的集团之一。我们曾描写女人如何钟爱幼龄的小上帝。在中年时，尤其当父亲亡故以后，他们的关系变得十分美满了，因为一方面是儿子对于母亲的尊敬，另一方面是母亲对于这新家长的尊重和对儿子天然的爱护。在古代社会或农业社会中，在母亲继续管理着农庄的情形中，上述那种美妙的混合情操更为明显。新家庭与旧家庭之冲突有时固亦不免。一个爱用高压手段的母亲，不懂得爱她的儿子，不能了解儿子以后的幸福在于和另一个女子保持着美满的协调，这是小说家们常爱采用的题材。洛朗斯，我们说过，传达此种情境最为真切。例如Genitrix那种典型的母亲（在现实生活中，罗斯金夫人便是一个好例），能够相信她加于儿子的爱是毫无性欲成分的，实际上可不然。"当罗斯金夫人说她的丈夫早应娶她的母亲时，她的确说得很对。"而洛朗斯之所以能描写此种冲突如是有力，因为他亦是其中的一员之故。

母女之间，情形便略有不同了。有时能结成永久的友谊：女儿们，即使结了婚，亦离不开她们的母亲，天天继续去看她，和她一起过生活。有时是相反，母女之间

① 选自《恋爱与牺牲》，（法）莫罗阿著，傅雷译，安徽文艺出版社1998年版。

发生了一种女人与女人的竞争，或是因为一个年轻而美貌的母亲嫉妒她的娇艳的女儿长大成人，或是那个尚未长成的女儿嫉妒她的母亲。在这等情形中，自然应由两人中较长的一个——母亲，去防范这种情况的发生。

父爱则是一种全然不同的情况。在此，天然关系固然存在，但不十分坚强。不错，父亲之中也有如葛里奥[①]型的人物，但正因为我们容受母亲的最极端的表象，故我们把葛里奥型的父亲，认为几乎是病态的了。我们知道，在多数原始社会中，儿童都由舅父教养长大，以致父亲简直无关重要。即在文明的族长制社会中，幼儿教育亦由女人们负责。对于幼龄的儿童，父亲只是战士、猎人，或在今日是企业家、政治家，只在晚餐时分回家，且还满怀着不可思议的烦虑、计划、幻想、故事。

在杜哈曼（GeorgeDuhamel）[②]的一部题作《哈佛书吏》的小说中，你可看到一个安分守己如蜜蜂似的母亲，和一个理想家如黄蜂似的父亲之间的对照。因为父亲代表外界，故使儿童想着工作。他是苛求的，因为他自己抱着大计划而几乎从未实现，故他希望儿子们能比他有更完满的成就。如果他自己有很好的成功，他将极力压榨他的孩子，期望他们十全十美；然而他们既是人类，终不能如他预期的那样，于是他因为热情过甚而变得太严了。他要把自己的梦想传授他们，而终觉得他们在反抗。以后，有时如母女之间的那种情形，我们看到父与子的竞争：父亲不肯退步，不肯放手他经营的事业的管理权，一个儿子在同一行业中比他更能干，使他非常不快。因此，好似母子形成一美满的小集团般，父亲和女儿的协调倒变得很自然了。在近世托尔斯泰最幼的女儿，或是若干政治家外交家们的女儿成为她们父亲的秘书和心腹，便是最好的模型。

凡是在父母与子女之间造成悲惨的误解的，常因为成年人要在青年人身上获得只有成年人才有的反响与情操。做父母的看到青年人第一次接触了实际生活而发生困难时，回想到他们自己当时所犯的错误，想要保护他们的所爱者，天真地试图把他们的经验传授给儿女。这往往是危险的举动，因为经验差不多是不能传授的。任何人都得去经历人生的一切阶段，思想与年龄必得同时演化。有些德性和智慧是与肉体的衰老关联着的，没有一种说辞能够把它教给青年。玛特里（Madrid）国家美术馆中有一幅美妙的早期弗拉芒画，题作《人生的年

---

① 葛里奥：巴尔扎克小说中的主人翁。

② 杜哈曼：法国现代名作家。

龄》，画面上是儿童、少妇、老妇三个人物。老妇伏在少妇肩上和她谈话，在劝告她。但这些人物都是裸体的，故我们懂得忠告是一个身体衰老的人向着一个身体如花似玉的人发的，因此是白费的。

经验的唯一的价值，因为它是痛苦的结果，为了痛苦，经验在肉体上留下了痕迹。由此，把思想也转变了。这是实际政治家的失眠的长夜，和现实的苦斗；那么试问他怎么能把此种经验传授给一个以为毫不费力便可改造世界的青年理想家呢？一个成年人又怎么能使青年容受“爱情是虚幻的”这种说法呢？波罗尼斯（Polonius）的忠告是老生常谈，但我们劝告别人时，我们都是波罗尼斯啊。这些老生常谈，于我们是充满着意义、回想和形象的，对于我们的儿女，却是空洞的，可厌的。我们想把一个二十岁的女儿变成淑女，这在生理学上是不可能的。伏佛那葛（Vauvenargues）言：“老年人的忠告有如冬天的太阳，虽是光亮，可不足令人温暖。”

由此可见，在青年人是反抗，在老年人是失望。于是两代之间便发生了愤怒与埋怨的空气。最贤明的父母会把必不可少的稚气来转圜这种愤懑之情。你们知道格罗台（PattiClaudel）的英国巴脱摩（CoventryPatmore1823—1896）的《玩具》一诗么？一个父亲把孩子痛责了一顿，晚上，他走进孩子的卧室，看见他睡熟了，但睫毛上的泪水还没干。在近床的桌子上，孩子放着一块有红筋的石子，七八只蚌壳，一个瓶里插着几朵蓝铃花，还有两枚法国硬币，这一切是他最爱的，排列得很有艺术味，是他在痛苦之中以之自慰的玩具。在这种稚气前面看到这动人的弱小的表现，父亲懂得了儿童的灵魂，忏悔了。

尤其在子女的青年时代，我们应当回想起我们自己，不要去伤害那个年龄上的思想，情操，性情。做父母的要有此种清明的头脑是不容易的。在二十岁上，我们中每个人都想：“如果有一天我有了孩子，我将和他们亲近；我对于他们，将成为我的父亲对于我不曾做到的父亲。”五十岁时，我们差不多到了我们的父母的地位，做了父亲或母亲。于是轮到我们的孩子来希望我们当年所曾热切希望的了。变成了当年的我们以后，当他们到了我们今日的地位时，又轮到另一代来作同样虚幻的希望。

你们可以看到，在青年时期，伤害与冲突怎样地形成了所谓“无情义年龄”。在初期的童年，每人要经过一个可以称为“神话似的”年龄：那时节，饮食、温暖、快乐都是由善意的神仙们赐予的。外界的发现，必须劳作的条件，对于多数儿童是一种打击。一进学校，生活中又加添了朋友，因了朋友，儿童们开始批判家庭。他们懂得，他们心目中原看做和空气水分同样重要的人物，在别的儿童的目光中，只是些可怪的或平庸的人。“这是整个热情的交际的新天地。子女与父母的联系，即不中断，也将松懈下来。这是外界人战胜的时间，外人闯入了儿童的灵魂。”这亦是儿童们反抗的时间，做父母的应当爱他们的反抗。

我们曾指出一切家庭生活所必有的实际色彩与平板，即使宗教与艺术亦无法使它升华。青年人往往是理想主义者，他觉得被父母的老生常谈的劝告所中伤了。他诅咒家庭和家庭的律令。他所希望的是更纯粹的东西。他幻想着至高至大至美的爱。他需要温情，需要友谊。这是满是誓言，秘密，心腹的告白的时间。

且这也往往是失望的时间，因为誓言没有实践，心腹的告白被人欺弄，爱人不忠实。青年人处处好胜，而他所试的事情件件都弄糟了。于是他嫉恨社会。但他的嫉恨，是由他的理想的失望，他的幻梦与现实之不平衡造成的。在一切人的生活中，尤其在最优秀的人的生活中，这是一个悲惨的时期。青年是最难度过的年龄，真正的幸福，倒是在成年时期机会较多。幸而，恋爱啊，继而婚姻啊，接着孩子的诞生啊，不久使这危险的空洞的青年时期得到了一个家庭的实际的支撑。“靠着家庭、都市、职业等等的缓冲，傲慢的思想和现实生活重新发生了关系。”这样，循环不已的周圈在下一代身上重复开始。

为了这些理由，“无情义年龄”最好大半在家庭以外度过。在学校里所接触的是新发现的外界，而家庭，在对照之下，显得是一个借以托庇的隐遁所了。如果不能这样，那么得由父母回想他们青年时代的情况，而听任孩子们自己去学习人生。也有父母不能这样而由祖父母来代替的，因为年龄的衰老，心情较为镇静，也不怎么苛求，思想也更自由，他们想着自己当年的情况，更能了解新的一代。

在这篇研究中，我们得到何种实用的教训呢？第一是家庭教育对于儿童的重要，坏孩子的性格无疑地可加以改造，有时甚至在他们的偏枉过度之中，可以培养出他们的天才；但若我们能给予他一个幸福的童年，便是替他预备了较为容易的人生。怎样是幸福的童年呢？是父母之间毫无间隙，在温柔地爱他们的孩子时，同时维持着坚固的纪律，且在儿童之间保持着绝对一视同仁的平等态度。更须记得，在每个年龄上，性格都得转变，父母的劝告不宜多，且须谨慎从事；以身作则才是唯一有效的劝告。还当记得家庭必须经受大千世界的长风吹拂。

说完了这些，我们对于“家庭是否一持久的制度”的问题就得予以结论了。我相信家庭是无可代替的，理由与婚姻一样：因为它能使个人的本能发生社会的情操。我们说过青年时离开家庭是有益的，但在无论何种人生中，必有一个时间，一个男人在经过了学习时期和必不可少的流浪生活之后，怀着欣喜与温柔的情绪，回到这最自然的集团中去。在晚餐席的周围，无论是大学生、哲学家、部长、兵士或艺术家，在淡漠的或冷酷的人群中过了一天之后，都回复成子女、父母、祖父母，或更简单地说，都回复了人。